Moralidade e felicidade

Comentário ao capítulo
"O espírito certo de si mesmo. A moralidade"
da
Fenomenologia do Espírito (1807)

OBRAS PUBLICADAS

- *Contemplação e dialética nos diálogos platônicos*
- *A formação do pensamento de Hegel*
- *Introdução ao pensamento de Hegel* — Tomo I: *A Fenomenologia do espírito e seus antecedentes*
- *Ciência da Lógica, O Ser*
- *Filosofia da Natureza e Filosofia do Mundo*
- *Moralidade e felicidade.* Comentário ao capítulo "O espírito certo de si mesmo. A moralidade" da *Fenomenologia do Espírito* (1807)

OBRA FILOSÓFICA INÉDITA DE
HENRIQUE CLÁUDIO DE LIMA VAZ

Moralidade e felicidade

Comentário ao capítulo
"O espírito certo de si mesmo. A moralidade"
da
Fenomenologia do Espírito (1807)

Edição de
Leonardo Alves Vieira

Coordenação de
João Augusto Anchieta Amazonas Mac Dowell

FAPEMIG

Edições Loyola

Dados Internacionais de Catalogação na Publicação (CIP)
(Câmara Brasileira do Livro, SP, Brasil)

Vaz, Henrique Cláudio de Lima, 1921-2002
  Moralidade e felicidade : comentário ao capítulo "O espírito certo de si mesmo. A moralidade" da Fenomenologia do Espírito (1807) / Henrique Cláudio de Lima Vaz ; edição de Leonardo Alves Vieira ; coordenação de João Augusto Anchieta Amazonas Mac Dowell. -- São Paulo, SP : Edições Loyola, 2022. -- (Obra filosófica inédita de Henrique C. de Lima Vaz)

  ISBN 978-65-5504-188-0

  1. Ética (Moral filosófica) 2. Felicidade (Filosofia) 3. Filosofia ocidental 4. Pensadores I. Vieira, Leonardo Alves. II. Dowell, João Augusto Anchieta Amazonas Mac. III. Título IV. Série.

22-116250
CDD-170

Índices para catálogo sistemático:
1. Ética : Filosofia   170
Eliete Marques da Silva - Bibliotecária - CRB-8/9380

Comissão Patrocinadora da Edição da Obra Filosófica Inédita de Henrique Cláudio de Lima Vaz
Prof. Dr. João Augusto Anchieta Amazonas Mac Dowell † (Coord.)
Prof. Dr. Franklin Leopoldo e Silva (USP)
Prof. Dr. Joaquim Carlos Salgado (UFMG)
Prof. Dr. José Henrique Santos (UFMG)
Prof. Dr. Marcelo Fernandes de Aquino (UNISINOS)
Prof. Dr. Marcelo Perine (PUC-SP)
Prof. Dr. Paulo Gaspar de Meneses † (UNICAP)

Capa: Walter Nabas
Diagramação: Sowai Tam

A revisão do texto desta obra é de total responsabilidade de seu autor.

Edições Loyola Jesuítas
Rua 1822 n° 341 — Ipiranga
04216-000 São Paulo, SP
T 55 11 3385 8500/8501, 2063 4275
editorial@loyola.com.br
vendas@loyola.com.br
www.loyola.com.br

Todos os direitos reservados. Nenhuma parte desta obra pode ser reproduzida ou transmitida por qualquer forma e/ou quaisquer meios (eletrônico ou mecânico, incluindo fotocópia e gravação) ou arquivada em qualquer sistema ou banco de dados sem permissão escrita da Editora.

ISBN 978-65-5504-188-0

© EDIÇÕES LOYOLA, São Paulo, Brasil, 2022

Sumário

Apresentação 7
Introdução 11
  Nota editorial 11
  Resumo do comentário de Vaz 26
  Intervenções editoriais: siglas usadas na edição do comentário 37
  Agradecimentos 39

MORALIDADE E FELICIDADE: Comentário ao capítulo
"O espírito certo de si mesmo. A moralidade" da *Fenomenologia
do Espírito* (1807). Henrique Cláudio de Lima Vaz 41
Introdução 45

PARTE A — A VISÃO MORAL DO MUNDO 53
  I – Harmonia postulada do dever e da efetividade 53
  II – O legislador divino e a consciência moral imperfeita 97
  III – O mundo moral como representação 115

PARTE B — O DESLOCAMENTO 125
  I – As contradições na visão moral do mundo 129
  II – A resolução da moralidade no seu contrário 141
  III – A verdade da consciência de si moral 153

PARTE C — BOA CONSCIÊNCIA ... 169
I – A boa consciência como liberdade do Si no interior de si mesma ... 179
    a) A boa consciência como efetividade (Wirklichkeit) do dever ... 191
    b) Reconhecimento da convicção ... 200
    c) Liberdade absoluta da convicção ... 209

II – A universalidade da boa consciência ... 215
    a) Indeterminação da convicção ... 219
    b) A linguagem da convicção ... 224
    c) A bela alma ... 234

III – O mal e seu perdão ... 247
    a) O conflito da moralidade conscienciosa e da hipocrisia ... 250
    b) *Dialética da superação da hipocrisia*: o que é a dialética do mal e do seu perdão ... 256
    c) O julgamento moral ... 259

Bibliografia ... 261

Apresentação

João A. Mac Dowell, SJ
Coordenador do Projeto Editorial

Dando prosseguimento à publicação dos escritos filosóficos inéditos de Henrique Cláudio de Lima Vaz, com a colaboração generosa de Edições Loyola de São Paulo, vem à luz mais um volume intitulado "Moralidade e felicidade", que contém o comentário do filósofo jesuíta ao capítulo *O espírito certo de si mesmo. A moralidade* da *Fenomenologia do Espírito* (1807) de Hegel. Desejo agradecer ao editor, Prof. Dr. Leonardo Alves Vieira (UFMG) o seu excelente trabalho, demonstrado, tanto na *Introdução*, como nas notas que acompanham o texto do autor. Quer o tema quer a interpretação do pensamento hegeliano dada por ele mantêm plena atualidade e certamente atrairão o interesse dos leitores.

Esta publicação vem juntar-se a três outros volumes da série *Manuscritos Hegelianos* já à disposição dos interessados, ou seja, *A formação do pensamento de Hegel* (2014) e *Introdução ao pensamento de Hegel. Tomo I, A Fenomenologia do Espírito e seus antecedentes* (2020) e a tradução por Henrique Vaz de *Ciência da Lógica* de Hegel (2021). Está em preparação mais um volume, sobre a *Lógica* e *Enciclopédia* de Hegel, que completa o último curso lecionado por ele durante quatro semestres (1984-1986) no Programa de Pós-graduação em Filosofia da Universidade Federal de Minas Gerais, interpretação sintética e profunda das ideias fundantes do sistema hegeliano, resultado de mais de vinte anos de estudo e meditação.

Esta predominância de Hegel na divulgação dos inéditos feita até agora explica-se pelo fato de não ter ele publicado em vida nenhum livro sobre o filósofo alemão, ao contrário do que acontece p. ex. com a Antropologia Filosófica, a Ética, a Metafísica, sendo também relativamente pouco frequentes os artigos diretamente a seu respeito. Os numerosos cursos ministrados sobre o idealismo alemão desde 1970 até 1986 no Programa de Pós-graduação em Filosofia da UFMG não podem permanecer simplesmente na obscuridade de um arquivo. A relativa lentidão e o caráter aparentemente aleatório dos volumes publicados ou em previsão devem-se a vários fatores contingenciais como a falta de maior financiamento, a necessidade de adaptar-se às preferências dos editores, que assumiram a tarefa, simplesmente pelo apreço que têm à obra do autor, e *last but not least* à falta de uma coordenação editorial dedicada inteiramente a este objetivo.

Nem por isso o projeto de publicação da produção filosófica inédita de Pe. Vaz restringe-se aos *Manuscritos Hegelianos*. Aliás, o primeiro volume da coleção versou sobre a Filosofia Antiga, outro campo de intensa dedicação do pensador, contendo sua tese de doutoramento em filosofia na Universidade Gregoriana de Roma (1952), sob o título *Contemplação e dialética nos diálogos platônicos* (2012). Está também pronto para impressão um volume sobre sua *Filosofia da Natureza*, disciplina que lecionou durante vários anos sem ter publicado quase nada especificamente a este respeito. De fato, o Memorial Padre Vaz, na Biblioteca da Faculdade Jesuíta de Filosofia e Teologia (FAJE) de Belo Horizonte, preserva o legado intelectual do filósofo mineiro, rico e diversificado, com a incumbência de tornar sempre mais fecunda a sua presença na vida de nossa sociedade. São 85 fichas de escritos com conteúdo de extensão muito variada, e 9 CDs que registram alguns vídeos e inúmeros áudios K-7 de seus cursos e conferências, num total de cerca de 150 horas de gravação.

Foi concebido originalmente um Plano Editorial provisório do material de caráter filosófico, que não pôde ser executado rigorosamente pelos motivos já alegados. Tal material foi reunido em duas séries, uma de História da Filosofia, outra de Temas Filosóficos. Na primeira, sobressaem, como já se disse, os textos reunidos sob a rubrica de *Manuscritos Hegelianos*. Além do que foi e está para ser impresso, há ainda muito a ser explorado no âmbito da *Fenomenologia do Espírito*, da *Ciência da Lógica*, da *Enciclopédia das Ciências Filosóficas* e da *Filosofia do Direito* do pensador alemão. Mas também trabalhos importantes sobre a Filosofia Antiga, S. Agostinho, Tomás de Aquino, Kant, Marx, a relação Marxismo/Cristianismo e a Filosofia no Brasil, merecem ser selecionados para publicação.

Quanto aos Temas Filosóficos, deixando de lado o material relativo a textos já divulgados (Antropologia Filosófica, Ética, Metafísica) ou em vias de divulgação (Filosofia da Natureza), há certamente produtos de grande interesse na área da própria Metafísica, da problemática Ideologia, Cultura e Sociedade, da relação entre Fé e Razão, Fé e Religião, e dos problemas de fronteira entre Filosofia e Teologia, além de reflexões sobre o ensinamento social cristão. Diante de tamanha empresa são certamente bem-vindas as ofertas de voluntariado qualificado para a edição de tais textos. Oxalá neste ano comemorativo do centenário do nascimento de Lima Vaz surjam novos colaboradores.

Não poderia deixar de reiterar os meus agradecimentos, em primeiro lugar, ao Prof. Dr. Leonardo Alves Vieira, que nos brinda com esta primorosa edição, mas também aos demais editores da Coleção, que prestam com generosidade e maestria sua contribuição fundamental ao êxito do Projeto. Estendo essa congratulação a todos os colaboradores, tanto os/as bolsistas que possibilitaram com seu trabalho técnico a tarefa editorial, como mais a distância àqueles que forneceram itens importantes para o Memorial sob a forma de escritos e de fitas gravadas, não esquecendo o aporte decisivo do Prof. Dr. Rubens Godoy Sampaio, que, depois de registrar o conteúdo dos áudios em CDs, fez a primeira leitura, classificação e identificação de todo o material.

Fica aqui também mais uma vez o meu reconhecimento dos préstimos das instituições que têm concorrido para o êxito do Projeto, a Faculdade Jesuíta de Filosofia e Teologia (FAJE), a Fundação de Amparo à Pesquisa do Estado de Minas Gerais (FAPEMIG) e Edições Loyola de São Paulo. A contribuição da primeira expressa-se sobretudo na disponibilização da bibliotecária Zita Mendes Rocha, peça essencial por sua competência e dedicação na organização e execução, entre outras coisas, dos trabalhos de digitalização de manuscritos e áudios. Sem o apoio financeiro da FAPEMIG com a aprovação de dois Projetos (2011 e 2015), que esperamos se repita ante as novas tarefas, não teria sido viável a preparação técnica do material a ser editado. Edições Loyola, por sua vez, tem garantido generosamente e com prioridade a publicação de todos os volumes.

Belo Horizonte, 13 de outubro de 2021

Introdução

Leonardo Alves Vieira — UFMG

Nota editorial

1. Apresentação e descrição do material

O comentário de Henrique Cláudio de Lima Vaz ao capítulo *O espírito certo de si mesmo*. *A moralidade* (*Der seiner selber gewisse Geist. Die Moralität*) da *Fenomenologia do Espírito* (*Phänomenologie des Geistes*, 1807) de Hegel é resultado da edição de material, registrado como *Ficha 284*, pertencente ao Memorial Padre Vaz e tendo como título original escrito na folha de rosto: "ANÁLISE DO TEXTO DA FENOMENOLOGIA DO ESPÍRITO DE G. W. F. HEGEL. A MORALIDADE, 3ª Parte da secção ESPÍRITO (Cap. VI), Aulas Ministradas pelo Pe. HENRIQUE de LIMA VAZ". Esse material encontra-se depositado na biblioteca da Faculdade Jesuíta de Filosofia e Teologia do Centro de Estudos Superiores da Companhia de Jesus, Belo Horizonte, Brasil, catalogado como 20914538 e localização AP 187.311 VAZ ANA.

O referido material é proveniente de exposição oral feita por Vaz em disciplina ministrada no Departamento de Filosofia da Faculdade de Filosofia e Ciências Humanas da Universidade Federal de Minas Gerais no primeiro semestre de 1972. Ela foi inicialmente gravada em fitas cassetes e transcrita em forma datilografada, totalizando setenta e três folhas. No entanto, tanto a gravação quanto a transcrição são de autoria desconhecida. Esse texto transcrito e datilografado será, doravante, referido como TT.

As duas primeiras folhas do TT não estão numeradas: a primeira contém o título do material, como descrito acima, e observações preliminares sobre como foi produzido o TT. A segunda, por seu turno, apresenta o índice dividido em introdução e partes A, B e C.

A numeração da folha 60 do TT assinala uma peculiaridade, pois ela está dividida em duas folhas que foram registradas da seguinte forma: 60 e Folha 60-A. Assim sendo, o comentário propriamente dito começa na folha 1 e termina na folha 70, e elas estão também assinaladas no texto transcrito editado a partir do TT, doravante indicado como TTE. Até a folha 15 do TT, as folhas estão numeradas no canto superior direito com a abreviatura da palavra folha *(fl)*, seguida de hífen e número da folha: por exemplo, *fl-4*. Da folha 16 até a folha 70, não é mais usada a abreviatura da palavra folha *(fl)*, seguida de hífen, mas tão somente o número da folha no mesmo canto superior direito, exceto a Folha 60-A, como dito acima. Apesar da diferença no modo de numerar as folhas, será mantida, tanto no TTE quanto nesta introdução, a forma de numeração utilizada da *fl-1* até a *fl-15* no TT. Por conseguinte, a folha trinta, por exemplo, é referida no TTE como *fl-30*, e não simplesmente indicando o número da folha 30, tal como registrado no TT.

Diferentemente da *fl-1* até a *fl-15*, da *fl-16* em diante, o TT está inserido dentro de um retângulo constituído de linhas verticais nas margens direita e esquerda e linhas horizontais nas margens superior e inferior. A única exceção é a *fl-60-A*, pois mantém a ausência de margens, como é o caso da *fl-1* até a *fl-15*. Resta a dúvida, portanto, se esta diferença — tanto na forma de numeração das folhas quanto no enquadramento do TT — é indicativa de autoria dúplice ou mesmo múltipla na confecção do TT.

Além do TT, foram levados em conta para a elaboração do TTE áudios das aulas ministradas por Vaz, os quais, por sua vez, formaram a base para a composição do TT.

Existem dois tipos de áudio que devem ser levados em consideração.

O primeiro tipo de áudio disponibilizado para edição do TTE foi consultado em seu formato digital .mp3, produzido a partir do formato original de fitas cassetes utilizadas na época para gravar as aulas ministradas por Vaz e preservadas no conjunto de documentos pertencentes ao Memorial Padre Vaz. Juntamente com um arquivo de texto que contém o texto recentemente transcrito destas aulas e registrado, digitalmente no formato .doc, como *Curso de Hegel — Fenomenologia 1972*, a pasta *Hegel — 1972* contém também treze subpastas de áudios das aulas ministradas por Vaz sobre a Fenomenologia do Espírito ao longo do ano de 1972, começando em três de abril de 1972 e terminando em dois de outubro de 1972. As treze subpastas, cada uma contendo áudios rotulados como *lado A* e *lado B*, corresponde a uma fita cassete. Cada subpasta, por seu turno, é intitulada *Curso de Hegel*, acrescida de uma data — na sequência de ano, dia e mês — que deve, supõe-se, corresponder ao dia em que a aula ocorreu. Essas subpastas, abaixo listadas e numeradas de acordo com a sequência crescente ordinária dos dias e meses do ano de 1972 nos quais transcorreram as aulas, são as seguintes: 1) Curso de Hegel 1972-03.04; 2) Curso de Hegel 1972-05.04; 3) Curso de Hegel 1972-03.05; 4) Curso de Hegel 1972-08.05; 5) Curso de Hegel 1972-10.05; 6) Curso de Hegel 1972-05.06; 7) Curso de Hegel 1972-04.09; 8) Curso de Hegel 1972-06.09; 9) Curso de Hegel 1972-11.09; 10) Curso de Hegel 1972-13.09; 11) Curso de Hegel 1972-20.09; 12) Curso de Hegel 1972-27.09 e 13) Curso de Hegel 1972-02.10.

A dúvida inicialmente suscitada diz respeito à congruência do conteúdo dos áudios contidos nas treze subpastas e transcritos no arquivo .doc *Curso de Hegel — Fenomenologia 1972* com o conteúdo registrado no TT. Essa congruência não existe, e isto pelas seguintes razões.

Em primeiro lugar, como veremos mais adiante, nem todas as aulas ministradas sobre a Fenomenologia do Espírito ao longo do ano de 1972 estão disponibilizadas nas treze subpastas alocadas na pasta *Hegel — 1972* e, especialmente, as aulas abrigadas no TT. De forma mais detalhada, falta a maioria dos áudios das aulas ministradas no período que se estende desde o início da segunda quinzena de maio até dezenove de junho de 1972, no qual se encontra o conteúdo registrado no TT. Portanto, a avaliação da congruência acima aludida está bastante prejudicada em virtude da abrangência limitada do período de tempo recoberta pelos áudios contidos nas treze subpastas.

Em segundo lugar, a única pasta que contém material referente ao período de tempo em que as aulas foram ministradas é a sexta pasta que contém o *Curso de Hegel 1972-05.06*. No entanto, o conteúdo dos áudios desta subpasta, tanto o do lado A quanto o do lado B, expressa parcialmente o conteúdo abrigado no TT. Como veremos mais adiante, os áudios da subpasta *Curso de Hegel 1972-05.06* correspondem ao intervalo compreendido pela *fl*-38 até *fl*-44 do TT. Os áudios dessa subpasta têm como conteúdo a) arte e religião da Grécia clássica, b) a boa consciência (Gewissen), c) Napoleão e seus soldados e d) Deus como legislador divino. O lado A do áudio na sua integralidade, bem como a maior parte do conteúdo do lado B tematizam o conteúdo de a), ao passo que algumas passagens do lado B dizem respeito aos conteúdos b), c) e d). O TT não contém material referente ao conteúdo a), seja ao longo do intervalo abrangido pela *fl-38* até *fl-44*, seja ao longo das folhas precedentes e subsequentes a este intervalo. É bastante estranho o fato de que a maior parte do conteúdo de *Curso de Hegel 1972-05.06* não esteja registrado no TT.

Os conteúdos de b) e c), ao contrário, estão hospedados no TT no intervalo de *fl-38* até *fl-44*, embora, em ambos casos, haja pouca congruência com o que foi registrado no TT. O conteúdo de d), por sua vez, difere totalmente do que é registrado no intervalo de *fl-38* até *fl-44* e veicula conteúdo relatado em *fl-22* e *fl-23*, as quais, segundo nossa suposição, também como veremos abaixo, referem-se à aula ministrada no dia dezenove ou vinte e quatro de maio de 1972.

Por fim, os minutos finais do lado B do áudio *Curso de Hegel 1972-05.06* registram observações sobre Espinosa (1632–1677) que convergem parcialmente com o texto sobre Espinosa das últimas linhas da *fl-44*, a última folha transcrita sobre a aula de cinco de junho de 1972. Todavia, não fica clara, nem no áudio, nem no TT, a relação daquelas observações e do texto da *fl-44* com o tema da boa consciência debatido no TT. Em razão disto, o texto sobre Espinosa nas últimas linhas da *fl-44* não foi acolhido no TTE, mas pode ser consultado nos comentários à edição desta folha. Portanto, o áudio do *Curso de Hegel 1972-05.06* contém material que, em parte, foi captado pelo TT e, por conseguinte, também por sua edição configurada no TTE, ao mesmo tempo que o áudio daquele curso parece confirmar tanto o período de tempo em que foi estudada a matéria registrada desde a *fl-38* até a *fl-44* quanto alguns dos temas nelas investigados.

O segundo tipo de áudio diz respeito a um DVD etiquetado "…moralidade", no qual encontra-se um áudio cujos últimos minutos transmitem, de forma parcial, mas bem fidedigna ao texto do TT, o conteúdo das *fl-1* e *fl-2* do TT. Esses minutos foram transcritos, digitados por Zita Mendes, consultados para a elaboração das *fl-1* e *fl-2* do TTE. No entanto, como não apresentam divergência significativa com o TT, o material digi-

talizado não é mencionado nos comentários às folhas acima referidas. Por fim, é importante ressaltar que o áudio está em acordo com uma das fontes disponíveis, descrita abaixo, que assinala a data de quinze de maio de 1972 como o início das exposições orais de Vaz sobre o capítulo *O espírito certo de si mesmo*. A moralidade da *Fenomenologia do Espírito*.
É difícil afirmar se os dois tipos de áudio formaram a base a partir da qual o TT foi construído. No entanto, levando em conta somente a congruência de conteúdo entre os dois tipos de áudio e o conteúdo do TT, o segundo tipo de áudio reproduz, quase *ipsis litteris*, o conteúdo das *fl-1* e *fl-2* do TT e poderia, com isso, ter feito parte do áudio original a partir do qual o TT foi elaborado. Portanto, o TTE não cotejou o áudio original com sua posterior transcrição datilografada no formato do TT, de tal forma que não foi possível verificar a acurácia de TT em relação aos áudios originais. Apenas de forma parcial e fragmentária, como relatado acima, foi possível fazer uma tal comparação, já que o áudio disponível no Memorial Pe. Vaz contempla somente o material correspondente à primeira aula e à sexta dentre as dez aulas que, supostamente, recobrem o TT.

2. Cronologia das aulas ministradas

Se é desconhecida a autoria do TT, o período de tempo em que ocorreram as exposições orais de Vaz encontra, no entanto, neste mesmo TT, referências elucidativas. Elas são de dois tipos: as de primeiro tipo — a ser considerado, em primeiro lugar, — dizem respeito às informações registradas nos cantos superiores esquerdos das *fl-38*, *fl-45*, *fl-53* e *fl-60*, ao passo que as de segundo tipo — a ser tratado na sequência da investigação das referências elucidativas de primeiro tipo — têm como tema as informações assentadas no corpo do TT que assinalam a transição de uma aula para outra.

As *fl-38*, *fl-45*, *fl-53* e *fl-60* registram, em seus cantos superiores esquerdos, respectivamente, as seguintes datas: 5-6-72, 7-6-72, 12-6-72 e 14-6-72. As datas 5-6-72 e 7-6-72 caíram, respectivamente, na segunda-feira e quarta-feira, enquanto as duas últimas, por sua vez, correspondem aos mesmos dias da semana, também na devida ordem sequencial. Elas deixam transparecer, por conseguinte, não só os dias da semana em que provavelmente transcorreram as aulas ministradas por Vaz, mas também o fato de que a disciplina ministrada por Vaz sobre o tema da moralidade teve lugar, pelo menos, ao longo do primeiro semestre de 1972.

A partir destas datas e da quantidade de folhas resultante da transcrição dos áudios originais, pode ser extrapolado o período de tempo em que aconteceram as aulas ministradas por Vaz. Levando em conta (a) a média de folhas transcritas e registradas no TT por cada aula — 7 folhas: *fl-38* > *fl-44* e *fl-53* > *fl-59*, e 8 folhas: *fl-45* > *fl-52*; mesmo que as aulas precedentes e sucessivas àquelas registradas nestas folhas não tenham sido transcritas na média de 7 ou 8 folhas, podendo ser inferior ou superior a ela, esta média serve como critério de orientação para reconstruir a correlação entre dias de aula e conteúdo das aulas correspondentes a estes dias registrados no TT; (b) a quantidade de folhas que antecedem e sucedem ao intervalo compreendido entre as *fl-38* e *fl-60* — portanto, entre os dias 5-6-72 e 14-6-72 — e (c) supondo também que as aulas ocorreram sem interrupção às segundas-feiras e quartas-feiras — com exceção de fatos imprevistos —, podemos projetar cerca de cinco aulas ministradas, antes da aula registrada na *fl-38*, e por volta de duas aulas, a partir da aula assentada na *fl-60*. Com base nesses pressupostos, uma tabela contendo o número de aulas, as folhas transcritas no TT por cada aula e o dia do ano em que a aula foi provavelmente ministrada pode ter a seguinte configuração:

Número da aula	Folhas transcritas do TT por aula	Dias de aulas e transições de aulas registrados no TT, bem como extrapolações sobre dias de aulas fora do intervalo de tempo compreendido entre 5-6-72 e 14-6-72
I	1-8 (8 folhas)	17-5-72
II	9-15 (7 folhas)	22-5-72
III	16-23 (8 folhas)	24-5-72
IV	24-29 (6 folhas)	29-5-72 [transcrição de aula informada nas *fl-24* e *fl-29*]
V	30-37 (8 folhas)	31-5-72
VI	38-44 (7 folhas)	5-6-72 [data informada na *fl-38*]
VII	45-52 (8 folhas)	7-6-72 [data e transcrição de aula informadas na *fl-45*]
VIII	53-59 (7 folhas)	12-6-72 [data informada na *fl-53*]

IX	60-64 (6 folhas, contando a *fl*-60-A)	14-6-72 [data informada na *fl*-60; transição de aula informada na *fl*-64]
X	65-70 (6 folhas)	19-6-72

Se, no dia 5-6-72, é registrada no TT a transcrição da *fl*-38, perfazendo 7 folhas transcritas, há, então, um total de 37 folhas para transcrição antes daquela data. Levando em conta os três pressupostos acima descritos, as aulas de I a V poderiam ser assim distribuídas: 3 aulas constituídas, cada uma, de 7 folhas e 2 aulas formadas, cada uma, por 8 folhas. Com isso, da aula I até a aula VIII, há um total de 59 folhas transcritas: da aula I à aula V, 37 folhas; da aula VI à aula VIII, 22 folhas.

O período de tempo das cinco primeiras aulas recua o início das exposições orais de Vaz até o dia 17-5-72, enquanto as aulas VI, VII e VII se estendem até o dia 12-6-72, tal como assentado no TT.

Restam, então, as aulas IX e X que devem receber 12 folhas transcritas, totalizando, assim, 71 folhas. Com isso, é de supor que as 12 folhas foram distribuídas em dois dias, a saber, 14-6-72 e 19-6-72, porque estes dois últimos dias excedem a média de folhas transcritas por aula, já que, nesta média, as folhas do TT são repartidas na razão de 7 ou 8 folhas transcritas por aula, como, no caso, das aulas anteriores às aulas IX e X. Parece, então, que as 12 últimas folhas do TT exigiriam, no mínimo, dois dias de aula.

A razão desta diferença do número de folhas transcritas das aulas IX e X (12 folhas) em relação às aulas precedentes (7 ou 8 folhas) — portanto, 4 ou 5 folhas de diferença — pode residir no fato de que o TT não exaure toda a matéria apresentada no índice do TT e, por conseguinte, a sequência do TT, para além da *fl*-70, poderia abrigar mais folhas para abranger toda a matéria apresentada no índice e, desse modo, poderia hospedar entre 14, no mínimo, e 16 folhas, no máximo — mantida a média de 7 ou 8 folhas por cada aula — as quais, por sua vez, poderiam tratar de temas anunciados no índice do TT, mas não desenvolvidos no corpo do TT.

De fato, o penúltimo subcapítulo registrado no índice intitulado *b) o julgamento moral* foi apenas iniciado na forma de um esquema na *fl*-70, ao passo que o último subcapítulo intitulado *c) Reconciliação* não está presente no TT, embora possa eventualmente ter sido transcrito. Com efeito, se levarmos em conta as informações contidas no próprio TT, a inclusão da exposição oral sobre os dois últimos subcapítulos registrados no índice do TT no próprio corpo do TT poderia completar as cerca de 14/16 folhas que corresponderiam à quantidade padrão de duas aulas, tal como é o caso das aulas de I a VIII. Com isso, então, as aulas IX e X poderiam hospedar 14 folhas, no mínimo, e 16 folhas, no máximo, abrigando, desse modo, o desdobramento explanatório dos dois últimos subcapítulos do índice do TT. Portanto, os dados extraídos do próprio TT nos permitem supor que ele deve compreender um total de cerca de dez aulas abrangendo provavelmente o período de 5 semanas, a partir da terceira semana de maio de 1972 (17-5-72) até por volta do início da quarta semana de junho de 1972 (19-6-72).

Uma outra observação importante extraída do TT se refere às informações sobre o encerramento de uma aula e o início de outra, aludindo a um tema a ser investigado na próxima aula, ou, ainda, a referência a um tema já tratado anteriormente ao começar uma nova aula, pois elas nos permitem configurar a relação entre as folhas do TT e os dias de aula correlatos a estas folhas, para além daquilo que já foi informado nas *fl-38*, *fl-45*, *fl-53* e *fl-60*.

Na *fl-24*, é feita alusão ao conteúdo visto em aula anterior que tinha como objeto o mundo moral como representação, indicando, com isso, a antinomia da visão moral do mundo. Ela nos deixa, portanto, entrever que a *fl-24* assinala o momento de transição de uma aula, cujo encerramento é a *fl-23*, para outra, cujo início é *fl-24*. Não se sabe, contudo, as datas nas quais transcorreram as duas aulas.

Esta dúvida pode ser esclarecida mediante outra informação do TT. Na *fl-29*, o TT se refere ao tema da *Verstellung* (deslocamento equívoco ou dissimulação) a ser estudado na próxima aula. Também aqui pode ser constatada uma transição de uma aula para outra. Esta última teve possivelmente seu início registrado na *fl-30*.

Ora, se levamos em conta a conjectura anterior aventada — uma média de 7 ou 8 folhas transcritas por cada aula, enquanto um fio de orientação da construção da correlação entre aula ministrada, o dia em que a aula foi ministrada e seu respectivo conteúdo registrado no TT — e as informações das *fl-24*, *fl-29* e *fl-38*, configura-se o seguinte quadro:

Aula IV, *fl-24* > *fl-29*, 6 folhas, 29-5-72;
Aula V, *fl-30* > *fl-37*, 8 folhas, 31-5-72;
Aula VI, *fl-38* > *fl-44*, 7 folhas, 5-6-72.

Sabemos também, a partir dos dados extraídos do TT, que a *fl-23* encerra a aula III. Por conseguinte, novamente lançando mão da média de 7 ou 8 folhas transcritas por cada aula, obtém-se o seguinte quadro:
Aula I, *fl-1* > *fl-8*, 8 folhas, 17-5-72;
Aula II, *fl-9* > *fl-15*, 7 folhas, 22-5-72;
Aula III, *fl-16* > *fl-23*, 8 folhas, 24-5-72.

A única exceção à conjectura acima feita (uma pequena diferença de uma folha) diz respeito à aula IV, na qual o conteúdo de folhas transcritas é constituído de 6 folhas, diferentemente de 7 ou 8 folhas previstas na suposição inicial derivada das *fl-38*, *fl-45* e *fl-53*. Com isso, então, a conjectura inicial tem de ser reajustada, pois temos 3 aulas — aulas I, III e V — com 8 folhas transcritas e apenas a aula II com 7 folhas transcritas. De qualquer forma, a conjectura primeira derivada das indicações assentadas nos cantos superiores esquerdos das *fl-38*, *fl-45* e *fl-53* se revelou bem próxima às conclusões oriundas do corpo do TT sobre o encerramento de uma aula e o começo de outra e serviu também como fio orientador para um mapeamento da determinação dos dias das aulas ministradas e seus respectivos conteúdos.

O TT continua oferecendo informações sobre a transição entre as aulas. Assim, por exemplo, bem no início da *fl-45*, são mencionadas a boa consciência (Gewissen) e sua compreensão dentro do quadro mais geral do mundo do Espírito como um tema explicado na última aula. Portanto, as *fl-44* e *fl-45* parecem marcar a passagem de uma aula para outra. E, de fato, isto é confirmado na própria *fl-45*, já que, nesta mesma folha, é informada a data 7-6-72 como início de nova aula. Portanto, parece confirmada a distribuição de folhas entre as datas em que transcorreram as exposições orais, como foi registrado na tabela acima: aula VI, *fl 38* > *fl-44*, 7 folhas, 5-6-72 e aula VII que começa na *fl-45*.

Ao vincular esta informação expressa no corpo do texto do TT com aquela data informada na *fl-53*, configura-se o quadro da aula I até a aula VIII, tal como apresentado acima.

Faltam, então, determinar as indicações presentes no próprio TT referentes às aulas IX e X. De acordo com elas, na *fl-64*, é dito que, na próxima aula, será visto o que Hegel entende por religião no contexto da Fenomenologia do Espírito. A próxima aula, contudo, não é registrada no

TT, visto que a última data referida no TT é informada na *fl-60*: 14-6-72. Por conseguinte, é de se supor que a aula IX ocupa as *fl-60* > *fl-64* e foi ministrada no dia 14-6-72. A partir da *fl-65* > *fl-70*, podemos supor a aula X, ministrada, ao que tudo indica, no dia 19-6-72. Resta a seguinte dúvida: os dois últimos subcapítulos apresentados no índice do TT foram também tratados na aula X ou foi necessária mais uma aula para finalizar a matéria exposta no índice do TT, mas não hospedada no corpo do TT? Seja lá como for, a indicação do próprio TT, segundo a qual o tema da religião na Fenomenologia do Espírito será tratado em uma futura aula, em associação com a média de 7 ou 8 folhas transcritas por cada aula, nos leva a supor que, além da aula IX explicitamente registrada no TT no dia 14-6-72, ocorreu também, pelo menos, uma outra aula, a saber, a aula X, ministrada no dia 19-6-72. As aulas IX e X compreendem, cada uma, 6 folhas transcritas, portanto, não muito distante da média pressuposta na conjectura inicial. No entanto, se o conteúdo relativo aos dois últimos subcapítulos foi também ministrado na própria aula X, mas, por algum motivo, não transcrito no TT, teríamos de concluir que a última aula teria mais de 6 folhas transcritas do que se deixa supor a partir da informação assentada na *fl-64*.

Há também uma outra fonte importante para estabelecer a cronologia das aulas ministradas por Vaz e sua transcrição no formato do TT. Trata-se do *Caderno de notas de Marilene Rodrigues de Mello Brunelli* (CNMB), ex-professora do Departamento de Filosofia da Universidade Federal de Minas Gerais. Ele registra, de forma resumida e esquemática, as aulas ministradas por Vaz sobre o capítulo *O espírito certo de si mesmo. A moralidade* da *Fenomenologia do Espírito* (1807) de Hegel, ao longo do primeiro e segundo semestres de 1972, indicando as datas das aulas e seu conteúdo, começando em 08-03-1972 e terminando em 02-10-1972. Portanto, em comparação com o arquivo de áudios *Hegel-1972*, o CNMB inicia o registro das aulas ministradas com antecedência de pouco menos de quatro semanas. Também diferentemente do arquivo de áudios *Hegel-1972*, o CNMB relata todo o conteúdo expresso no TT.

Em virtude disto, estamos em condições de comparar ambos documentos, TT e CNMB, e construir um quadro que articula a quantidade de folhas transcritas por cada aula, seus respectivos conteúdos e, por fim, os dias em que as aulas foram ministradas.

O cotejo entre as informações do CNMB e os dados acima indicados do TT nos mostra um quadro geral bastante convergente acerca da cronologia das exposições orais de Vaz e seu respectivo conteúdo assentado no TT ao longo do primeiro semestre de 1972. Há, de fato, também divergências entre as informações obtidas do TT e aquelas oriundas do CNMB, as quais, no entanto, não revelam um quadro discrepante em demasia daquele já alcançado através do TT.

Em resumo, temos a seguinte tabela que correlaciona os dados do TT e CNMB.

	TEXTO TRANSCRITO		CADERNO DE NOTAS DE MARILENE BRUNELLI		
Número da aula	Folhas transcritas do TT por aula	Dias de aulas e transições de aulas registrados no TT, bem como extrapolações sobre dias de aulas fora do intervalo de tempo compreendido entre 5-6-72 e 14-6-72	Número da aula	Correspondência entre as notas assentadas no CNMB e as folhas transcritas do TT por aula	Dias de aula registrados no CNMB
I	1-8 (8 folhas)	17-5-72	1	1-2 (2 folhas)	15-5-72
II	9-15 (7 folhas)	22-5-72	2	2-9 (8 folhas)	17-5-72
III	16-23 (8 folhas)	24-5-72	3	9-22 (14 folhas)	19-5-72
IV	24-29 (6 folhas)	29-5-72 [transição de aula informada nas fl-24 e fl-29]	4	23-28 (6 folhas)	29-5-72
V	30-37 (8 folhas)	31-5-72	5	29-37 (9 folhas)	31-5-72
VI	38-44 (7 folhas),	5-6-72 [data informada na fl-38]	6	38-44 (7 folhas)	5-6-72
VII	45-52 (8 folhas)	7-6-72 [data e transição de aula informadas na fl-45]	7	45-52 (8 folhas)	7-6-72
VIII	53-59 (7 folhas)	12-6-72 [data informada na fl-53]	8	53-59 (7 folhas)	12-6-72
IX	60-64 (6 folhas, contando a fl-60-A)	14-6-72 [data informada na fl-60; transição de aula informada na fl-64]	9	60-63 (5 folhas; contando a fl-60-A)	14-6-72
X	65-70 (6 folhas)	19-6-72	10	64-70 (7 folhas)	19-6-72

Ambos documentos, TT e CNMB, convergem na quantidade de aulas ministradas: 10 no total. Relativamente às três primeiras aulas, tal como registradas no TT (I, II e III) e no CNMB (1, 2 e 3), elas revelam convergência no que diz respeito aos conteúdos das aulas reportados nas folhas do TT, mas divergência no que respeita aos dias das aulas. De fato, as aulas I, II e III do TT, a partir da reconstrução feita acima, registram 23 folhas transcritas (*fl-1* > *fl-23*), ao passo que as notas referentes às aulas 1, 2 e 3 do CNMB reportam o equivalente a 22 folhas do TT. Portanto, ambos expressam uma divergência muito pequena: uma folha somente. A discordância toca as datas em que as três primeiras aulas foram ministradas. As aulas 1 e 3 ocorreram nos dias 15-5-72 e 19-5-72, respectivamente, enquanto a aula 2 teve lugar no dia 17-5-72. Em relação ao TT, as datas de 15-5-72 e 19-5-72 são divergentes. Mais surpreendente, contudo, é aula transcorrida em 19-5-72, sexta-feira, pois é o único registro de CNMB de uma aula ministrada na sexta-feira, já que o padrão tanto em TT quanto em CNMB — como já vemos aqui nos dias 15-5-72 e 17-5-72, e também, mais adiante, será confirmado — são aulas às segundas-feiras e quartas-feiras. Resta a dúvida de saber se a aula 3 aconteceu, de fato, no dia 19-5-72, sexta-feira, ou se trata de um registro equivocado do CNMB.

Comparando o conteúdo das notas do CNMB com o conteúdo das folhas do TT, o conteúdo da aula I de TT e o da aula 1 e 2 do CNMB abrangem quase o mesmo número de folhas: 8, no primeiro caso, e 9, no segundo caso, já que a *fl-2*, segundo o CNMB, hospeda um material correspondente às aulas de 15-5-19, aula 1, e 17-5-19, aula 2. A diferença de apenas uma aula com a conjectura feita incialmente, segundo a qual o tema registrado no TT teve início no dia 17-5-72, parece residir no fato de que o conteúdo da *fl-1* e *fl-2*, tal como registrado no CNMB, aparece já nas últimas notas feitas na aula do dia 15-5-72. Com isso, o tema sobre o mundo moral iniciado ao final da aula ministrada no dia 15-5-72 avança para a aula do dia 17-5-72. Por isso, a aula 1 corresponde às duas folhas transcritas, ao passo que a aula 2 (8 folhas) já está de acordo com a média de folhas transcritas da conjectura inicial, segundo a qual o início das aulas teve início no dia 17-5-19. É importante, contudo, sublinhar que se trata do mesmo conteúdo das aulas ministradas tanto em aula I e aulas 1 e 2, embora ele possa corresponder à quantidade diferentes de folhas no TT (*fl-1* > *fl-8*) e seu equivalente nas notas do CNMB (*fl-1* > *fl-9*).

Algo semelhante ao visto no conteúdo da *fl-2* ocorre também com a *fl-9*. Seu conteúdo se expressa tanto na aula 2, 17-5-72, quanto na aula 3, 19-5-72, e sua expressão na aula 2 teve lugar também ao final da aula. Portanto, mais uma vez, o conteúdo de uma aula, aula 2, avança para o conteúdo de outra aula, aula 3. É importante ressaltar que o limite entre as aulas II e III teve como base conjecturas derivadas das informações derivadas das *fl-38*, *fl-45* e *fl-53* relativamente à média de folhas transcritas. É bom ter em mente que as conjecturas não são necessariamente uma correspondência exata com as aulas ministradas. De qualquer forma, as conjecturas iniciais, como vemos, não se afastam muito daquilo que é assentado no CNMB, que registra, de forma presencial, o conteúdo de TT.

Outra conjectura oriunda do TT confirmada pelo CNMB se expressa na quantidade de folhas (14 folhas: *fl-9* até *fl-22*) correspondente à aula 3 do CNMB, ministrada no dia 19-5-72. De fato, ela expressa uma quantidade de folhas transcritas bem superior à média inicialmente aventada para uma aula. No entanto, isto pode ser explicado pelo fato de que a aula 3 corresponde às aulas II e III (15 folhas), ministradas, respectivamente, nos dias 22-5-72 e 24-5-72. Como vimos antes, duas aulas se estendem por, no mínimo, 14 folhas, e, no máximo, 16 folhas. Portanto, no limite inferior, as aulas II e III equivalem perfeitamente à aula 3, no que diz respeito à quantidade de folhas transcritas e, no que se refere ao conteúdo destas folhas, a diferença de uma folha, a saber, a *fl-23*.

Em conclusão, as três primeiras aulas no TT e CNMB diferem muito pouco no que tange ao conteúdo das mesmas assinaladas no TT, enquanto a diferença maior atinge somente os dias das três primeiras aulas.

O limite de aulas entre as *fl-23* e a *fl-24* é a primeira referência detectada no próprio corpo do TT, como já visto supra. A aula IV registra os seguintes limites mínimo e máximo: *fl-24* e *fl-29*, enquanto a aula 4 tem como limites mínimo e máximo as *fl-23* e *fl-28*. Concordam, portanto, na quantidade (6 folhas) de folhas transcritas e também na data em que as aulas IV e 4 foram ministradas: 29-5-72. Doravante, não haverá mais divergência de datas entre o TT e o CNMB.

As aulas V e 5 manifestam pouca diferença: a primeira com 8 folhas transcritas, *fl-30* até *fl-37*; a segunda que abrange desde a *fl-29* até a *fl-37*, correspondente a 9 folhas do TT.

Em conclusão provisória, as aulas I, IV e V do TT e as notas referentes às aulas 1, 2, 4 e 5 do CNMB apresentam um conteúdo aproximado na divisão das folhas do TT. A divergência maior tem a ver com os dias das aulas II e III e da aula 3, embora a distribuição de seus conteúdos nas folhas do TT apresente pouca diferença. No final das contas, da aula I até a aula V e da aula 1 até a aula 5, abrangendo um período de tempo compreendido entre os dias 15-5-72 e 31-5-72, foram cobertas 37 folhas do TT e a metade das dez aulas ministradas.

As aulas VI, VII e VIII e as aulas 6, 7 e 8 revelam uma perfeita conformidade tanto na distribuição das folhas do TT ao longo destas aulas quanto nos dias em que elas foram ministradas. Portanto, as informações fornecidas nos cantos superiores esquerdos das *fl-38*, *fl-45* e *fl-53* se harmonizam inteiramente com as notas do CNMB.

Também o início da aula IX e aula 9 é o mesmo nos dois documentos: *fl-60*. A diferença, por sua vez, reside na fronteira que as separa das aulas X e 10: *fl-64*, no primeiro caso, e, *fl-63*, no segundo. Portanto, não há, mais uma vez, uma diferença significativa entre TT e CNMB. Algo semelhante ocorre nas aulas X e 10: a primeira, tem início na *fl-65*, enquanto a segunda começa na *fl-64*. A repartição das aulas IX e X, 9 e 10 entre os dias 14-6-72 e 19-6-72, respectivamente, também é a mesma nos dois documentos.

No entanto, o CNMB traz uma importante informação que nos ajuda a preencher uma lacuna indicada acima. Comentamos anteriormente que o TT não desenvolve os dois últimos subcapítulos apresentados no índice. Na ocasião, aventamos a hipótese de que as 12 folhas das aulas IX e X poderiam alcançar a média de folhas transcritas por cada aula, segundo a conjectura procedente das informações oriundas das *fl-38*, *fl-45* e *fl-53*. Ora, o CNMB apresenta justamente as notas do detalhamento do esquema sobre o julgamento moral exposto na *fl-70*, bem como as notas do subcapítulo sobre a reconciliação, não mais contemplado no TT. Essas notas, por seu turno, são reproduzidas em nota de final de texto referente à *fl-70*. Em razão disto, é bem provável que a transcrição do material sobre os dois últimos subcapítulos, sedimentadas na última aula, 19-6-72, poderiam resultar em uma quantidade de folhas transcritas bem acima da média inicialmente conjecturada, aproximando-se do que foi visto na aula 3, já que um conteúdo mais amplo deveria ser transmitido no último dia letivo do semestre para esta disciplina ministrada por Vaz. De fato, o CNMB registra a retomada dos estudos sobre a Fenomenologia do Espírito no dia 7-8-72 ao fazer um resumo dos seus seis primeiros capítulos a fim de pode investigar os capítulos sobre a religião e o saber absoluto.

Quanto ao local em que transcorreram as aulas ministradas por Vaz, há uma referência segura que não só atesta o local dessas aulas, mas também confirma o conteúdo e o período de tempo consignados no TT e no CNMB. Trata-se da ementa do curso de Filosofia da Faculdade de Filosofia e Ciências Humanas da Universidade Federal de Minas Gerais, referente ao primeiro semestre letivo de 1972. A ementa registra o seguinte:

MATÉRIA: FILOSOFIA GERAL
Disciplina: CURSO MONOGRÁFICO — A
(Hegel — A Fenomenologia do Espírito)

Prof. Henrique C. de Lima Vaz
Ementa: Hegel: "A Fenomenologia do Espírito de Hegel". VI, B,B. b: A Ilustração; c: o Terror. VI, C: a Moralidade. VII: a Religião. VIII: o saber Absoluto. Leitura, tradução, comentário.
nº de aulas: 60.

O programa da disciplina não foi completado no primeiro semestre de 1972, como atestam o TT e o CNMB. Contudo, ele continua no segundo semestre do mesmo ano, tratando tanto o capítulo sobre a religião quanto o sobre o saber absoluto, respectivamente, capítulos VII e VIII da Fenomenologia do Espírito. Isto é atestado tanto pelo CNMB quanto pelos áudios Hegel — 1972. Com isso, foi concluído o estudo sobre a Fenomenologia do Espírito, cujo início, ainda segundo o ementário, foi o primeiro semestre de 1970.

Em convergência com o que foi dito acima, há também uma referência, na fl-33, que nos ajuda a confirmar a cronologia aproximada das aulas ministradas ao longo do primeiro semestre de 1972. Trata-se da morte do Duque de Windsor, enquanto sua vida é uma ilustração da decência, convergência entre o que a profissão rege nos princípios morais defendidos por todos e o comportamento individual, harmonia entre as inclinações, paixões e sensibilidade, de um lado, e o agir moral efetivo, de outro. A morte do Duque de Windsor em 28-5-72 e sua alusão no TT na fl-33 correspondem, em linhas gerais, ao período de tempo supostamente vinculado ao conteúdo da aula ministrada na folha acima indicada tanto no TT quanto no CNMB: respectivamente, aula V, *fl-30* a *fl-37*, 31-5-72, e aula 5, *fl-29* a *fl-37*, 31-5-72. Portanto, a menção àquela morte reforça a suposição, segundo a qual a aula de número cinco teve lugar em uma data próxima à morte do Duque: no caso em questão, no dia 31-5-72.

Por fim, o CNMB dá a conhecer a seguinte cronologia das aulas ministradas por Vaz na disciplina sobre a Fenomenologia do Espírito no primeiro semestre de 1972:

Março: 8, 13, 15, 20, 27
Abril: 3, 5, 10, 12, 17, 19, 24, 26
Maio: 3, 8, 10, (15), 17, (19) [22, 24], 29, 31
Junho: 5, 7, 12, 14, 19

O primeiro semestre de 1972 teve como tema o sexto capítulo da Fenomenologia do Espírito: *O Espírito* (*Der Geist*). No período de tempo anterior a 15-5-72, foram estudados *O espírito verdadeiro. A eticidade*, (*Der wahre Geist, die Sittlichkeit*), o primeiro subcapítulo do sexto capítulo, e *O espírito alienado de si mesmo. A cultura* (*Der sich entfremdete Geist; die Bildung*), o segundo subcapítulo do mesmo sexto capítulo.

Os dias sublinhados atestam os dias de aulas constatados no CNMB, enquanto os dias entre colchetes expressariam os supostos dias de aula aventados a partir dos dados do TT e os dias entre parênteses não seriam dias de aulas contemplados pelo TT, mas confirmados pelo CNMB. Apesar destas divergências, ambos manifestam um total de 10 aulas, perfazendo cerca de 38,5% do total de aulas ministradas no primeiro semestre de 1972 sobre o tema do sexto capítulo da Fenomenologia do Espírito.

Resumo do comentário de Vaz

A folha de rosto do TT contém três observações que devem ser levadas em consideração ao ler tanto o TT quanto o TTE.

A primeira relata o estilo oral como fonte do material a partir do qual tanto o TT quanto o TTE foram construídos. De fato, o TTE procurou, na medida do possível, atenuar o estilo de uma apresentação oral, reduzindo repetições e redundâncias. Contudo, não foi possível e também não era a intenção de apagar todos os traços da exposição oral.

A segunda afirma que o TT não foi revisado por Vaz, de tal modo que a composição de TT e TTE recai exclusivamente sobre seus autores. No caso específico do TTE, as chamadas para as intervenções editoriais estão indicadas mediante número de chamada de nota de pé de página e, posteriormente, explicitadas nessas mesmas notas. Mais abaixo, é apresentado o conjunto das intervenções editoriais.

Finalmente, a terceira afirma que não foi possível uma posterior reelaboração do TT a partir do trabalho de transcrição da exposição oral em texto datilografado. Por isto, foi necessário o trabalho de edição do TT, o TTE, corrigindo sua sintaxe e palavras erradamente datilografadas, ajustando a ortografia da época à dos dias atuais, reparando a transcrição das palavras alemãs, preenchendo espaços em branco, etc.

O texto de Vaz se sobressai por duas características. A primeira diz respeito à leitura sofisticada e profunda do texto de Hegel, um dos mais densos e exigentes da Fenomenologia do Espírito. Para um estudioso do texto hegeliano, portanto, ele se revela como uma contribuição muito valiosa. A segunda —, por sua vez, em sintonia com a primeira e com o próprio "espírito" do texto hegeliano, o qual é uma complexa textura ricamente tecida mediante o diálogo com vários autores — faz do comentário de Vaz uma riquíssima teia de diálogos com autores anteriores a Hegel, tais como Platão e Santo Agostinho, a ele posteriores, tais como Sartre, Nietzsche e Heidegger e seus contemporâneos, Kant, Fichte e Schelling. Uma tal amplitude conversacional testemunha não só a grandeza do texto de Hegel, mas também a vastidão da cultura filosófica de Vaz. A excelência de ambos textos é favorecida pelo capítulo da Fenomenologia do Espírito aqui investigado, já que ele é uma gigantesca reflexão sobre o desenvolvimento moral da consciência ocidental, cujas consequências são sentidas até hoje. Não por acaso, pensadores posteriores a Hegel são convocados para dialogar com ele.

O comentário começa com os parágrafos da introdução ao capítulo VI. C — *O Espírito Certo de Si Mesmo. A Moralidade*, no qual é feito um resumo dos dois momentos anteriores de todo o capítulo sobre o Espírito, a saber, VI. A — *O Espírito Verdadeiro. A Eticidade* e VI. B — *O Espírito Alienado de Si Mesmo. A Cultura.*

O texto introdutório do comentário relata que é perdida a identidade inicial entre o Si como singular, no culto dos mortos, e a universalidade de valores na qual aquele Si obtinha os critérios éticos de seu agir: a bela vida ética da eticidade grega. O sinal desta perda é o surgimento da pessoa abstrata do direito, porque ela se encontra separada e isolada do todo universal, substancial e cultural. Seu vínculo à substância espiritual é feito de modo abstrato e formal, a saber, a forma jurídica. Ela não garante, no entanto, um vínculo orgânico, imanente e de plena adesão ao todo social e ético em que a pessoa do direito tem seu agir: o império romano não oferece a ela as instituições mediadoras para que ela possa participar construtivamente de seu destino, como era o caso na eticidade grega. O esgarçamento entre a singularidade ética na pessoa do direito e a universalidade ética é aprofundado até o ponto da alienação entre elas, a qual assinala o surgimento do mundo da cultura e do espírito alienado de si mesmo.

Desta profunda e radical alienação entre o singular, a consciência, e o universal, o mundo cultural em que ela tem sua experiência, nasce a consciência moral certa de si mesma. Esta última não tem mais sua verdade fora de si, como no caso da pessoa do direito e das figuras do mundo da cultura alienada. De fato, ela é livre, mas não basta ser livre, ela sabe a razão pela qual ela é livre. Consequentemente, o saber de sua liberdade é sua verdade substancial da qual ela não se aliena e a qual não lhe é concedida por nada e ninguém a não ser por si mesma. Eis a suprema liberdade: ser livre e dar razão deste ser livre. Emerge, então, desta alienação do espírito, a consciência moral certa de si mesma, pois sua verdade moral se encontra nela mesma.

Há, nesta figura do espírito certo de si mesmo, uma analogia com a *libertas terminalis* de Santo Agostinho (354-430). Assim como ela é a adesão integral ao Bem, de modo análogo o saber da liberdade por parte da consciência moral ciente de si mesma como sendo sua verdade é o exercício mesmo da liberdade, pois não seria liberdade se algo restasse fora do saber da liberdade.

O capítulo sobre a Moralidade é dividido, por sua vez, em três subcapítulos: a visão moral do mundo (*Die moralische Weltanschauung*), a dissimulação ou deslocamento equívoco (*Die Verstellung*) e, finalmente, a boa consciência, a bela alma, o mal e seu perdão (*Das Gewissen, die schöne Seele, das Böse und seine Verzeihung*). O comentário sublinha o fato de que o que é expresso neste capítulo não é somente a filosofia moral de Kant e do Idealismo Alemão, mas ela é também a expressão do espírito da época pós-revolucionária, enquanto ela é o desdobramento de uma experiência iniciada na cultura grega.

O capítulo da visão moral do mundo tem como objeto o dever moral de harmonizar moralidade e felicidade, o moral e o natural, o dever e o prazer, bem como ela leva a efeito esse dever moral em três etapas: primeiramente, a harmonia entre o homem e a natureza externa, depois, a harmonia entre o homem e a natureza interna, isto é, seu próprio corpo físico-emocional, portanto, a harmonia entre razão e sensibilidade, e, finalmente, a harmonia entre o homem e o legislador divino. A fim de obter os três tipos de harmonia, a visão moral do mundo tem de assumir três postulados: o legislador divino, o mundo como totalidade e a imortalidade da alma.

A tragédia e também a ironia de toda esta experiência residem no fato de que a visão moral do mundo, cuja identidade moral reside justamente no cumprimento do dever, não cumpre o dever: ela não leva a cabo a harmonização entre moralidade e felicidade, o moral e o natural, o dever e o prazer.

No primeiro caso de harmonização, estabelece-se uma oposição inarredável e insuperável entre a interioridade da determinação da vontade pela razão prática pura — o que constitui o dever — e a exterioridade da determinação da vontade pela natureza externa — o que constitui uma ação orientada pela lógica do prazer, pela busca da felicidade. Assim sendo, ao indivíduo pode ocorrer a situação em que ele obedece a lei moral e é infeliz, ao passo que o indivíduo feliz — aquele que frui seu gozo ao obter o objeto de seu desejo — vira as costas ao imperativo categórico. Com isso, então, há uma relação de contingência entre moralidade e felicidade, ao invés de uma relação de necessidade moral expressa pelo imperativo categórico. Não é por acaso, pois, que a harmonia não seja realizada, já que o ponto de partida é uma heterogeneidade intransponível entre o critério da moralidade e o da felicidade.

A visão moral do mundo joga um jogo de oscilação: ora, exige a harmonia entre dever e prazer, ora, essa harmonia não ocorre. A fim de vencer essa oscilação, é necessário postular o mundo como totalidade inteligível em que a natureza poderia contribuir para a realização moral do indivíduo. Mais adiante, veremos as dissimulações por ela tecidas para esconder o fato de que ela não cumpre o dever. No capítulo sob análise aqui, contudo, é apenas constatada uma exigência moral não efetivada, mesmo pressupondo o mundo como totalidade inteligível. Portanto, o que é racional não encontra efetividade no mundo, ao passo que o que é efetivo no mundo não é racional. Por conseguinte, permanecemos no terreno do dever ser, *Sollen*, que não se torna realmente concreto no mundo.

No segundo caso de harmonização, a harmonia entre razão e sensibilidade, ocorre uma espécie de internalização do conflito constatado no primeiro caso. Agora, a heterogeneidade entre o moral e o natural se encontra na própria consciência, e sua tarefa é alcançar um acordo entre estes dois aspectos heterogêneos.

O dever tem de alcançar o ato moral, seu fim objetivo, mediante a sensibilidade: paixões, instintos e afetos. Ora, como a sensibilidade é, por definição, oposta ao dever, à moralidade, segue-se, então, necessariamente que o dever nunca alcançará sua expressão adequada no ato moral efetivo e concreto. Por conseguinte, o elemento mediador da sensibilidade entre o dever e o ato sempre contaminará o puro dever com as "impurezas" dos afetos, instintos e paixões que orientam nossas ações segundo a lógica da felicidade, do amor de si (*Selbstliebe*).

Reprimir a sensibilidade não propiciaria a harmonia entre razão e sensibilidade, porque, mesmo reprimida, ela continuaria a ser um elemento mediador para a efetivação do dever na efetividade do mundo. Supor um futuro indeterminado, um progresso infinito — e, para tanto, é necessário pressupor a imortalidade da alma —, em que tal harmonia seria realizada, seria o mesmo que adiar indefinidamente o acordo entre razão e sensibilidade, pois a tarefa de reconciliação nunca estaria terminada, pois a indeterminação do progresso impediria a conclusão da tarefa. Mas, mesmo que supuséssemos que a tarefa estaria concluída em algum momento deste progresso infinito, o resultado final não seria melhor, visto que isto significaria rebaixar o critério da moralidade ao nível do critério da felicidade e, com isso, destruir o critério de moralidade, a marca própria e distintiva do dever em face do critério da felicidade.

Consequentemente — nem no aqui e agora do tempo e espaço, nem em um progresso infinito, enquanto ele é uma tarefa sempre inacabada e cujo fim é sempre adiado ou enquanto a tarefa estaria finalizada em algum momento do progresso infinito —, a harmonia entre razão e sensibilidade jamais seria alcançada.

Em conclusão, não houve harmonia na forma do em-si — reconciliação entre a consciência moral e a natureza a ela exterior —, bem como não teve lugar a harmonia na forma do para-si — acordo entre razão e sensibilidade, a natureza a ela interior. Deste fracasso, emerge a terceira tentativa de reconciliar moralidade e felicidade: aquela em que será postulado o legislador divino, a reconciliação na forma do em-si e do para-si.

O legislador divino entra em cena para resolver o conflito que contrapõe dois elementos heterogêneos: o dever puro, universal e uno e o agir empírico, singular e multiforme. A ação tem lugar em circunstâncias multifacetadas que são bastante diferentes da unidade e universalidade do imperativo categórico que, enquanto tal, não envolve os acidentes específicos do ato moral efetivo. Como ficou evidenciado nas duas primeiras formas de harmonia nas que a consciência singular, efetiva e existente no mundo não conseguiu harmonizar-se seja com a natureza externa, seja com a natureza interna, o acordo entre o dever uno e ato moral multiforme será transferido para o legislador divino, uma consciência moral que não está presente na efetividade do mundo.

Se, por um lado, o pressuposto do legislador divino resolve o problema do vínculo entre dever uno e ato múltiplo, ele, por outro, joga por terra a identidade moral da visão moral do mundo. De fato, ela está certa de si mesma, pois seu saber da liberdade repousa na razão pura da própria consciência moral finita. Ela, portanto, põe o saber puro ou o dever como critério da moralidade. Ora, ao transferir este critério para o legislador divino, a visão moral do mundo entra em um movimento de autoimplosão ética em que ela aniquila sua própria identidade moral. Entregar o vínculo entre moralidade e felicidade para Deus, enquanto ele é pressuposto como promotor deste vínculo, é, de fato, abdicar de sua autocompreensão de si mesma como espírito certo de si mesmo.

O segundo capítulo intitulado *Die Verstellung* — traduzido, no comentário, como deslocamento no sentido de um deslocamento que forma equívocos ou dissimulações — traz à luz as manobras que visam encobrir, disfarçar e ocultar o não cumprimento do dever.

A dinâmica do capítulo impõe o percurso que retoma os três momentos já investigados no capítulo sobre a visão moral do mundo, já que as operações discursivas dissimuladoras têm por objeto tanto as falhas constatadas no intento da consciência moral de cumprir o dever quanto os pressupostos admitidos para obedecer ao dever e efetivá-lo no mundo concreto.

O primeiro momento diz respeito à relação da consciência moral com a natureza externa. Ela parte do pressuposto de que há uma harmonia entre moralidade e natureza. Portanto, o pressuposto assume a existência da consciência moral. No entanto, seu agir concreto, como visto acima, registra uma desarmonia entre elas, ou seja, a não existência da harmonia no ato moral.

O pressuposto de que a harmonia só existe no pensamento, mas na efetividade do mundo o que existe é uma oposição, cai por terra quando a consciência age, pois sua ação consiste justamente em transpor o dever necessário para as circunstâncias contingentes do mundo. Ora, isto significa dizer que a consciência moral também existe no mundo efetivo e atual, contrariando o que é expresso pelo postulado.

Contudo, mais uma vez, ela nega o que ocorre na ação e reafirma o postulado, segundo o qual a harmonia só existe no pensamento e não está presente no ato moral. O que permanece, portanto, é somente o postulado, a saber, o pensamento de que a harmonia deve ser realizada, mas sua realização efetiva ou seu conceito (Begriff) é inatingível. Mas mesmo que se admita sua realização, o resultado seria a destruição do sumo Bem, visto que haveria uma identidade entre moralidade e felicidade. Ora, tal igualdade é o fim da moralidade, cujo critério não seria mais distinto do da felicidade.

No segundo momento do deslocamento equívoco e suas manobras dissimuladoras, a consciência moral vive o conflito em si mesma da oposição entre razão e sensibilidade. Se, no âmbito do primeiro momento, a natureza era indiferente à moralidade, agora, neste segundo momento, o natural se opõe ao moral. Neste específico sentido, o conflito se agudiza e se torna mais dramático.

Novamente, postula-se sua harmonia, a harmonia entre razão e sensibilidade. No entanto, razão e sensibilidade seguem suas próprias leis heterogêneas. A sensibilidade, como visto acima, atua como elemento de mediação entre a razão estipulando o dever e o ato moral efetivo e concreto no mundo. Contudo, se a sensibilidade se opõe à razão, o ato moral não poderá registrar o dever estabelecido pela razão, pois a barreira da sensibilidade impediria ou desvirtuaria a transposição do dever para o ato moral.

Em virtude disto, postula-se que em um progresso infinito a tão almejada harmonia ocorreria. Gradativamente, haveria uma convergência entre moralidade e natureza, de tal forma que a dilaceração existente na consciência moral seria superada. Todavia, se a harmonia, de fato, se realizasse, a moralidade perderia sua especificidade e se igualaria à felicidade. O progresso em direção à harmonia seria, na verdade, um avanço em direção à destruição da moralidade. A consequência desastrosa deste progresso consiste também no fato de que, apagada a distinção entre moralidade e natureza, a felicidade não seria o resultado da obediência ao imperativo categórico, tal como exigido pelo sumo Bem, mas fruto do acaso. Consequentemente, o mérito moral necessário para obter a felicidade do legislador divino, o distribuidor (Austeiler) da felicidade, cederia lugar a fatores indiferentes à moralidade ou mesmo contrários a ela. Isto assinalaria a implosão da visão moral do mundo, pois justamente seu critério de moralidade sucumbiria ao que não pertence ao âmbito da moralidade.

Por fim, aparece o legislador divino que, também como visto acima, entra em cena para vincular moralmente o dever único, abstrato e universal com a multiplicidade de circunstâncias em que tem lugar o ato moral.

Neste último momento, o paroxismo dissimulador da consciência moral atinge seu ápice. Ela se autodefine como cumpridora do dever: essa é sua identidade moral. Contrariando sua identidade, ela coloca para *fora e diante* de si (*vor*-stellen), ou seja, ela representa a fonte do dever moral, a qual deve vincular o que ela mesma consegue vincular: dever e atos morais. Uma tal manobra dissimuladora é, na verdade, um colocar de maneira distorcida (*ver*-stellen), enfim, um *des*-locamento equívoco, pois ela coloca fora de si o que ela afirma, desde o início, ser a sua identidade moral dentro de si mesma: o critério moral residente em sua razão pura.

O que significa dizer que sua identidade moral, ora, reside nela mesma, ora, fora dela? O que significa dizer uma coisa e fazer outra, construir discursos sobre o dever, mas não praticá-lo, produzir teorias morais desditadas pela prática? Moralmente, isto se chama hipocrisia (*Heuchelei*). Horrorizada pela ameaça de ser qualificada como hipócrita — a tragédia de uma consciência moral —, ela foge, então, das dissimulações engendradas pela visão moral do mundo através da recusa de projetar em Deus ou na natureza a fonte da moralidade. O único "espaço" que lhe restou para avançar sua convicção moral é aquele dentro dela mesma. Como portadora da esperança de efetivamente harmonizar o que a visão moral do mundo não harmonizou, fugindo de suas dissimulações e sua hipocrisia, nasce a *boa consciência*, a *Gewissen*: a unidade entre o dever universal e necessário e a singularidade contingente da consciência moral.

A boa consciência é a consciência moral que *imediatamente* decide e age, pois sabe o moralmente necessário, o dever, e pratica, aqui e agora, na contingência do mundo, o que é o eticamente certo e correto. Assim sendo, ela não mais sucumbe às inquietações, dúvidas, hesitações e dissimulações e aos pressupostos que inviabilizaram a visão moral do mundo como consciência moral cumpridora do dever e levaram à aterradora experiência moral da hipocrisia, cuja negação é imprescindível à tarefa da boa consciência. Ora, a base — a saber, a base a partir da qual nascem as dissimulações e a hipocrisia e da qual emerge a harmonia do puro pensar sem encarnação na efetividade do mundo — é justamente a separação (*Trennung*) entre o dever, a razão e a moralidade, de um lado, e o prazer, a sensibilidade e a felicidade, de outro. Portanto, a harmonia defendida pela boa consciência não é mais uma harmonia somente *pensada*, mas também uma harmonia *praticada*. E, para tanto, a boa consciência reivindica o que ela considera como a única solução para escapar da dissimulação e hipocrisia da visão moral do mundo: a unidade imediata e concreta, isto é, a unidade na qual crescem conjuntamente o moral e o natural, de tal forma que o moral é imediatamente, diretamente e necessariamente natural, e o natural é imediatamente, diretamente e necessariamente moral.

Vaz considera essa figura da boa consciência como a transposição das reflexões morais do romantismo para o campo fenomenológico das experiências da consciência, depois que a questão do sumo Bem proposta por Kant foi debatida no âmbito dos capítulos sobre *a visão moral do mundo* e *o deslocamento equívoco*. Evidentemente, a figura da boa consciência não detalhará a diversidade de posições dentro do romantismo, assim como também não registrará a diversidade de posições sobre o sumo Bem envolvendo pensadores próximos à filosofia de Kant, mas será tomada, de um modo geral, como a figura que pretende superar a hipocrisia da consciência moral em sua figura de visão moral do mundo.

A boa consciência tem *convicção própria* (*eigene* Überzeugung) do que ela sabe e do que ela faz, agindo aqui e agora com pleno saber do que ela pratica, pois ela não mais tergiversa, fugindo, ora, para o abstrato e necessário do dever, ora, refugiando-se na prática contingente que transcorre nas circunstâncias do mundo. O conteúdo do seu dever é, pois, essa convicção em que ela tem plena certeza de si mesma, tanto da verdade moral do seu saber, a forma pura da vontade, quanto da verdade moral dos seus atos, o conteúdo expresso no objeto de seu desejo.

Não por acaso, a sua convicção é a almejada harmonia que, por um lado, a visão moral do mundo não alcançou e cuja não consecução, por outro lado, ela encobriu e disfarçou mediante os subterfúgios dos deslocamentos equívocos e dissimuladores.

No entanto, qual a deficiência da tese expressa pela convicção da boa consciência? Ela consiste em pretender universalizar o que é sua convicção, seu dever: o ser reconhecido (*anerkanntwerden*) de sua convicção como sendo aquilo que é aceito por todos. Afinal, ela levanta a pretensão de que sua convicção é a convicção de todos. Neste ponto, a boa convicção acredita repor em sua verdade o imperativo categórico pensado, mas não colocado em prática pela visão moral do mundo. Diferentemente desta última, em que o dever restava no puro pensar sem efetivar-se na realidade do mundo e suas circunstâncias, a boa consciência quer levar a efeito o imperativo categórico mediante a universalização de sua própria convicção: agir de tal modo que a minha convicção própria se torne, em todo tempo e lugar e imediatamente, a convicção de todos.

Ora, é precisamente isto que não acontece, já que outras boas consciências também possuem suas próprias convicções e guardam a expectativa de que suas próprias convicções também se tornem universais. Com isso, instaura-se um conflito de convicções que inviabiliza o consenso universal de reconhecimento entre as boas consciências: aquilo que a convicção de uma boa consciência considera como covardia, a convicção de uma outra vê como prudência. Portanto, a proposta da boa consciência de harmonizar dever e efetividade não se concretiza. Com isto, então, a boa consciência se iguala à visão moral do mundo no fato de que ambas não cumprem o dever, de tal forma que, tanto agora quanto antes, o imperativo categórico resta somente no puro pensar.

O que resulta, então, da deficiência da boa consciência? Se, por um lado, ela age de acordo com sua própria convicção, o reconhecimento entre as boas consciências não é efetivado, porque seus atos não alcançam a universalidade. Se, por outro lado, ela recua para a interioridade do puro pensar, nem o dever é efetivado no mundo nem, muito menos, o reconhecimento é levado a cabo. Então, o que fazer?

Trata-se aqui do contexto de surgimento da próxima figura da consciência: a bela alma (*die schöne Seele*). Como a boa consciência se vê impossibilitada de universalizar sua própria convicção, ela recua para seu horizonte moral interno, abandonando o agir. Consequentemente, a bela alma se fecha em belos discursos sem efetivá-los na prática do mundo, porque a ação moral pode macular a pureza de sua moralidade.

A superação deste impasse é a dialética do mal e seu perdão. No entanto, o comentário a esta dialética é, somente em parte, levado a cabo no TT, já que ele é interrompido quando o comentário apresenta, no início do subcapítulo sobre o julgamento moral, um esquema (não mais explicado em seus detalhes) da consciência julgadora.

Como consciência moral, a pretensão à verdade da bela alma é insustentável, porque a consciência moral não deve ficar presa ao mundo das intenções, sem a práxis correspondente. Portanto, ela tem de agir e ganhar sua efetividade no mundo. Vem à tona, contudo, um outro problema: a exteriorização da convicção por meio da palavra eleva a bela alma à universalidade, ao passo que a ação efetiva a vincula à singularidade e às circunstâncias específicas. Em razão disto, emerge a desigualdade entre o eu singular expresso no ato moral e o eu universal proclamado no discurso sobre o dever, de tal modo que o agir e suas contingências não conseguem mais traduzir a universalidade necessária do dever. Afinal, toda ação é uma espécie de traição do dever, visto que ela lida com as características peculiares às circunstâncias do agir não vislumbradas pela universalidade abstrata e abrangente do dever. Uma tal desigualdade é a hipocrisia, o mal (*das Böse*).

Na verdade, estamos diante da hipocrisia que se manifesta em dois tipos de consciência: a consciência universal e julgadora da bela alma e a consciência agente. A bela alma como consciência do dever universal julga a consciência agente. Contudo, seu julgamento qualifica a consciência agente como hipócrita e má, já que seu ato moral não consegue traduzir a universalidade do dever na concretude do mundo. A bela alma julgadora, por sua vez, é também hipócrita e má, porque ela se circunscreve ao puro dever sem efetivá-lo no mundo: o dever aprisionado nas intenções das palavras. Assim, agir revela hipocrisia, não agir, também!

A comunidade humana, a experiência do Nós retratada no que Hegel chama de espírito (Geist) parece, desse modo, ter alcançado sua inviabilidade: não seria mais possível estabelecer uma experiência espiritual, isto é, uma comunidade humana alicerçada em bases morais.

A solução é a reconciliação entre ambas por meio da dialética do mal e seu perdão, não mais comentada no TT. Em suas linhas gerais, o mal e seu perdão reconciliatório implicam em reconciliar-se com o outro, em um saber de si no outro, ao invés de um saber de si apartado do outro: o dialeticamente mal. Sua superação reconciliatória exige a experiência do Nós, a experiência verdadeiramente espiritual, em que a ação faz justiça tanto à singularidade contingente das ações quanto à universalidade do dever, bem como a universalidade do dever não se intimida diante da prática do mundo efetivo. Portanto, o abraço à comunidade histórica e espiritual do Nós é a solução para a consciência moral redobrada sobre sua interioridade pura e imaculada, mas temerosa diante do agir.

Intervenções editoriais: siglas usadas na edição do comentário

A edição das aulas ministradas por Vaz foi realizada de acordo com as siglas e os critérios abaixo especificados e registrada em notas de pé de página.

TT = *Texto Transcrito*. Trata-se do texto datilografado resultante da transcrição das aulas ministradas por Vaz no primeiro semestre de 1972.

TTE = *Texto Transcrito Editado*. Diz respeito ao texto resultante após as intervenções editoriais feitas no TT.

CNMB = *Caderno de notas de Marilene Rodrigues de Mello Brunelli*, ex-professora do Departamento de Filosofia da Universidade Federal de Minas Gerais. Uma parte dele registra, de forma resumida e esquemática, as aulas ministradas por Vaz sobre o capítulo *O espírito certo de si mesmo*. *A moralidade* da *Fenomenologia do Espírito* (1807) de Hegel, ao longo do primeiro semestre de 1972.

[ECB] = Edição do TT com base no *Caderno de notas de Marilene Rodrigues de Mello Brunelli*. Exemplo:

forma do dever] TT: forma no dever [ECB]

O texto antes do colchete registra o texto editado, o TTE, ao passo que o texto colocado após a sigla TT e os dois pontos refere-se ao texto original do TT. Este último, portanto, foi o texto que sofreu as intervenções do processo de edição. Portanto, o TTE, nesse caso específico, foi construído segundo o [ECB].

[ECV] = *Edição do TT com base no caderno de Vaz* que contém esquemas explicativos sobre o capítulo *O espírito certo de si mesmo. A moralidade*. O caderno faz parte de material catalogado no Memorial Pe. Vaz como ficha 02. Foi também consultada a transcrição desses esquemas por Zita Mendes Rocha, bibliotecária da Faculdade Jesuíta de Filosofia e Teologia do Centro de Estudos Superiores da Companhia de Jesus, Belo Horizonte, Brasil. Exemplo:
Comportamento moral multíplice] TT: Comportamento Multíplice [ECV]
[fl-1] = *folha número 1 registrada no TT e editada no TTE*. A numeração das folhas do TT foi também assinalada no corpo do TTE, de tal forma que as páginas do TTE contêm tanto a numeração de suas próprias páginas quanto a numeração das folhas do TT.
[AE:] = *adendo do editor*.
CTT = *Correção do Texto Transcrito*. Trata-se da correção manuscrita feita a tinta ou a lápis no TT. Não se sabe se a correção foi feita por quem transcreveu e produziu o TT ou por alguma outra pessoa que teve acesso ao TT. Existem dois tipos de correção: no primeiro (1), a palavra datilografada no TT é corrigida totalmente ou parcialmente, a tinta ou a lápis. Por exemplo: Hegel] TT: natureza CTT(1). Ao invés da palavra "natureza" presente no TT, fez-se a correção para a palavra "Hegel" no próprio TT. Portanto, o TTE assumiu a correção já feita no TT. CTT(1) registra este tipo de correção. Em certas ocorrências, não é possível identificar a palavra datilografada corrigida no TT, caso em que ela será indicada com pontos de interrogação, seguida da sigla CTT(1). No segundo (2), acrescenta-se ou acrescentam-se, a tinta ou a lápis, palavra ou palavras ausente(s) em TT, havendo ou não espaço deliberadamente deixado em branco para ser preenchido. Por exemplo: ler] TT: CTT(2). CTT(2) registra este tipo de correção.
[TTI] = *Texto Transcrito Ilegível*. Não é possível identificar no TT a palavra datilografada; portanto, a palavra inserida no TTE é uma suposição derivada do que é possível depreender do que está registrado confusamente no TT e do próprio contexto.
[EB] = *Espaço em Branco*. Espaço deixado em branco em TT não preenchido.
LP = Linha pontilhada com ou sem preenchimento.

PhG = *Phänomenologie des Geistes*. Referência ao texto original alemão da Fenomenologia do Espírito e conforme o seguinte critério: PhG, 522/28-31: *Phänomenologie des Geistes*, página 522, linhas 28 a 31. Edição usada: G. W. F. Hegel. *Phänomenologie des Geistes*. Neu hrsg. von Hans-Friedrich Wessels u. Heirinch Clairmont. Hamburg, Meiner, 1988.
FE = *Fenomenologia do Espírito*. Tradução para o português da *Phänomenologie des Geistes* e conforme o seguinte critério: FE 87/81: Fenomenologia do Espírito, parágrafo 87, página 81. Edição usada: G. W. F. Hegel. *Fenomenologia do Espírito*. Tradução de Paulo Menezes com a colaboração de Karl-Heinz Efken e José Nogueira Machado. 2a. ed. Petrópolis, Vozes, Bragança Paulista, Universidade São Francisco, 2003. (Volume único). A tradução do texto alemão para o português que aparece no TTE não reproduz necessariamente a tradução para o português de Menezes.

Ajustes do TT

Tanto a palavra sublinhada (esteja em letra maiúscula ou minúscula) quanto a palavra escrita em maiúscula do TT foram substituídas por *texto marcado em itálico* em TTE em letras minúsculas. As partes A, B e C e seus capítulos e subcapítulos do TT foram editadas com os critérios empregados nessa edição.

Ortografia e acentuação das palavras empregadas no TT foram adaptadas às normas atuais de ortografia e acentuação das palavras da língua portuguesa, bem como sua pontuação. A sintaxe do texto do TT foi ajustada, quando foi julgado necessário tal ajuste.

Agradecimentos

O trabalho de edição do comentário de Vaz ao capítulo sobre a *moralidade* da Fenomenologia do Espírito de Hegel não poderia ser levado a cabo como um trabalho solitário.

Agradeço ao Professor *João Mac Dowell*, coordenador da edição da obra filosófica de Henrique C. de Lima Vaz, a confiança em mim depositada quando demonstrei interesse em editar o TT, já que o tema investigado pelo TT também tinha sido anteriormente por mim estudado, e pareceu-me um belo desafio dar-lhe uma formatação mais inteligível. Espero ter correspondido às expectativas. Seu trabalho foi valioso também no sentido de identificar referências a passagens de textos vinculadas a interlocutores de Hegel convocados pelo comentário de Vaz.

Sou também muito grato a *Zita Mendes Rocha*, bibliotecária da Faculdade Jesuíta de Filosofia e Teologia do Centro de Estudos Superiores da Companhia de Jesus, Belo Horizonte, Brasil, pela disponibilização de material do Memorial Padre Vaz, de tal forma que pudesse levar a contento o meu trabalho da melhor possível. A ela também devo o árduo trabalho de identificar citações de autores referidos no comentário de Vaz.

Reconhecimento também deve ser prestado à Professora *Marilene Rodrigues de Mello Brunelli* por sua contribuição na edição desse texto de Vaz tanto no que diz respeito à cessão de seu *Caderno de notas* contendo as aulas ministradas por Vaz sobre o capítulo *O espírito certo de si mesmo. A moralidade* da *Fenomenologia do Espírito* (1807) de Hegel, no primeiro semestre de 1972 quanto no que se refere a informações de caráter oral sobre as circunstâncias envolvendo essas aulas.

Vale também agradecer as monitoras Patrícia Carvalho Reis e Renata Satller do Amaral Santos pelo trabalho de coletar material pertinente ao estudo do TT e, assim, facilitar seu trabalho de editoração.

MORALIDADE E FELICIDADE

ANÁLISE DO TEXTO DA FENOMENOLOGIA DO ESPÍRITO
de G. W. F. HEGEL
O ESPÍRITO CERTO DE SI MESMO. A MORALIDADE
3ª parte da seção ESPÍRITO (Cap. VI. C)[1]
Aulas Ministradas pelo Pe. HENRIQUE de LIMA VAZ

OBSERVAÇÕES PRELIMINARES[2]

1 — Este texto corresponde a exposições faladas, extraídas da gravação de aulas ministradas pelo Pe. Henrique de Lima Vaz. Por isto obedece a um *estilo oral*.

2 — As anotações não foram revistas pelo autor.

3 — Muitas frases se repetem continuamente, mas sua recorrência foi minimizada.

---

[1] *O ESPÍRITO CERTO DE SI MESMO. A MORALIDADE* 3ª parte da seção ESPÍRITO (Cap. VI. C)] TT: A MORALIDADE 3ª parte da seção ESPÍRITO (Cap. VI)

[2] da gravação de aulas ministradas pelo Pe. Henrique de Lima Vaz. Por isto obedecem a um *estilo oral*.] TT: da gravação. Por isto, obedecem a um *estilo oral*, ainda que isto significa, às vezes, certas incorreções sintáticas.
continuamente, mas sua recorrência foi minimizada.] TT: continuamente. Não foi possível fazer uma reelaboração posterior das exposições orais.

41

ESQUEMA DA APOSTILA SOBRE O CAPÍTULO: A MORALIDADE[1]

INTRODUÇÃO[2]

PARTE A — A VISÃO MORAL DO MUNDO[3]
  I. Harmonia postulada do dever e da efetividade
  II. O legislador divino e a consciência moral imperfeita
  III. O mundo moral como representação

PARTE B — O DESLOCAMENTO[4]
  I. As contradições na visão moral do mundo
  II. A resolução da moralidade no seu contrário
  III. A verdade da consciência de si moral

PARTE C — BOA CONSCIÊNCIA[5]
  I. A boa consciência como liberdade de Si no interior de si mesma
    a) A boa consciência como efetividade (Wirklichkeit) do dever
    b) Reconhecimento da convicção
    c) Liberdade absoluta da convicção
  II. A universalidade da boa consciência
    a) Indeterminação da convicção
    b) A linguagem da convicção
    c) A bela alma
  III. O mal e seu perdão
    a) O conflito da moralidade conscienciosa e da hipocrisia
    b) O julgamento moral[6]
    c) Reconciliação

---

[1] ESQUEMA DA APOSTILA SOBRE O CAPÍTULO: A MORALIDADE] TT: ESQUEMA DA APOSTILA SOBRE A MORALIDADE
[2] INTRODUÇÃO] TT: INTRODUÇÃO À MORALIDADE
[3] A VISÃO] TT: VISÃO [AE: correção feita levando em conta o título do subcapítulo da PhG]
[4] O DESLOCAMENTO] TT: DESLOCAMENTO [AE: correção feita levando em conta o título do subcapítulo da PhG]
[5] A boa consciência] TT: PARTE C — GEWISSEN [AE: correção feita levando em conta o título do subcapítulo da PhG]
interior de si mesma] TT: interior de si mesmo
efetividade do dever] TT: efetividade do Dever
[6] Embora o item b e c sejam divergentes em relação ao conteúdo elencado no "Sumário", mantivemos o texto como está, como forma de preservar a originalidade do manuscrito. (N. do E.)

Introdução [fl-1]¹

Começamos agora o espírito certo de si mesmo ou a moralidade. Vamos ler o começo desta parte porque ela é bastante clara e muito importante para compreendermos como vai avançar todo o desenvolvimento dialético que Hegel vai fazer². Ele começa comparando o mundo ético, o mundo imediato com o mundo da moralidade³.

---

¹ *fl-1*
INTRODUÇÃO] TT: I – INTRODUÇÃO: A MORALIDADE
[AE: Trata-se da introdução, parágrafos 596 a 598, ao *subcapítulo VI. C - O Espírito Certo de Si Mesmo. A Moralidade, VI. C. Der seiner selbst gewisse Geist. Die Moralität*. Nesses parágrafos, como é frequente na *Fenomenologia do Espírito*, a nova figura é inicialmente caracterizada mediante a comparação com aquelas antecedentes. No caso em questão, a figura da consciência moral é relacionada com a consciência no âmbito do mundo ético grego e com a consciência no horizonte da alienação, respectivamente os dois subcapítulos anteriores ao subcapítulo VI. C: *VI. A - O espírito verdadeiro, a eticidade*, *VI. A. Der wahre Geist, die Sittlichkeit*, e *VI. B - O espírito alienado de si mesmo. A cultura*, *VI. B. Der sich entfremdete Geist; die Bildung*.]
² *fl-1*
ou] CTT(1): palavra substituída ilegível.
ler] TT: CTT(2)
Hegel] TT: a natureza CTT(1)
³ *fl-1*
com o] TT: como
mundo da moralidade] TT: mundo da moralidade. cfr. Pág. 142 parágrafo 1.

IIIII 45

Mundo ético é aquele no qual o eu singular assumia a forma do defunto, do culto dos mortos e, depois, a sua verdade ou o seu pensamento, ou se quisermos, a sua ideologia foi o mundo do direito, ou a pessoa do direito, mas que tinha, fora de si, a sua verdade, porque a verdade da pessoa do direito no mundo romano era o próprio imperador que era o senhor do mundo[4]. Então Hegel mostra que, primeiro, o mundo ético, depois, o mundo da cultura e, finalmente, nós chegamos ao momento em que saber e objeto se tornaram uma coisa só. É o que ele chama liberdade absoluta, a vontade universal. O espírito fez a experiência deste saber do objeto como vontade absoluta, aquela experiência que foi a experiência do terror. Agora esta experiência retorna sobre si mesma e nós vamos ver como ela se desenvolve. De modo que podemos esquematizar da seguinte maneira:

[AE: O mundo ético se refere ao *capítulo VI. A - O Espírito Verdadeiro. A Eticidade, VI. A. Der wahre Geist, die Sittlichkeit*. O TT se refere à tradução de Jean Hyppolite de Hegel, G. W. F. *La Phénoménologie de l'Esprit*. Aubier, Paris, 1941, p. 142, t.II: "Le monde éthique montrait l'esprit en lui seulement défunt, c'est-à-dire le *Soi singulier*, comme étant son destin et sa verité. Cependent cette *personne du droit* possède sa substance et son contenu en dehors d'elle-même"; "Die sittliche Welt zeigte den in ihr nur abgeschiednen Geist, *das einzelne Selbst*, als ihr Schicksal und ihre Wahrheit. Diese *Person* des *Rechts* aber hat ihre Substanz und Erfüllung außer ihr", PhG 394/19-22; FE 596/410.]

4 *fl*-1
Mundo ético] TT: 1.4 — Mundo ético
assumia] TT: ass?m?ia, CTT(1)
[AE: Não está claro a que se refere "1.4". O TT não apresenta divisões anteriores que se estenderiam de 1.1 a 1.3. É provável que, até de uma forma equivocada, "1.4" possa ser uma referência à nota de pé de página número quatro da tradução de Hyppolite na página 143. Nesta nota, o estudioso francês resume os três momentos do espírito que constituem o sexto capítulo da *Fenomenologia do Espírito (FE)*. O TT faz também este resumo neste parágrafo e nos seguintes, começando com a caracterização do mundo ético. Por sua vez, A forma do defunto, do culto dos mortos se refere ao *capítulo VI. A - a - O mundo ético. A lei humana e a lei divina, o homem e a mulher, VI. A. a. Die sittliche Welt, das menschliche und göttliche Gesetz, der Mann und das Weib*. A pessoa do direito no mundo romano, o imperador e o senhor do mundo são o tema do *capítulo VI. A - c - O Estado de Direito, VI. A. c. Rechtszustand*.]

Aparição ou manifestação do espírito certo de si mesmo (Moral)

1) — Espírito (mundo) ético → Si singular (Espírito defunto)
  ↓   ↓ (Culto dos mortos)
  Substância   ←   Pessoa do direito
  ↓
  Movimento da cultura → Si do Espírito (vontade universal)[5]

Portanto, temos, em primeiro lugar, este espírito moral comparado com o espírito ético. O mundo ético tinha sua verdade no Si como singular, no culto dos mortos, isto é, no espírito defunto. Depois deste Si singular forma-se a pessoa abstrata do direito e o que caracteriza esta pessoa é que ela tem a *substância* (é o próprio mundo humano, o mundo histórico, a sociedade). Esta substância, que no mundo ético era imediatamente igual ao sujeito, aqui, ela está fora da pessoa do direito. Esta oposição entre a pessoa do direito e a substância produz o chamado movimento do mundo da cultura e este movimento da cultura vai terminar no Si como vontade universal. Então o eu, que no mundo ético era o eu singular, cultuado apenas no culto doméstico dos mortos, agora no mundo do processo da cultura, ele é o eu universal cultuado na festa cívica da Revolução Francesa; o que era o culto dos mortos na cidade antiga torna-se agora a celebração universal, isto é, o eu universal celebrado como vontade universal[6].

---

[5] *fl-1*
nós] TT: Mas CTT(1)
saber e objeto] TT: o saber e objeto
Aparição ou manifestação do espírito certo de si mesmo (Moral)] TT: *APARIÇÃO OU MANIFESTAÇÃO DO ESPÍRITO CERTO DE SI MESMO. (MORAL)*
Espírito (mundo) ético] TT: Mundo Ético [ECV]
(Espírito defunto)
(Culto dos mortos)] TT: (Espírito defunto) [ECB]
Si do Espírito (vontade universal)] TT: Si como vontade universal [ECV]
[AE: O movimento da cultura é o objeto do capítulo VI. B - *O Espírito Alienado de Si Mesmo. A Cultura; VI. B. Der sich entfremdete Geist; die Bildung*, ao passo que a liberdade absoluta e a vontade universal são tratadas no capítulo VI. B - 3 - *A liberdade absoluta e o terror, VI. B. III. Die absolute Freiheit und der Schrecken.*]

[6] *fl-1*
ético tinha] TT: ético que tinha de

Então, diz Hegel: parece que, ao terminarmos este processo, nós já temos a adequação do

2) — Saber = Verdade (Supressão da oposição saber e da verdade[7].

$$\underbrace{\hphantom{\text{para nós = para a consciência}}}_{\text{para nós = para a consciência}} \text{certeza} \longleftrightarrow \text{objeto})$$

Saber é igual à verdade, ou seja, ele é supressão da oposição: certeza x objeto. Esta oposição que nós sabemos que é a oposição fundamental que atravessa toda a Fenomenologia do Espírito; isto é, o sujeito tem certeza de si mesmo, mas não tem certeza do objeto do seu conhecimento, parece, diz Hegel, que esta oposição foi efetivamente superada aqui, pois o saber tornou-se igual à verdade, uma vez que toda a verdade do saber agora é precisamente esta vontade universal. Isto não se realiza só em si, mas para a própria consciência. Esta adequação: saber = verdade, é para nós e é também para a consciência[8].

Si] TT: si
[AE: o termo Si, na condição gramatical de substantivo, será sempre grafado com s maiúsculo, enquanto na condição gramatical de pronome será grafado com s minúsculo.]
mortos] TT: mortor
forma-se] TT: forma
[AE: "aqui" se refere ao capítulo VI. A - c - O Estado de Direito, VI. A. c. Rechtszustand, a figura que finaliza o capítulo VI. A - O Espírito Verdadeiro. A Eticidade, VI. A. Der wahre Geist, die Sittlichkeit.]
mundo do processo] TT: [EB] do processo
[AE: Em virtude do contexto, é provável que [EB] deva ser preenchido com a palavra "mundo" — e, portanto, formando a expressão "mundo do processo da cultura" — para poder haver uma certa simetria com o que foi dito antes: mundo ético.]
Revolução Francesa; o] TT: Revolução o
[7] fl-1
já temos] TT: temos já
[8] fl-1
(supressão da oposição certeza ⟷ objeto)] TT: (supressão da oposição-certeza objeto)
[AE: alteração feita de acordo com CNMB e CNV.]
para nós = para consciência] TT: para-nós e para a consciência
[AE: alteração feita de acordo com CNV. Vaz faz alusão às experiências da consciência tal como interpretadas, (1) segundo a lógica do para ela (für es,

[fl-2]Isto será importante para o desenvolvimento da dialética da moralidade, porque, na dialética da moralidade, para que haja consciência moral, nós vamos ver que a consciência acompanha o processo pelo qual ela realiza essa igualdade entre o que ela sabe e a verdade. Ela realiza a verdade no seu agir, na sua ação. Agora trata-se de desenvolver o conteúdo deste saber. Qual é o *saber* que é igual à verdade? É a pergunta que Hegel faz. E a resposta dele, nós vamos ver, é que o saber que é igual à verdade é precisamente o saber da consciência de si como vontade universal, como liberdade realizada. Uma vez que a Revolução Francesa permitiu a experiência da liberdade levada até o fim, levada até consequências radicais, então a consciência sabe que a sua liberdade pode ser realizada, quer dizer, ela sabe a sua liberdade como realizada. O problema, agora, para ela, será em saber: qual será a forma de realização desta liberdade, já que a realização da liberdade enquanto absoluta, ou seja, na própria Revolução Francesa, chegou no impasse do terror? Então: qual será a forma de realização dessa liberdade? O saber cuja forma se procurará, aqui, agora, é o saber da liberdade que se realiza. Isto é que Hegel vai chamar *saber moral*[9].

Saber moral é o saber do homem livre, do sujeito livre. Ele vai dizer assim na frase que já é famosa na definição que Hegel dá de liberdade: "A consciência é absolutamente livre porque ela sabe sua liberdade e justa-

---

para ela, es = das Bewußtsein; ela = a consciência). Trata-se da interpretação das experiências da consciência dada pela própria consciência ainda repleta de preconceitos e prejuízos que, no entanto, serão questionados ao longo dessas experiências. (2) Segundo a lógica do para nós (*für uns*), autor e leitor(a) dessas experiências. Trata-se da interpretação das experiências da consciência dadas pelo autor e leitor(a) dessas experiências, os quais, contudo, não estão mais submetidos às deficiências da própria consciência em seu processo de formação ao longo dessas experiências. PhG 68/8-9; FE 87/81.]
é também para] TT: é para
[9] *fl-2*
à verdade?] TT: a verdade?
à verdade] TT: a verdade
Revolução Francesa] TT: Revolução
Revolução Francesa] TT: evolução
impasse do terror?] TT: unipasse do terror.
dessa liberdade?] TT: des Liberdade?
cuja forma] TT: cujo a forma

mente este saber da sua liberdade é que é a sua substância, o seu fim e o seu conteúdo único". Ela é absolutamente livre na medida que ela sabe a sua liberdade. Esta é a experiência que a Revolução Francesa teve. Portanto, é o saber dessa liberdade que é o fim, o conteúdo e a substância da consciência de si. Agora, ela vai buscar os caminhos desse saber da sua liberdade que ela já tem, pois se ela não soubesse a sua liberdade, se ela não tivesse feito a experiência da liberdade absoluta na Revolução Francesa, ela não se elevaria ao plano da consciência moral. Ela é consciência moral porque ela foi consciência revolucionária. Isto é o que Hegel quer dizer aqui. Isto vamos desenvolver[10].

Na introdução (parágrafos 596 a 598) à terceira parte — *O espírito certo de si mesmo*. *A moralidade* — do sexto capítulo — *O espírito* —, ele retomou o desenvolvimento do espírito desde o espírito ético, porque chegou à conclusão de que a nova figura da consciência que aparece é aquela na qual a liberdade absoluta se identifica com o saber da própria liberdade. E este saber da liberdade é o conteúdo, a substância da consciência, uma vez que a consciência fez a experiência da alienação e superou essa alienação. Fez a experiência do limite dessa superação na liberdade absoluta e no terror, agora, o que resulta de toda essa experiência da consciência é o saber da liberdade. *Em Hegel, o saber está sempre ligado à experiência*. O saber como aparece na Fenomenologia do Espírito não é um saber teórico, abstrato, mas um saber ligado à experiência, pois justamente a consciência fez a experiência total de sua liberdade. Agora ela tem o saber desta liber-

---

10 *fl*-2
famosa] TT: formosa
liberdade: "A] TT: liberdade. "A
[AE: O texto original da *FE* e sua tradução: "Es [= das Bewußtsein, AE] ist absolut frei, darin daß es seine Freiheit weiß, und eben dies Wissen seiner Freiheit ist seine Substanz und Zweck und einziger Inhalt"; "Ela [a consciência] é absolutamente livre nisto: que ela sabe sua liberdade, e justamente este saber de sua liberdade é sua substância, fim e único conteúdo"; PhG 395/28-30; FE 598/411.]
ao plano] TT: no plano
é o que] TT: é que

dade. Portanto, o que resulta deste saber da liberdade é o que Hegel vai chamar *a visão moral do mundo*[11].

[11] *fl-2*
Na introdução (parágrafos 596 a 598) à terceira parte — *O espírito certo de si mesmo. A moralidade* — do sexto capítulo — *O espírito* —, ele] TT: Depois da introdução à 3ª parte do Espírito que é a do Espírito certo de si mesmo (Moralidade). Na introdução ele desenvolvimento do espírito] TT: desenvolvimento
[AE: O espírito ético é VI. A - *O espírito verdadeiro. A eticidade*, VI. A. Der wahre Geist, die Sittlichkeit, referido no início do parágrafo 596 também como *o mundo ético, die sittliche Welt*, cuja figura final é a *pessoa de direito, Person des Rechts*, também mencionada nas primeiras linhas do parágrafo 596.]
consciência, uma] TT: consciência. Uma
experiência] TT: esperiência
não é um saber teórico, abstrato, mas um saber ligado à experiência] TT: uma é um saber teórico, abstrato, é um saber ligado a experiência
[AE: Sobre o significado de *experiência, Erfahrung*, vide PhG 66/22-26; FE 86/80.]
chamar *a visão moral do mundo*] TT: chamar:

PARTE A – A VISÃO MORAL DO MUNDO[1]

I – Harmonia postulada do dever e da efetividade

(Consciência de si = saber da liberdade = dever) Filosofia moral do Idealismo Alemão

Aqui é um dos primeiros textos em que aparece a expressão *Weltanschauung* e que vai ter uma valorização muito grande na filosofia mais tarde: *Weltanschauung*, visão do mundo, intuição do mundo. Tens agora a visão moral do mundo, aquela visão do mundo que é marcada pela característica de ser uma visão moral. O que é determinante dessa visão moral para a consciência é que a consciência de si é igual ao saber da liberdade. E porque ela é o saber da liberdade, ela é a consciência do dever. O que caracterizará agora a consciência é justamente o dever. *Por que o saber da liberdade é dever?* Para Hegel a liberdade nunca é de escolha, livre arbítrio, a fim de escolher entre duas alternativas. A liberdade está ligada com o saber, pois neste saber ela é absolutamente livre, porque sabe a sua liberdade. *Liberdade para Hegel não é poder escolher entre dois termos (como é a concepção vulgar do livre arbítrio), mas é o saber que a cons*[fl-3]*ciência tem de si mesma como o saber pleno.* No momento em que ela se conhece a si mesma através de uma experiência em que ela percorreu todas as formas que ela assumiu no mundo da cultura, então ela é livre. Ela é livre, porque ela já superou todos os obstáculos que se antepuseram ao exercício da

---

1 *fl*-2
PARTE A – A VISÃO MORAL DO MUNDO] TT: A) – <u>A VISÃO MORAL DO MUNDO (WELTANSCHAUUNG)</u>
I – **Harmonia postulada do dever e da efetividade**] TT: I – <u>Harmonia postulada do Dever e da Efetividade.</u>

sua liberdade. Ela chegou a fazer a experiência da liberdade absoluta, da liberdade total. Ela quis inclusive ter a liberdade divina, a liberdade sem limites. Ela fez a experiência de todas essas formas de liberdade começando pela liberdade que existia no mundo ético até a liberdade absoluta. Ao passar por todas essas formas, agora, ela é livre. Hegel reproduz aqui, mas em contexto diferente, a noção de liberdade de Santo Agostinho (354-430) e podemos fazer uma analogia com esta noção[2]. Santo Agostinho distingue dois tipos de liberdade. A liberdade que ele chama *"libertas initialis"* é a liberdade do sujeito de pecar ou não pecar. Então é a liberdade de opção de escolha entre o mal e o bem. Depois que o indivíduo faz a experiência dessa liberdade inicial através de um desenvolvimento de sua vida, então o indivíduo pode chegar a um estado que Santo

---

2 *fl-2 > fl-3*
saber da liberdade = dever] TT: saber da liberdade Dever
[AE: A introdução do sinal de igualdade entre saber da liberdade e dever, ausente em TT, tem como base as seguintes razões: (a) a afirmação, feita ao final dos parágrafos introdutórios (596 a 598) ao subcapítulo VI. *C - O espírito certo de si mesmo. A moralidade, VI. C. Der seiner selbst gewisse Geist. Die Moralität*, segundo a qual a consciência moral certa de si mesma "...sabe sua liberdade" ("...seine Freiheit weiß", PhG 395/28; FE 598/411), bem como a afirmação, feita na primeira linha do subcapítulo *VI. C - a - a visão moral do mundo, VI. C. a. Die moralische Weltanschauung*, segundo a qual "a consciência de si sabe o dever como a essência absoluta" ("Das selbstbewußtsein weiß die Pflicht, als das absolute Wesen", PhG 395/33; FE 599/411); a ação livre fundamentada no dever é sabida e racionalmente justificada; (b) a sequência do texto de Vaz também caminha nessa direção apontando para a identidade entre o saber da liberdade, próprio da consciência de si, e o dever e, finalmente, (c) o texto de CNMB — consciência-de-si = saber da liberdade = Dever — também assinala essa identidade.]
textos em que] TT: textos que
Weltanschauung] TT: Weltanschauung
tarde: *Weltanschauung*] TT: tarde. Weltanschauung
determinante] TT: CTT(2)
consciência é que] TT: consciência que
a fim] TT: afim
alternativas] TT: auternativas
liberdade divina] TT: CTT(2)
a liberdade sem limites. Ela] TT: A Liberdade sem limites o que ela
Hegel reproduz aqui, mas em contexto diferente, a noção de liberdade de Santo Agostinho (354-430) e podemos fazer uma analogia com esta noção.] TT: Hegel aqui reproduz, (em contexto [AE: contexto = CTT(2)] diferente e a gente pode fazer uma analogia com o que é a noção de liberdade de Santo Agostinho).

Agostinho chama "*libertas terminalis*": a liberdade final que já não é mais a liberdade de escolher entre o Bem e o Mal, mas é a *plena adesão ao Bem*. Segundo Santo Agostinho, esta liberdade é o dom da graça de Deus, isto é, ela se identifica com a graça de Deus no sujeito. O sujeito não escolhe mais entre o Bem e o Mal, pois o indivíduo está todo plenamente voltado para o Bem. Ele já é não só saber, mas querer pleno do Bem. Mas querer o Bem não é um querer forçado, pois, forçado, o Bem não é livre. Quem quer o Bem, só pode querê-lo livremente. Quem quer o Bem totalmente é livre totalmente. Portanto, totalmente livre é aquele que quer totalmente o Bem, porque se ele quisesse, forçado, o Bem, já não seria o Bem, ele seria mal[3].

Esta concepção agostiniana aparece de alguma maneira aqui em Hegel quando ele diz que o saber da liberdade é a própria liberdade, isto é, o saber total da liberdade tem que ser a própria liberdade, porque o saber da liberdade não fosse realmente a liberdade, ficaria alguma coisa fora deste saber, pertenceria à liberdade o que não era sabido. Mas, por definição, hipótese, o sujeito sabe a liberdade, e, por isto, ele é livre. E nós temos uma concepção analógica, inclusive ao falarmos em forma de metáfora. Toda metáfora peca por alguma parte e, por isto, não se pode tomá-la ao pé da letra. Isto é para entender o que ele quer dizer aqui quando diz: se uma pedra lançada soubesse a sua trajetória, fosse consciente dela, ela seria livre. Se soubesse a sua trajetória, esta não seria forçada, mas livre. Isto pelo mesmo raciocínio, pois o saber dessa trajetória seria para aquela pedra a aceitação plena da trajetória e ela seria livre[4].

---

3 *fl-3*
distingue] TT: destingue
initialis] TT: "imitiales"
a um] TT: à um
terminalis] TT: CTT(2)
terminalis: a liberdade] TT: CTT(2). A liberdade
[AE: Sobre o tema da liberdade em Santo Agostinho, vide Sciacca, Michele Federico. *História da filosofia: antiguidade e Idade Média.* 2a. ed. São Paulo: Mestre Jou, 1966. v. 1, p. 184.]
só] TT: so
aquele] TT: aquêlo
4 *fl-3*
à liberdade] TT: a liberdade
analógica] TT: analogica

Então, o saber da liberdade é liberdade, e do fruto do saber da liberdade decorre imediatamente — para Kant, para o Idealismo Alemão e para Hegel que está interpretando Kant —, o *dever*. Dever puro, aqui também como Hegel vai dizer, não é aquilo que é imposto de fora, mas é o obrigar-se, *das Sollen*, o *dever ser*: aquilo que surge dentro do sujeito como consequência de seu saber da liberdade. Se o indivíduo não fosse livre, o dever não se apresentaria para ele sob a forma do dever, mas sob a forma da coação. Quando o indivíduo faz alguma coisa coagido, ele não cumpre o seu dever. Quando você obriga o menino a fazer alguma coisa, você não pode dizer que o menino cumpriu o dever, porque você o obrigou. *Ele cumpriu o dever quando ele fez a ação livremente*. Dever e liberdade são duas noções conexas, pois não há dever sem liberdade, não há liberdade plena sem dever puro[5].

A consciência de si que fez a experiência de todas as formas da sua presença no mundo, (desde o mundo ético com todas as formas de liberdade), chegando ao saber da liberdade, se torna, agora, a consciência do dever. Por isto que à liberdade absoluta segue-se a visão moral do mundo e que Hegel interpreta a filosofia moral de Kant, o moralismo kantiano e o seu desenvolvimento na filosofia moralista posterior como a[fl-4] filosofia que imprime esta figura do espírito, da consciência de si, da liberdade e do dever[6].

---

    tomá-la ao] TT: tomar ao] TT:
    diz: se] TT: diz se
5 *fl-3*
    Então, o saber da liberdade é liberdade, e do fruto do saber da liberdade decorre imediatamente — para Kant, para o Idealismo Alemão e para Hegel que está interpretando Kant —, o *dever*.] TT: Então o saber da Liberdade é Liberdade e do fruto do saber da Liberdade ser Liberdade decorre imediatamente para Kant, para o idealismo Alemão e para Hegel que está interpretando Kant decorre imediatamente o Dever.
    das Sollen, o *dever ser*: aquilo] TT: das Solen, o dever ser. Aquilo
    da coação] TT: do coração CTT(1)
    dever, porque você] TT: dever. Você
    cumpriu o dever quando ele fez a ação livremente] TT: cumpriu quando ele fez livremente
    conexas, pois não há dever sem liberdade, não há liberdade plena sem dever puro] TT: conexas. Não há dever sem Liberdade. Liberdade plena e Dever puro
6 *s2fl-3 > fl-4*
    liberdade, se torna, agora, a] TT: liberdade, ela se torna a

É isto que Hegel vai examinar agora. Como Hyppolite nota no seu comentário: "Antes de seguir o pormenor da dialética hegeliana expondo e criticando o moralismo, sublinhemos as suas características principais: a exposição de Hegel não é somente a exposição de uma certa filosofia, (filosofia de Kant e do Idealismo Alemão), mas é a exposição de uma experiência espiritual da qual esta filosofia é a expressão. Aqui a consciência humana coloca o seu absoluto no *puro dever*, no esforço incessante para tornar-se independente da natureza sensível, da existência natural julgada inessencial e, no entanto, sempre presente. As contradições dessa *visão moral do mundo* não se oferecerão a nós somente. Elas se revelarão à própria consciência no curso da sua experiência e na prova da ação"[7].

Isto quer dizer que a moral de Kant vai aparecer como a forma de uma determinada experiência que a consciência humana faz a uma determinada altura de sua história. A experiência segundo a qual a consciência chegou ao limite da sua liberdade (liberdade absoluta, da fuga da criação) e agora recolhe os frutos desta experiência. Estes últimos são a filosofia do dever moral de Kant. Para Hegel, o kantismo é a ideologia da época pós-revolucionária, época em que a revolução termina o seu ciclo.

à liberdade absoluta segue-se a visão moral do mundo e que Hegel] TT: a visão Moral do mundo segue a Liberdade absoluta. Por isto que Hegel espírito, da consciência de si, da liberdade e do dever.] TT: Espírito consciência de si, Liberdade e dever. — Filosofia Moral idealismo Alemão.
[7] *fl-4*
Hyppolite] TT: Hipolitte
(filosofia de Kant e do Idealismo Alemão)] TT: (filosofia de Kant e Idealismo Alemão)
[AE: o texto entre parênteses do TT — (filosofia de Kant e Idealismo Alemão) — não consta no texto original francês.]
da natureza] TT: do mundo
existência natural julgada inessencial e, no entanto, sempre presente] TT: existência natural
As contradições dessa *visão moral do mundo* não se oferecerão] TT: dessa visão moral do mundo não se oferecerá
[AE: A tradução do francês para o português, tal como consta em TT, foi mantida em sua maior parte. As alterações da tradução foram feitas tomando como referência o texto original francês e a tradução para o português; Hyppolite, Jean. *Gênese e estrutura da fenomenologia do espírito de Hegel*. Trad. Sílvio Rosa Filho; prefácio Bento Prado Júnior. 2a. ed. São Paulo, Discurso Editorial, 2003, p. 499.]

Vamos expor agora esta visão moral do mundo que é a visão do Idealismo Alemão[8].

1. — Saber = dever = essência absoluta
Ela se caracteriza pela identificação do saber com o dever, o qual aparece como uma essência absoluta. Portanto, tudo que é objeto para a consciência deve aparecer sob a forma do *dever moral*. Aqui aparece o segundo momento que foi tematizado por Kant na oposição das duas críticas (*Crítica da razão pura* e *Crítica da razão prática*), que é a[9]:

2. — Oposição entre *liberdade* e *natureza* enquanto ela se identifica com a oposição entre o dever, portanto, a moralidade, e a natureza, por conseguinte, a felicidade[10]

---

[8] *fl-4*
absoluta] TT: da absoluta experiência. Estes últimos são] TT: experiência. Os frutos desta experiência é Kant. Para Hegel] TT: Kant, que Hggel
pós-revolucionária, época em que] TT: pós-revolucionária. Época que
visão moral do mundo] TT: visão do Mundo Moral
Alemão.] TT: Alemão:
[9] *fl-4*
[AE: sobre a identificação do saber com o dever e a essência absoluta: "A consciência de si sabe o dever como a essência absoluta; somente pelo dever ela está obrigada, e esta substância é sua própria consciência pura; para ela, o dever não pode assumir a forma de algo alheio para ela"; "Das Selbstbewußtsein weiß die Pflicht als das absolute Wesen; es ist nur durch sie gebunden, und diese Substanz ist sein eignes reines Bewußtsein; die Pflicht kann nicht die Form eines Fremden für es erhalten", PhG 395/33-36; FE 599/411.]
do saber com o dever, o qual] TT: do saber e dever. O dever
absoluta. Portanto, tudo] TT: absoluta. Tudo
dever moral] TT: DEVER-MORAL
(*Crítica da razão pura* e *Crítica da razão prática*)] TT: (CR Pura e CR Prática)
[10] *fl-4*
com a oposição entre o dever, portanto, a moralidade, e a natureza, por conseguinte, a felicidade] TT: com o dever e, portanto, com a moralidade.
[AE: a oposição que caracteriza a visão moral do mundo é seguinte: "...constitui-se uma *visão moral do mundo*, a qual consiste na *relação* entre o ser-em-si-e-para-si *moral* e o ser-em-si-e-para-si *natural*. A essa relação jaz como fundamento... a consciência da exclusiva essencialidade do dever e da completa dependência e inessencialidade da natureza"; "...bildet sich eine *moralische Weltanschauung* aus, die in der *Beziehung* des *moralischen* An- und Fürsichseins und des *natürlichen* An- und Fürsichseins besteht. Dieser Beziehung liegt

Nós nos lembramos que a *Crítica da razão pura* de Kant é o levantamento das categorias que nos permitem pensar o mundo como uma natureza regida por leis deterministas, por determinismo: a natureza é um sistema de leis regido pela necessidade causal. E nossa razão teórica pura é feita para pensar a natureza causalmente determinada. No entanto, a nossa experiência humana total não se esgota no conhecimento da natureza como mundo regido por leis, no qual não há lugar para a liberdade. A liberdade é experimentada por nós, sobretudo, na *consciência moral*, na *consciência do dever*. Já que a consciência do dever, sendo consciência da liberdade, não pode ser tematizada pela razão teórica pura, pois esta só tematiza o determinismo da natureza nas suas categorias causais e necessárias, então é necessário que haja uma outra esfera na consciência na qual se possa inferir esta experiência da moralidade, da liberdade e do dever. Isto Kant chama a razão prática pura. Ela desempenha na filosofia de Kant uma função importante, decisiva, porque ela vai permitir a Kant dar uma resposta positiva àqueles problemas em vista dos quais escreveu a *Crítica da razão pura* e, em vista dos quais, ele tentou resolver através da razão teórica, mas não os resolveu, pois a razão teórica não se mostrou capaz de resolver estes problemas: são o problema de Deus (Absoluto), o problema do mundo como uma totalidade inteligível e o problema do homem, quer dizer, o problema da imortalidade da alma. Kant pensava que, sem a consciência de Deus, o mundo como totalidade e a alma como imortal, não era possível fundar a fé racional pura, não era possível fundar a moralidade e não era possível justificar a metafísica. Não há metafísica que não repouse sobre estes três fundamentos: o Absoluto, a inteligibilidade do mundo e a imortalidade do homem[11].

zum Grunde... das Bewußtsein der alleinigen Wesenheit der Pflicht und der völligen Unselbstständigkeit und Unwesenheit der Natur", PhG 396/20-28; FE 600/412.]
11 *fl-4*
a *Crítica da razão pura*] TT: da Crítica da Razão Pura
determinismo: a natureza é um sistema de leis regido] TT: determinismo. A Natureza é um sistema de Leis, para Kanta, e ela é regida
E nossa razão teórica pura]TT: Nossa Razão Pura
natureza causalmente determinada. No entanto, a nossa] TT: natureza (natureza causalmente determinada). A nossa
no qual não há] TT: por um mundo onde não há

Estes problemas que não puderam ser resolvidos a partir da razão teórica foram enfrentados por Kant no campo da razão prática. E os postulados da razão prática, tal como termina o livro da razão prática, são estes: o legislador divino, o mundo como totalidade e a imortalidade da alma.*[fl-5]* Então, esses três postulados são o que constitui aquilo que Hegel chama aqui *moralische Weltanschauung*, visão moral do mundo, aquela visão na qual para se fundar a liberdade do homem como saber da liberdade, ou

---

experimentada] TT: experiˆmentada
razão teórica pura] TT: razão pura
esta só tematiza o determinismo da natureza nas suas categorias causais e necessárias] TT: está só tematizada nas suas categorias causais e necessárias ou legais
na qual] TT: no conhecimento que seja a esfera onde
inferir] TT: ingerir
razão prática pura. Ela] TT: Razão Pratica. A Razão Prática
porque ela vai permitir] TT: porque ela vai porque é ela que vai permitir
àqueles] TT: aquêles
Crítica da razão pura] TT: Razão Pura
razão teórica] TT: Razão Pura
razão teórica] TT: Razão Pura
são o problema] TT: são problemas
Absoluto)] TT: (absoluto)
como uma] TT: % uma
inteligível] TT: enteligível
o problema da imortalidade] TT: o poder da imortalidade
pensava] TT: achava
[AE: sobre o vínculo entre o conceito de liberdade e os de Deus e de imortalidade da alma, vide: Kant, KpV, 4-5: "O conceito de liberdade, na medida em que a realidade desse conceito está provada por uma lei apodítica da razão prática, constitui agora o *fecho da abóbada* de todo o edifício de um sistema da razão pura, mesmo da razão especulativa. E todos outros conceitos (os de Deus e de imortalidade) que, como meras ideias, permanecem sem sustentação nesta [na razão especulativa, AE], anexam-se agora a ele [conceito de liberdade, AE] e obtêm com ele e através dele consistência e realidade objetiva, isto é, a *possibilidade* dos mesmos [conceitos de Deus e imortalidade, AE] é *provada* pelo fato de que a liberdade efetivamente existe; pois essa ideia manifesta-se pela lei moral"; "Der Begriff der Freiheit, so fern dessen Realität durch ein apodiktisches Gesetz der praktischen Vernunft bewiesen ist, macht nun den *Schlußstein* von dem ganzen Gebäude eines Systems der reinen, selbst der spekulativen Vernunft aus, und alle andere Begriffe (die von Gott und Unsterblichkeit), welche als bloße Ideen in dieser ohne Haltung bleiben, schließen sich nun an ihn an und bekommen mit ihm und durch ihn Bestand und objective Realität, d. i. die *Möglichkeit* derselben wird dadurch *bewiesen*, daß Freiheit wirklich ist; denn diese Idee offenbart sich durchs moralische Gesetz".]

seja, como dever, se admite ou se postula uma tríplice harmonia: a harmonia entre o homem e a natureza, a harmonia do homem consigo mesmo e a harmonia do homem com Deus (legislador sagrado)[12].

No desenvolvimento da argumentação sobre a moralidade, Hegel trata desses três aspectos:
a) o problema da natureza exterior;
b) o problema da natureza inerente ao próprio homem, a sensibilidade que luta no homem contra a razão: se postula que na moralidade haja uma harmonia entre a sensibilidade e a razão;
c) finalmente, o problema de Deus como legislador sagrado, como fonte da moralidade.

---

[12] *fl-4 > fl-5*
razão teórica] TT: Razão Pura
tal como] TT: como
divino] TT: CTT(2)
[AE: A *Crítica da razão prática* termina com reflexões sobre as "duas coisas" que "enchem o ânimo de admiração e veneração sempre nova e crescente" (*"Zwei Dinge erfüllen das Gemüt mit immer neuer und zunehmender Bewunderung und Ehrfurcht"*; Kant, KpV, 288): a) "*o céu estrelado acima de mim*" (*"das bestirnte Himmel über mir"*, Kant, KpV, 288) que aponta para mundos sobre mundos, sistemas sobre sistemas e, em última instância, indica o mundo como totalidade, tal como assinalado no texto de Vaz; b) "*a lei moral em mim*" (*das moralische Gesetz in mir*, KpV, 288) que alude à imortalidade da alma, um outro pressuposto registrado no texto de Vaz. No entanto, o pressuposto do legislador divino não é tematizado na conclusão, *Beschluß*, da *Crítica da razão prática*. Semelhança ao que Vaz afirma sobre os três postulados, encontra-se em Kant, KpV, 238-241, em que Kant lista os três postulados da razão prática pura em geral: a imortalidade da alma, a liberdade, "positivamente considerada" (Kant, KpV, 238), o poder de um ente inteligível causar um efeito no mundo sensível, uma tal liberdade é, portanto, relativa ao que Vaz denomina o postulado do mundo como totalidade; e, finalmente, a existência de Deus.]
são o que] TT: é o que
moralische Weltanschauung] TT: Weltanschauung
mundo, aquela visão na qual] TT: Mundo é aquela visão a qual
liberdade do homem] TT: liberdade o homem
harmonia: a] TT: harmônica, que é a
(legislador sagrado)] TT: (legislador [EB])

Estes três postulados constituem a visão moral do mundo. Estes postulados são constituídos desta ideologia, deste tipo de pensamento que se segue à experiência da Revolução Francesa, da liberdade absoluta[13].

Então, em primeiro lugar, temos o problema da natureza, porque a visão moral ou a consciência do puro dever é uma consciência que se apresenta inicialmente como pura interioridade, no sentido de que o dever para ser dever não deve buscar a sua motivação fora dele mesmo[14].

Neste último caso, o dever não seria dever e, sim, coação, pois o dever para ser dever, para se identificar com a liberdade tem que ser um *dever puramente* interior para que seja o centro da liberdade e não que venha de fora, senão não é dever. Este é o ponto de partida, mas acontece que a natureza é algo ineliminável (natureza exterior) na experiência humana.

---

13 *fl-5*

desenvolvimento da argumentação sobre a moralidade, Hegel] TT: desenvolvimento de Hegel ele
exterior] TT: interior CTT(1)
[AE: "in" em "interior" no TT foi corrigido para "ex", resultando "exterior".]
ao próprio homem, a] TT: no próprio homem que é a
o problema de Deus como legislador sagrado] TT: de Deus como legislador
constituem] TT: é que vão constituir
deste] TT: entre CTT(1)
[AE: O capítulo *VI. C - a - A Visão moral do mundo* possui dezessete parágrafos: 599-615:
a) *introdução*, 599-600, em que têm lugar a apresentação da figura da consciência denominada visão moral do mundo, sua verdade e as contradições com as quais ela se vê enredada;
b) *desenvolvimento*, 601-609:
b.1) 601-602, "o problema da natureza exterior";
b.2) 603, "o problema da natureza inerente ao próprio homem, a sensibilidade que luta no homem contra a razão"; o parágrafo 604 faz um comentário das duas primeiras experiências e prepara a terceira;
b.3) 605-609, "finalmente, o problema de Deus como legislador sagrado, como fonte da moralidade"; nesses parágrafos se desdobram os três momentos da visão moral do mundo em sua tentativa de fazer valer a sua verdade, mas de tal modo que sua verdade será refutada;
c) *conclusão*, 610-615, em que é feita uma recapitulação das experiências recém encerradas, indicados os resultados negativos e positivos da figura da visão moral do mundo e passa-se para o próximo capítulo das experiências da consciência moral certa de si mesma.]

14 *fl-5*

temos]: TT: CTT(2)
dever é] TT: Dever ela é

Todo o drama da filosofia de Kant foi, de um lado, a afirmação radical da liberdade como dever e, de outro lado, a presença ineliminável da natureza. Kant pergunta: como é possível a prática do dever no mundo que é exterior a nós, em uma natureza que nos invade e nos força, etc.?

Hegel quer mostrar, em primeiro lugar, como se supera dialeticamente esta oposição entre liberdade e natureza, porque a liberdade aqui se opõe à natureza. Para isto ele vai dar os *seguintes passos*:

a) — Consciência de si → negatividade

↓ ↓

Dever absoluto →relação com o outro[15]

Temos a consciência de si, que aqui é a consciência moral e é, por essência, negatividade. Portanto, ela é relação com o outro, porque não há negatividade se não há objeto para ser negado. Por isto, Hegel diz que a consciência de si, por um lado, é também consciência, isto é, é relação com o outro. Mas, por outro lado, a consciência de si é consciência do dever absoluto puro. Então se estabelece aqui uma oposição entre a consciência como negativo, ou seja, como relação existencial com o outro, e a consciência como dever absoluto[16].

---

15 *fl*-5

Neste último caso, o dever não seria dever e, sim, coação, pois o dever] TT: Não seria, dever e sim coração, o dever
identificar com a liberdade] TT: identificar como Liberdade
interior para que seja] TT: interior que seja
ineliminável] TT: CTT(2)
ineliminável] TT: CTT(2)
Kant] TT: Kanta
a nós] TT: a nos
invade] TT: envade
dialeticamente] TT: dialetivamente
à natureza] TT: a natureza

16 *fl*-5

si, que aqui é a consciência moral e é, por essência, negatividade] TT: si (que aqui é a consciência Moral) e por essência negatividade
relação com o outro] TT: relação como outro
Por isto, Hegel] TT: Por isto é que Hegel
consciência de si, por um lado,] TT: consciência de si
dever absoluto puro] TT: dever absoluto do dever puro
absoluto] TT: absiluto

O que, neste primeiro momento, Hegel quer mostrar é o seguinte: se nós, a consciência, fôssemos consciência do puro dever ou nos afirmássemos como liberdade em face do puro dever, teríamos duas alternativas: ou a nossa consciência, como dever puro, seria criadora do seu objeto, e seríamos deuses, ou, então, o dever puro de tal maneira se imporia à nossa consciência que nos tornaríamos coisas. É a alternativa que Sartre vai colocar no seu "Ser e Nada". O dever puro, totalmente puro, seria para nós ou o atestado de nossa própria deveridade ou nossa redução ao estado de coisa. É preciso para que nós conservemos a consciência de si que ela não se identifique totalmente com o dever, ou seja, que o dever não a absorva totalmente, a não ser que ela seja uma consciência divina, porque ela se tornaria coisificada pelo próprio dever. É preciso que ela continue como consciência da negatividade, que tenha em face de si o outro e que tenha uma relação com o outro, a fim de que conserve a sua distância entre ela mesma e o dever para assumir este dever. Estamos, portanto, diante de uma contradição.[fl-6]

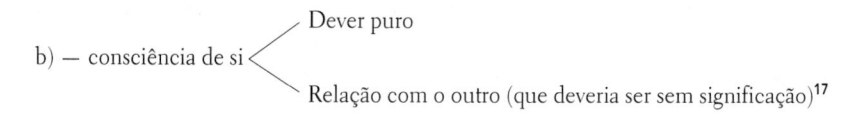

b) — consciência de si ⟨ Dever puro

Relação com o outro (que deveria ser sem significação)[17]

---

17 *fl-5* > *fl-6*
afirmássemos como liberdade] TT: afirmássemos como para liberdade
imporia à] TT: imporia a
"Ser e Nada". O dever puro] TT: "Ser e Nada". [EB]. Em dever puro
[AE: Considero "deveridade" um neologismo para expressar a primeira alternativa, a saber, a consciência, como dever puro, cria seu próprio objeto, ao invés de um erro de datilografia ou de qualquer outro tipo. Na *Crítica da razão prática* — no contexto em que é referida a forma do imperativo categórico que a lei moral toma em "todos seres finitos" (alle endliche Wesen), os quais são não só dotados de razão e vontade, mas também são afetados por móbiles empíricos, fenomênicos, oriundos de nossa natureza sensível, diferentemente de "o ser infinito" (das unendliche Wesen), de "a inteligência suprema" (oberste Intelligenz), a qual não é afetada pela natureza sensível —, Kant chama atenção para a diferença entre a vontade humana finita, de um lado, — a qual tem de oferecer resistência (Widerstand) da razão prática pura, portanto, resistência levada a cabo por uma "coação interior, mas intellectual" (innerer, aber intellektueller Zwang), aos móbiles empíricos, na medida em que esses sejam apresentados como critério da moralidade, e, com isso, a vontade humana finita está sujeita à "obrigação" (Verbindlichkeit) e ao "dever" (Pflicht) —, e a vontade divina

Agora, neste segundo momento, a consciência de si é, ao mesmo tempo, consciência do dever e da relação com o outro, que aqui não deveria ter significação nenhuma para ela, ou seja, o outro deveria ser um ser sem significação. Qualquer significação que a consciência desse ao outro seria um atentado ao dever puro, pois toda significação é referida ao dever, porque o dever é essência absoluta. Então, a consciência se encontra nesta espécie de contradição: por um lado, ela põe a liberdade como dever puro e, por outro lado, ela tem o outro em face dela, e sobre o qual ela não pode se pronunciar, porque ela só se pronunciaria, se ela fosse Deus ou se tornasse coisa. Esta é a experiência fundamental do ato da moralidade. O que Kant e Hegel exprimem, aqui, é algo que não é só dado na filosofia, mas que também faz parte da experiência constitutiva do homem como ser moral[18].

    infinita, de outro, que nunca se desvia da lei moral, porque nunca é afetada pela natureza fenomênica. Em virtude disso, esta última não está mais submetida ao dever, à coação moral, obrigação e forma imperativa da lei moral. Trata-se, pois, de uma "vontade santa" (heiliger Wille) em que não há mais conflito entre a máxima e o imperativo categórico, como é o caso da vontade humana. "A santidade da vontade" (die Heiligkeit des Willens) é, portanto, modelo, paradigma ou arquétipo (Urbild) para a vontade humana (vide: KpV, 57s). Nesse contexto da *Crítica da razão prática*, é possível identificar a posição intermédia da vontade humana entre o estrito e rígido confinamento na natureza sensível, o mundo da animalidade, e a perfeição divina. Esse é o contexto kantiano aludido pela figura da visão moral do mundo envolvida com o noumenal, a moralidade e o dever, de um lado, e o fenomenal, a felicidade e o prazer, de outro.]
divina] TT: CTT(2)
outro e que tenha] TT: outro. Que ela tenha
outro, a fim] TT: outro, afim
Estamos, portanto, diante] TT: Estamos diante
Relação com o outro (que deveria ser sem significação)] TT: Outro (sem significação) [ECB]
18 *fl-6*
Agora, neste segundo momento, portanto, a consciência de si é, ao mesmo tempo, consciência do dever e da relação com o outro] TT: A consciência de si no mesmo tempo ela é consciência do Dever, no cujo dever puro, e ela é relação com o outro
um ser] TT: em ser
puro, pois toda] TT: puro. Toda
dever, porque o dever] TT: dever. O dever
e sobre o qual] TT: e do qual
porque ela] TT: porque se ela

Quanto à experiência fundamental da moralidade, por um lado, nós temos o dever dentro de nós, a lei moral dentro de nós, como Kant vai dizer no fim da Crítica da razão prática, mas esta lei moral nunca é totalmente pura, porque ela tem que sempre ser aplicada a este ou aquele objeto. E este objeto está fora de mim, e, no momento em que o objeto está fora de mim, existe uma zona de obscuridade, de impureza entre a pureza da lei moral e o objeto no qual quero aplicá-la. Aí, então, se teve o drama do ato moral, da moralidade humana[19].

Por outro lado, se o homem quisesse se fazer puramente ser moral interiorizado, ou ele seria Deus (então, a experiência da liberdade absoluta feita na Revolução Francesa seria um deus ilusório, porque estaria sempre ameaçado permanentemente pela morte) ou, então, seria coisa, porque o dever puro seria totalmente petrificado, pois o homem não poderia sair de dentro de si mesmo, tudo o que existisse para ele estaria fora dele e tudo a que ele quer aplicar o seu ser moral estaria fora dele, estaria coisificado. Esta é a contradição inicial entre o dever e o outro[20].

A crítica de Hegel ao moralismo é feita de uma maneira muito aguda (pois ela é uma das faces profundas da Fenomenologia do Espírito) e

---

Deus] TT: deus
ato da moralidade] TT: ato moral da moralidade
O que Kant e Hegel exprimem, aqui, é algo] TT: Que Kant que Hegel exprimem aqui, como algo
que também faz] TT: que faz
19 *fl-6*
à experiência] TT: a experiência
moralidade, por um lado,] TT: Moralidade, nós
[AE: introdução da expressão "por um lado" a fim de concatenar com a expressão "por outro lado" do parágrafo imediatamente subsequente.]
[AE: Vaz se refere *a lei moral em mim* na Crítica da razão prática, *das moralische Gesetz in mir*, Kant, KpV, 288.]
nunca] TT: numca
sempre ser aplicada] TT: sempre aplicar a lei moral
momento em que] TT: momento que
obscuridade, de] TT: CTT(2). Uma zona de
20 *fl-6*
petrificado, pois o homem não] TT: petrificado. Não
si mesmo, tudo o que existisse] TT: si (mesmo, e tudo o que existe
fora dele e tudo a que ele] TT: fora dele. Tudo o que ele
dele, estaria] TT: dele. Estaria
entre] TT: em que CTT(1)

consiste no seguinte: as contradições que vão aparecer na visão moral do mundo, na filosofia de Kant. Kant afirma o postulado do dever puro, mas, ao mesmo tempo, não quer e não pode renunciar ao outro que está fora, que está fora do âmbito do dever, ou seja, ele quer aplicar o dever puro ao objeto impuro, ao objeto que está fora do dever puro e, portanto, é impuro. Então, ele quer realizar a síntese destes dois aspectos e isto significa que a visão moral do mundo está aprisionada nesta espécie de conflito, de contradição. Mais tarde ela vai derivar para aquilo que Hegel chama "*Die Verstellung*", o deslocamento equívoco, a moral da intenção, isto é, o fato de a consciência moral do sujeito ser regida por uma determinada norma e a ação moral do sujeito não se adequa a esta norma. Portanto, haverá sempre um intervalo entre o que o sujeito faz e o que o sujeito pensa fazer, ou melhor, pretende fazer ou se julga obrigado a fazer. Então, o sujeito será necessariamente chamado de hipócrita. A moral da intenção se confere com a moral da hipocrisia. Não a hipocrisia consciente, mas no sentido metafísico que está dentro da própria visão moral do mundo, do próprio moralismo. Por um lado, o sujeito tem a norma da visão absoluta, mas não tem condição de aplicá-la. Mas, por outro lado, ele deve agir, porque não pode ficar de braços cruzados, e aí ele vai ser obrigado a enganar continuamente a norma que ele tem, e isto será a *Verstellung*. O campo da moralidade será o terreno onde ele está sempre escorregando: escorregando da norma pura para o objeto impuro. Isto começa na oposição entre liberdade e natureza.

c) — Consciência de si → relação consigo mesma → liberdade (moralidade)
Ser outro (objeto) → relação consigo mesmo → natureza (todo subsistente de leis)[21]

---

[21] *fl*-6
A crítica de Hegel ao moralismo é feita de uma maneira muito aguda (pois ela é uma das faces profundas da Fenomenologia do Espírito) e consiste] TT: O moralismo que Hegel critica aqui é de uma maneira muito aguda (pois esta é uma das faces profunda da Fenomenologia do Espírito) consiste
as contradições que vão aparecer na visão moral do mundo, na filosofia de Kant] TT: nós vamos ver nas contradições que vão aparecer na visão moral do Mundo, na filosofia de Kant, o seguinte
seja, ele] TT: seja. Ele
impuro, ao objeto] TT: impuro. Ao objeto
aspectos e isto significa que] TT: aspectos. Isto então

Temos o terceiro momento com dois mundos que se contrapõem: a consciência que é uma relação consigo mesma, que não quer sair de si mes[fl-7]ma, que é dever puro e o ser outro, o objeto, o que está fora da consciência pura do dever e que é também uma relação consigo mesmo. Porque, embora a consciência de si tenha relação com este objeto, pois ela não pode sair do mundo, não pode tornar-se consciência divina, melhor, por definição, ela quer ser puro dever, estar dentro de si. Ela quer ser só relação consigo mesma, pois isto seria a consciência como pura liberdade, como pura moralidade, norma moral no sentido kantiano da palavra. Deixando o objeto totalmente em relação consigo mesmo, o objeto se torna o que Kant chamou natureza, ou seja, um todo subsistente de leis, de leis independentes do mundo moral, isto é, de leis do mundo físico. Assim, se estabelece um dualismo entre o mundo moral (o mundo da liberdade) e o mundo físico. Este dualismo é que Hegel quer enfocar como primeiro postulado da visão moral do mundo e primeira fonte de contradições desta visão moral do mundo[22].

---

aprisionada] TT: aprecionada
Mais tarde] TT: (Mais tarde
"Die *Verstellung*"] TT: "Das verstellung"
[AE: Vaz alude à passagem das experiências da consciência descritas no subcapítulo *a visão moral do mundo*, *Die moralische Weltanschauung*, para o subcapítulo imediatamente subsequente *o deslocamento equívoco ou a dissimulação*, *Die Verstellung*.]
da hipocrisia. Não a hipocrisia] TT: da hipocresia. Não a hipocresia
metafísico] TT: Metafísica
moralismo. Por um lado, o sujeito] TT: Moralismo o sujeito
[AE: a introdução de "por um lado" é necessária para fazer a contraposição com "por outro lado" na linha imediatamente abaixo.]
obrigado a enganar] TT: obrigado enganar
e isto será a *Verstellung*] TT: que será o Ventellung e o e???rregarão
O campo] TT: A campo
ele está] TT: estão
[AE: A expressão "todo subsistente de leis" se refere ao texto da PhG 396/15; FE 599/412: um todo de leis próprias subsistente por si mesmo (ein selbständiges Ganzes eigentümlicher Gesetze.)]
[22] *fl-6 > fl-7*
Temos] TT: Tens
contrapõem: a consciência] TT: contrapõem a consciência
consigo mesma] TT: consigo mesmo
puro e o ser] TT: puro. E o ser

Este dualismo é a base das duas críticas de Kant: *A crítica da razão pura* se refere à natureza e *A crítica da razão prática* se refere à liberdade. Então, em outras palavras, a visão moral do mundo consiste no confronto e tentativa sempre renovada e sempre malsucedida de superação desses dois termos[23].

d) — *Visão moral do mundo* — *confronto e tentativa de superação*
  Em-si e Para-si *Moral*   Em-si e Para-si *Natureza*

De um lado, a consciência de si moral (em-si e para-si moral) e, de outro lado, o em-si e para-si natural; ou seja, a visão moral do mundo coloca este problema: como é que o homem pode ser um ser moral no seio da natureza? Pois, a natureza, por essência, é amoral, uma vez que a natureza obedece à lei natural. Onde há lei natural, não há liberdade, e onde não há liberdade, não há moralidade. Na natureza, as coisas são amorais. O homem está no meio das coisas e, de uma certa maneira, ele é coisa também (como vai aparecer no segundo postulado) por causa da sua sensibilidade, do aspecto de seu ser empírico. Como é possível ser moral no universo das coisas? Então, a tentativa heroica de Kant foi separar radicalmente o universo da moralidade e o universo da natureza e dizer: a moralidade só é moralidade quando ela é puro dever, independentemente de tudo que

---

da consciência pura do dever e que] TT: e que
mesmo. Porque] TT: mesmo, porque
consciência divina] TT: consciência deveria CTT(1)
mesma, pois isto] TT: mesmo. Isto que
kantiano] TT: Kantismo
chamou] TT: camou
um todo] TT: em todo
[AE: como dito na nota imediatamente acima referida, "um todo subsistente de leis" se refere a "ein selbständiges Ganzes eigentümlicher Gesetze", um todo de leis próprias subsistente por si mesmo, PhG 396/15; FE 599/412.]
leis, de leis] TT: leis. De leis
dualismo] TT: deralismo
enfocar] TT: enforcar
23 *fl-7*
dualismo] TT: deralismo
Kant: *A crítica da razão pura*] TT: Kant. A Crítica da Razão Pura
refere à natureza] TT: refere a Natureza
A crítica da razão prática] TT: a Crítica da Razão Prática
refere à liberdade] TT: refere a Liberdade

possa acontecer. Em outras palavras, Kant quis restaurar, como Hegel vai mostrar, o estoicismo, mas um estoicismo que age, pois o estoicismo antigo era o estoicismo que cruzava os braços, contemplava só e suportava. Kant quer fazer um estoicismo ativo, mas o estoicismo do puro dever. Aconteça o que acontecer fora de mim, só obedeço ao meu dever. Este moralismo kantiano que tomou todas as gerações da Alemanha e também da Inglaterra é o que se chamou o senso do dever[24].

Tudo estava inspirado no dever puro de Kant que não recuava diante de nada e não tornava conhecido o conteúdo das coisas, mas só a forma do dever que era imposto ao sujeito. Eu devo e pronto. Problema: como é possível a moralidade, a moral pura, no meio das coisas[25]?

Passemos assim para a parte "c)" acima descrita, em que foi apontado o conflito entre liberdade e natureza, e acompanhemos o desenvolvimento da dialética da visão moral do mundo[26].

[24] *fl-7*
obedece à lei natural. Onde há lei natural] TT: obedece a lei. Onde a lei
são amorais] TT: são morais
uma certa maneira] TT: uma maneira
seu ser empírico] TT: seu ser
universo da moralidade] TT: universo [CTT(1), inverso] da moralidade
natureza e dizer: a moralidade] TT: Natureza. E dizer, a Moralidade
estoicismo] TT: esfoicismo
estoicismo que age] TT: esfoicismo que age
estoicismo antigo] TT: esfoicismo antigo
estoicismo que cruzava] TT: estoisismo que cruzava
suportava. Kant] TT: suportava. Kanta
estoicismo ativo, mas] TT: esfoicismo ativo. Mas
estoicismo do puro] TT: esfoicismo do puro
fora de mim, eu] TT: fora em
kantiano] TT: Kantismo
tomou] TT: tornou
da Inglaterra é o que] TT: na Inglaterra, que

[25] *fl-7*
Tudo estava inspirado] TT: Tudo inspirado
conhecido o conteúdo] TT: conhecido conteúdo
como é possível a moralidade, a moral pura, no meio das coisas?] TT: como é possível a Moralidade no meio das coisas, e é como é possível uma Moral pura no meio das coisas?

[26] *fl-7*
Passemos assim para a parte "c)" acima descrita, em que foi apontado o conflito entre liberdade e natureza, e acompanhemos o desenvolvimento da dialética da

1 — DIALÉTICA DA VISÃO MORAL DO MUNDO

Nós vamos ver aqui que Hegel vai retomar as conclusões da Crítica da razão prática de Kant e, sobretudo, a tentativa feita pelos filósofos posteriores, sobretudo Fichte (1762-1814), para superar as dificuldades que surgiam neste moralismo kantiano[27].

Hegel vai retomar os três postulados que eram os postulados do mundo moral de Kant: a existência de Deus, a inteligibilidade do mundo e a imortalidade da alma. E vai refundir isto e apresentar, como postulado desta visão moral do mundo, o postulado de uma tríplice harmonia: a harmonia entre o homem e a natureza, a harmonia do homem consigo mesmo e a harmonia do homem com Deus. São os três postulados, segundo Hegel, que estão na base da visão moral do mundo. Ele vai distinguir estes postulados, ver como eles se articulam, como se desenvolvem e a que eles conduzem[28].

Vamos ver que os três postulados vão conduzir ao *Verstellung* (atitude escorregadia característica da visão moral do mundo).

[fl-8]Hegel começa a descrever a dialética da visão moral do mundo, cujo primeiro momento é o postulado da consciência moral em geral estabelecido por Kant[29].

---

visão moral do mundo.] TT: Passamos assim para a "C" e é, como se desenvolve a dialética da visão Moral do mundo.

[AE: A suposição é a de que a parte "C" se refere à parte "c)" registrada nas folhas de número seis e sete do TT, nas quais é referido o conflito entre liberdade e natureza.]

27 *fl-7*
aqui que Hegel] TT: aqui Hegel
Kant] TT: Kanta

28 *fl-7*
Hegel vai] TT: Vai
eram] TT: era
Kant: a existência] TT: Kant. Eram os da existência
imortalidade] TT: CTT(2)
tríplice harmonia: a harmonia] TT: tríplice harmônica. A harmonia
visão moral do mundo] TT: visão Moral
distinguir] TT: disistir
articulam] TT: artigulam

29 *fl-8*
visão moral do mundo, cujo primeiro] TT: visão Moral. Primeiro
geral estabelecido por Kant] TT: geral. É o que Kant postula

a) — Consciência moral em geral → Realidade efetiva
　　　↑　　　　　　　　　　　↑
　　Dever como essência ←――――――― Agir moral

Por um lado, há a consciência moral em geral que se dá a si mesma uma realidade efetiva. Esta consciência de si não pode ser mais uma consciência abstrata como era no mundo da alienação, pois ela já é uma consciência que atravessou todas as fases da alienação e se tornou uma consciência eminentemente concreta pela experiência da liberdade absoluta. Ela se dá uma realidade efetiva que é a ação, o agir moral. Este agir é o dever como essência, ou seja, é o cumprimento do dever. A consciência, pelos meios aqui no começo apresentados, ainda não se coloca o problema do conteúdo, mas, depois, vai aparecer. Inicialmente, portanto, ela é só uma forma, o que se chama o formalismo moral de Kant. Por conseguinte, a consciência moral em geral, como consciência real, é a forma do dever[30].

Por outro lado, a consciência faz:
b) — a experiência da indiferença da natureza feita em face do *agir* como puro dever. Isto significa a dissociação entre o dever e a felicidade. Este foi o problema que angustiou Kant na *Crítica da razão prática*. Por

---

30 *fl*-8
Por um lado, há] TT: Há
[AE: É feita a adição de "Por um lado" em virtude do que é dito no parágrafo imediatamente posterior: Por outro lado, a consciência...]
mesma uma] TT: mesmo em uma
de si não pode] TT: si pode
alienação, pois ela] TT: Alienação. Ela
fases] TT: faces
eminentemente] TT: CTT(2)
absoluta] TT: abstrata CTT(1)
efetiva que é a ação, o agir moral] TT: efetiva. Esta realidade efetiva da consciência Moral é a Ação, é o Agir Mora.
agir moral] TT: Agir Moral CTT(1)
moral. Este agir] TT: Moral [CTT(1)]. É uma consciência que age. Este
começo apresentados, ainda não] TT: começo, não
Conteúdo, mas, depois] TT: conteúdo, Depois
Inicialmente, portanto, ela] TT: Inicialmente ela
Kant. Por conseguinte, a consciência] TT: Kant. A consciência
forma do dever] TT: forma no dever [ECB]

que o cumprimento do dever nem sempre traz a felicidade? No moralismo (visão moral), a resposta à pergunta acima é uma resposta formal, porque o dever já é a própria felicidade. Mesmo que o sujeito seja feliz, o cumprimento do dever já é a felicidade suprema que não precisa de outro componente. Há, no entanto, uma dissociação entre o que seria a felicidade, de um lado, como aquilo que vem de fora, aquilo que torna a vida do sujeito, da pessoa moral, agradável, digna de ser vivida uma vida feliz, e, de outro lado, o cumprimento do dever. A consciência moral se vê dissociada, portanto: de um lado, o dever e, do outro lado, aquilo que resultaria do cumprimento do dever, porque, a resposta dada é que o dever já traz a felicidade. Hegel vai mostrar que não é uma resposta satisfatória, porque a felicidade deveria resultar do dever, pois, se ela fosse própria do dever, o dever seria marcado pelo egoísmo, não seria o puro dever. Felicidade tem que ser algo que vem depois do dever, deve ser um resultado do dever cumprido. Mas, por que, muitas vezes, ela não é o resultado do dever cumprido? Ao contrário, o cumprimento do dever traz a infelicidade no sentido de que alguma coisa desagradável acontece ao sujeito em consequência do dever cumprido. A felicidade é uma contingência do dever cumprido. O problema de Kant é: por que a felicidade é uma contingência? Pode acontecer que, cumprindo o dever, o sujeito seja feliz e pode acontecer o contrário, seja infeliz, porque a felicidade é uma contingência do dever. Hegel vai mostrar que a dissociação entre o dever e a felicidade é uma dissociação fictícia, porque a felicidade é um momento do fim da moralidade.

Consciência moral → Felicidade → momento do fim da moralidade[31]

---

[31] *fl*-8
faz:] TT: faz a
a experiência da indiferença da natureza feita em face do *agir* como puro dever]
TT: a Experiência da indiferença da Natureza (dissociação entre o Dever e a Felicidade) Experiência em feita em face do Agir, como puro Dever
Por que] TT: Porque
à pergunta acima] TT: a pergunta acima,
felicidade suprema] TT: felicidade. Suprema
outro componente] TT: outro
Há, no entanto, uma] TT: Há uma
entre o] TT: no que
felicidade, de um lado, como] TT: felicidade, como
e, de outro lado, o cumprimento] TT: e o cumprimento

Isto é o que, de fato, é ilusório e fictício: o indivíduo dizer "cumpro o dever" sem levar em conta a felicidade ou a infelicidade que possa decorrer deste ato. De fato, quando o sujeito cumpre o dever, ele já implica a felicidade na finalidade do cumprimento do dever. É isto que Hegel vai mostrar. E, portanto, a dissociação entre dever e felicidade deve ser superada, ou seja, a experiência da indiferença da natureza não pode permanecer em face do cumprimento do dever. Em outras palavras, não se pode cumprir o dever em um mundo hostil, indiferente. Ele tem que aliar o mundo a ele mesmo, fazer o mundo favorável ao cumprimento do dever. Diz Hegel:

---

resultaria do] TTL serviria resultar de
dever, deve] TT: dever. Deve
por que] TT: porque
Ao contrário, o cumprimento do dever traz a infelicidade no sentido de que alguma coisa desagradável acontece ao sujeito em consequência do dever cumprido.] TT: Ao contrário o cumprimento do ver traz a infelicidade no sentido de que alguma coisa acontece ao sujeito em consequência do dever cumprido?
[AE: o TT foi corrigido, já que faz mais sentido uma afirmação do que uma pergunta, no contexto em foco. Diferentemente da tese, segundo a qual a felicidade é resultado ou efeito necessário da moralidade como causa, segundo a definição kantiana de sumo Bem (*das höchste Gut*, KpV, 199), acontece frequentemente que o resultado ou efeito da obediência à lei moral é a infelicidade, precisamente no sentido de que, cumprida a lei moral, atinge o indivíduo alguma coisa que desagrada seu amor de si (*Selbstliebe*), não lhe traz prazer (*Lust*), mas, *ao contrário*, lhe causa desprazer (*Unlust*, KpV, 40s) e, portanto, a infelicidade. O conflito (*Widerstreit*) entre os princípios da felicidade e da moralidade reside no fato de que o princípio daquela é "o exato oposto" (*das gerade Widerspiel*) do princípio desta (KpV, 61), de tal forma que o vínculo necessário entre elas não é um vínculo com base na natureza fenomenal, empírica, posto que a natureza não é fonte de normatividade, mas ele é uma exigência da razão prática pura.]
cumprimento do dever] TT: cumprimento do ver CTT(1)
A felicidade é uma contingência] TT: É uma contingência
O problema de Kant é: por que a felicidade é uma contingência?] TT: O problema de Kant é: porque a felicidade é uma contingência.
dissociação entre o dever e a moralidade] TT: dissociação do dever e a felicidade
porque a felicidade] TT: porque a felicidade [CTT(1), Fenomenologia]
Consciência moral → Felicidade → momento do fim da moralidade] TT: FELICIDADE Momento do fim da moralidade [ECV e ECB]

PURO DEVER → consciência de si singular
CONVICÇÃO → momento necessário → intuição da atualização do fim do ato moral
↓
Prazer do dever cumprido³²

[fl-9]O puro dever só é realidade efetiva na consciência de si singular (individual). Portanto, a convicção para o cumprimento do dever é um momento necessário que só pode encontrar-se na consciência de si singular. Em outras palavras, o puro dever abstratamente tomado não pode ser dever efetivo. Ele só é dever efetivo, se ele se encarnar numa consciência singular. E ele só se encarna, se a consciência cumpre o dever através da convicção (convicção significa a consciência que descobre o dever, não cumpre o dever mecanicamente, automaticamente)³³.

Por um lado, esta convicção só é, só se dá na intuição da atualização do fim do ato moral. Não há convictamente cumprimento do dever, se não houver a intuição do fim do ato moral que é o cumprimento do dever. Cumprir o dever cegamente não é o cumprimento do dever. Para cumprir o dever, ele, o indivíduo, terá a atualização da presença no fim do ato moral. Pois, o dever só se conecta com a felicidade na medida que ele se torna dever cumprido pelo indivíduo. Não podemos, portanto, separar o problema do dever e da felicidade sem levar em contar que o dever só

---

32 *fl-8*
Isto é o que] TT: Isto é que
infelicidade] TT: infelicida
felicidade] TT: Fenomenologia CTT(1)
dever e felicidade] TT: Deus e Fenomenologia CTT(1)
dever] TT: Deus CTT(1)
mundo] TT: CTT(2)
mesmo, fazer] TT: mesmo. Fazer
atualização] TT: atualização CTT(1)
33 *fl-9*
[AE: Observação feita a tinta no TT, acima do primeiro parágrafo da *folha 9*, fora do espaço destinado ao texto datilografado: Nesta página — fenomenologia = felicidade. Alteração assumida no TTE.]
tomado] TT: tomado ele
encarnar] TT: CTT(2)
encarna] TT: CTT(2)
não] TT: Natureza CTT(1)

se torna efetivo no indivíduo. Enfim, ele suscita o prazer e a felicidade no seu cumprimento[34].

Por outro lado, este cumprimento do dever não pode ser separado da natureza, porque quem cumpre o dever é a individualidade e não a consciência moral (pois, é abstrata). Quem cumpre o dever é João, Pedro, etc. Então, este indivíduo cumprindo o dever, toda a sua natureza participa do cumprimento do dever e participa na felicidade decorrente do dever. Daí que a natureza entra dentro da felicidade e o dever já não é o dever puro da consciência, porque a natureza total do indivíduo entrou dentro do prazer do cumprimento do dever, ou seja, nós temos:

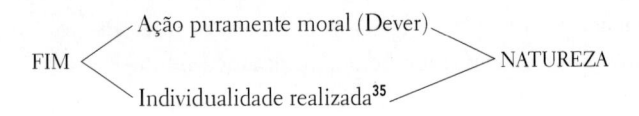

$$\text{FIM} \begin{array}{c} \nearrow \text{Ação puramente moral (Dever)} \searrow \\ \searrow \text{Individualidade realizada}^{35} \nearrow \end{array} \text{NATUREZA}$$

---

[34] *fl-9/20 > s1fl-9/3*
Por um lado, esta] TT: Por outro lado esta
[AE: a alteração se explica em virtude do que se segue no parágrafo imediatamente posterior que traz "Por outro lado", apresentando o outro lado do cumprimento do dever.]
convictamente cumprimento do dever] TT: cumprimento convictamente o dever
Pois, o dever só se conecta com a felicidade na medida que ele se torna dever cumprido pelo indivíduo.] TT: Isto é porque ele faz o ato moral. O motivo do ato moral. Diz Hegel: isto resulta que o prazer ou a felicidade do dever cumprido. O dever só torna felicidade na medida que ele se torna dever cumprido.
[AE: como os critérios da moralidade e da felicidade são distintos, não há o caso em que o dever se torna felicidade. Caso isto fosse possível, os dois critérios não mais se diferenciariam. O sumo Bem não é, pois, uma espécie de fusão entre dever e felicidade, de tal forma que, ao final, surja algo em que não haja mais moralidade e felicidade, pois ambos teriam se tornado uma coisa só. Ao contrário, ele é a síntese pura a priori dos dois em que ambos permanecem como realidades distintas: a moralidade como causa e a felicidade como efeito.]
podemos, portanto, separar] TT: podemos separar
indivíduo. Enfim, ele] TT: indivíduo ele
[35] *fl-9*
cumpre o dever é] TT: cumpre é
temos:] TT: temos.
Ação puramente moral (Dever)] TT: Ação moral (Dever) [ECV e ECB]
Individualidade realizada] TT: Individualidade — Realizada [ECV e ECB]

O fim do ato moral é formado pela ação moral que é o dever e a individualidade realizada por esta ação moral. E isto se reencontra na natureza, pois o indivíduo é natureza, uma vez que ele está no meio das coisas, está no mundo. Problema: como a felicidade aparece como alguma coisa de contingente no cumprimento do dever, se a felicidade está necessariamente implicada no fato de o fim do ato moral ser um dever que realiza o indivíduo? Isto é: por que não existe uma colaboração das coisas com o homem para que as coisas mesmas sejam o prêmio do dever cumprido? Por que não existe esta harmonia entre o mundo e o homem para que ele cumpra o dever e realize a individualidade no cumprimento do dever? Ao contrário, as coisas permanecem indiferentes, ou seja, existe uma contingência. Pode ser que, cumprindo o dever e realizando-se neste cumprimento, ele tenha o prazer do dever cumprido, mas este prazer encontra a hostilidade das coisas. No outro caso, ele tem o prazer do dever cumprido e ainda conta com o beneplácito das coisas. Há sempre uma espécie de conflito entre a imposição do dever como forma do ato moral e a felicidade como momento necessário do fim do ato moral. No entanto, este momento necessário não é integrado plenamente na forma do ato moral. Existe, portanto, oposição entre a forma do ato moral, que é o dever, e um elemento do fim do ato moral, que é a felicidade. A felicidade pode ser conseguida ou perturbada pela contingência do ato moral que resulta tanto do ato moral ser o ato de um indivíduo e ter tal natureza quanto das coisas que o cercam[36].

---

[36] *fl-9*
na natureza] TT: a Natureza
como a felicidade aparece como alguma coisa de contingente no cumprimento do dever, se a felicidade está necessariamente implicada no fato de o fim do ato moral ser um dever que realiza o indivíduo?] TT: como a Fenomenologia aparece como alguma coisa de contingente no cumprimento do dever se a Fenomenologia está necessariamente implicada no fato de o dever ser um dever que realiza o indivíduo.
contingente] TT: CTT(2)
fato de o fim do ato moral ser um dever] TT: fato de o dever ser um dever [CTT(2)]
Isto é: por que não existe uma colaboração das coisas com o homem para que as coisas mesmas sejam o prêmio do dever cumprido?] TT: Isto é porque não existe uma colaboração das coisas como o homem para que as coisas mesmas sejam o prêmio do dever cumprido e o castigo do mal dele?

Ele não pode nunca prever, incluir, no resultado da sua ação moral, a felicidade. Daí que o dever já não é puro dever, uma vez que ele se torna submetido a este caráter aleatório da felicidade[37].

O hedonismo superava este problema dizendo: não existe propriamente dever, só existe a felicidade, isto é, o dever se impõe só na busca da felicidade. O homem *deve buscar* a felicidade de qual[fl-10]quer maneira, pois o dever é posterior à busca da felicidade[38].

No moralismo de Kant, não: primeiro, o dever, depois, a felicidade. A felicidade é posterior ao dever e, portanto, ameaçando o dever; esta é a primeira contradição que aparece na dialética da visão moral do mundo. Para responder a esta contradição, para dizer que o homem, afinal de contas e apesar de tudo, tem que cumprir o seu dever, a visão moral do mundo de Kant vai fazer o postulado da harmonia entre moralidade e natureza. Quaisquer que sejam as contingências das coisas, postula-se para que seja possível pensar o ser moral do homem, que a natureza seja de acordo com ele, que a natureza esteja de acordo com a moralidade e que o homem

---

    Por que não existe esta harmonia entre o mundo e o homem para que ele cumpra o dever e realize a individualidade no cumprimento do dever?] TT: Porque não existe esta harmonia entre o mundo e o homem para que uma vez que cumprir o dever e realizou a individualidade no cumprimento do dever e as coisas sejam prêmios.
    ainda conta com o] TT: e ainda como
    No entanto, este momento] TT: Este momento
    e um elemento do fim] TT: e a um elemento fim
    A felicidade pode ser conseguida ou perturbada pela contingência do ato moral que resulta tanto do ato moral ser o ato de um indivíduo e ter tal natureza quanto das coisas que o cercam.] TT: A fenomenologia pode ser conseguida ou perturbada pela contingência do ato moral. A contingência que resulta do ato moral ser de um indivíduo, ter tal natureza, e as coisas que o cercam.

37 *fl-9*
    moral, a felicidade. Daí] TT: moral, a Fenomenologia ele deve julgar o cumprimento do dever. Daí

38 *fl-9*
    hedonismo] TT: e?donismo CTT(1)
    dizendo: não] TT: dizendo. Não
    maneira, pois o dever é posterior à busca da felicidade] TT: maneira o dever é posterior a busca da Fel [CTT(1), Fenomenologia].

possa ser um ser moral no meio das coisas. Postula-se isto que é o primeiro postulado da visão moral do mundo[39].

Já vimos como Kant apresenta este problema da visão moral do mundo. Ela resulta do conflito fundamental entre a moralidade (consciência moral) e a natureza. O problema de Hegel, aqui, é a figura da consciência moral na medida em que ela superou a dificuldade surgida com a experiência da liberdade absoluta e o terror da Revolução Francesa[40]. A figura da consciência moral contém, ao mesmo tempo, a consciência, como sendo toda a realidade, e o objeto, como sendo ordenado totalmente à consciência. O objeto que é ordenado à consciência, aqui, se chama *dever (Das Sollen)*. A consciência moral vai tentar a conciliação entre a *exigência de totalidade* de ser absoluta da própria consciência e a correspondência que o objeto deve representar para com ela. Ela vai procurar encarnar na realidade o *dever*. Este é que é o problema, porque ela vai tentar fazer com que toda a realidade apareça sob o ponto de vista da moralidade. Toda realidade deve ser um campo de desdobramento, de realização do *ato moral*[41].

---

[39] *fl-10*
Kant, não:] TT: Kant não:
primeiro, o dever, depois, a felicidade. A felicidade] TT: primeiro o dever, depois a Fel [CTT(1), Fenomenologia]. A fel [CTT(1), Fenomenologia]
responder a esta] TT: responder esta
Quaisquer] TT: Qualquer
moralidade e que] TT: moralidade que
Postula-se isto que é o primeiro postulado da visão moral do mundo.] TT: Postula-se isto (1º postulado da visão moral do mundo).
Na sequência do TT, há um texto que quebra o ritmo dos parágrafos e tem a aparência de uma nota de esclarecimento. Em virtude disto, o texto é apresentado aqui, no contexto das notas. O TT é o seguinte:
OBSERVAÇÃO: *PIETISMO* é o sentimento do dever, do cumprimento do
dever para com Deus —
Absoluto.
KANT é o pensamento do dever. Está mais perto do estoicismo (TT: Estoismo)
do que do cristianismo. Embora Kant fosse muito pietista.

[40] *fl-10*
visão moral do mundo] TT: visão do mundo moral
com a] TT: como a

[41] *fl-10*
toda] TT: todo

Acontece que moralidade e natureza, ou liberdade e natureza, como Kant demonstrou, são dois reinos paralelos que se ignoram, duas linhas que não se encontram, mas devem se encontrar, porque a consciência é obrigada a agir, e o agir da consciência deve ser feito na realidade exterior. A ação da consciência não é puramente interior, ela é exterior, feita na natureza, de modo que natureza e moralidade, do ponto de vista de Kant, não se encontram. Na verdade, elas se encontram na *ação*. A visão moral do mundo é a visão que leva em conta natureza e moralidade como duas visões e campos opostos e ao mesmo tempo leva em conta a necessidade da moralidade de se encarnar na natureza. Isto é a *visão moral do mundo*. Estamos escrevendo a dialética da *visão moral do mundo*. Ela fez, primeiro, a experiência do caráter absoluto do dever que deve ser cumprido. Ela, em segundo lugar, faz a experiência da indiferença da natureza com respeito ao dever. E esta indiferença aparece para Hegel de uma maneira análoga àquela experiência vivenciada por Jó[42].

Como lembra Hyppolite, a experiência descrita por Hegel, aqui, lembra a experiência de Jó na Bíblia: "por que o justo não é feliz"? Por que a felicidade não se segue necessariamente ao cumprimento do *dever*? Por que a natureza é indiferente ao ser moral do homem? Pareceria que

---

(*Das Sollen*).] TT: (Das sollem).
moral vai] TT: Moral ela vai
problema, porque ela vai] TT: problema. Vai
[42] *fl-10*
moralidade e natureza] TT: Moralidade é Natureza
reinos] TT: CTT(2)
ignoram, duas] TT: ignoram. Duas
encontram, mas] TT: encontram; mas
feito] TT: feita
interior, ela] TT: interior. Ela
exterior, feita] TT: exterior. É feita
natureza, de] TT: Natureza. De
encontram. Na] TT: encontram, na
opostos] TT: opostas
de se encarnar] TT: se encarnar
caráter] TT: carater
dever que] TT: Dever. Que
ao dever] TT: no DEVER
de uma maneira análoga àquela experiência vivenciada por Jó.] TT: da seguinte maneira:

o ser moral, sendo a perfeição da natureza humana, do homem, deveria encontrar uma correspondência nas coisas. Moralidade e natureza se harmonizariam. O ser moral seria um ser feliz. Mas, a experiência humana nos diz que a felicidade não está ligada à moralidade. A felicidade é uma contingência do *ato moral* do ser moral. Existe, portanto, uma dissociação entre o *dever e a felicidade*[43].

Temos, portanto, de um lado, a moralidade que deveria ser a moralidade exemplificada pelo dever e, de outro lado, a execução do *ato* moral que traz consigo o prazer, porque o ato moral, sendo o ato do indivíduo singular, traz em si a intuição da atualização do fim do que o indivíduo realiza, do que ele propôs realizar, e daí resulta para ele o prazer. Então, o prazer torna-se o momento da moralidade do ato, pertence ao[fl-11] ato moral. No entanto, a natureza não colabora para isto. Temos o fim, uma vez que a consciência passa à ação moral, à ação moral como tal, e temos a individualidade realizada que traz consigo o prazer[44].

---

[43] *fl-10*
Hyppolite] TT: Hipolitte
experiência descrita por Hegel] TT: experiência de Hegel
[AE: Hyppolite, Jean. *Genèse et structure de la Phénoménologie de l'Esprit de Hegel*. Paris: Aubier, 1946, p. 472.]
Bíblia: "por que o justo não é feliz"?] TT: Bíblia. "Porque o justo não é feliz".
"Havia, na terra de Hus, um homem chamado Jó. Era homem íntegro e reto, que temia a Deus e mantinha-se afastado do mal". Jó 1,1; a versão da Septuaginta traz a seguinte qualificação de Jó: "Ιωβ καὶ ἦν ὁ ἄνθρωπος ἐκεῖνος ἀληθινός ἄμεμπτος δίκαιος θεοσεβής ἀπεχόμενος ἀπὸ παντὸς πονηροῦ πράγματος". "Por que conceder a luz aos infelizes, e a vida àqueles cuja alma está desconsolada, que esperam a morte, sem que ela venha, e a procuram mais ardentemente do que um tesouro, que são felizes até ficarem transportados de alegria, quando encontrarem o sepulcro"? Jó 3,20-22. Bíblia Sagrada. Tradução dos originais mediante a versão dos Monges de Maredsous (Bélgica) pelo Centro Bíblico Católico. 25a. ed. São Paulo: Editora Ave Maria, 1978. Vide: <https://www.bibliacatolica.com.br/biblia-ave-maria-vs-septuaginta/jo/1/>, visitado em 11 de junho de 2020.
Por que a felicidade] TT: Porque a felicidade
dever?] TT: DEVER.
Por que a natureza] TT: Porque a Natureza
homem?] TT: Homem.
à moralidade] TT: a moralidade
moral. Existe, portanto, uma] TT: Moral Existe uma
[44] *fl-10 > fl-11*
exemplificada] TT: experificada

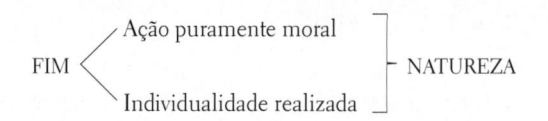

FIM ⟨ Ação puramente moral / Individualidade realizada ⟩ ⊢ NATUREZA

Entre o fim do ato moral e a natureza, está este dualismo entre a ação puramente moral e a individualidade. No momento que a ação é realização do indivíduo, ela deixa de ser puramente moral, porque o indivíduo só pode fazer esta ação na natureza, pois a natureza não é totalmente harmônica com a moralidade.

Portanto, nós temos:

A — Desarmonia entre dever (essência) e a felicidade (contingência);
B — Experiência (exigência) do *fim total*.

Fim que inclui a felicidade como momento do ato moral. Por um lado, temos a desarmonia entre os dois e, por outro, a experiência que a consciência faz no agir e, portanto, a exigência do fim total, isto é, da conciliação entre o dever e a felicidade[45].

Este é o problema central da ética kantiana. Hegel está estudando, aqui, a ética de Kant e o desenvolvimento da ética de Kant no idealismo posterior, sobretudo em Fichte e Jacobi (1743-1819, sucessor de Kant)[46].

Toda a problemática que Kant levantou e seus sucessores tentaram resolver, em última instância, se conclui nestes dois termos: natureza e liberdade, natureza e ato moral. Como é possível ser moral e, ao mesmo tempo, ser da natureza? Como o homem emerge pela moralidade sobre a natureza? Como a natureza concorre para a moralidade? Por que a natureza é uma ameaça constante à moralidade, ao ato moral, ou seja, à

---

traz] TT: ele traz
ato, pertence] TT: Ato. ele pertence
No entanto] TT: Por outro lado
à ação moral, à ação moral como tal,] TT: a Ação Moral: a ação moral como tal
45 *fl-11*
com a moralidade] TT: como a moralidade
Portanto,] TT: Por tanto
Desarmonia] TT: Disharmonia
inclui] TT: inclue
desarmonia] TT: desharmonia
46 *fl-11*
Fichte] TT: Fi??te CTT(1)

liberdade? Este é o problema colocado aqui. Lembremo-nos da dialética anterior: por que a consciência moral surgiu como figura depois do mundo da cultura e da alienação, depois da liberdade e do terror? Porque a consciência moral surge como experiência da consciência de ter como objeto algo *absoluto*. E o absoluto é precisamente o Bem, o *dever*. Lembremo-nos da definição que Hegel deu de liberdade: "a liberdade é o saber-se livre". E o saber-se livre, aqui, é o saber-se totalmente ordenado para o Bem: o dever. O que vai entrar em questão, agora, e que vai mostrar uma dialética um pouco contraditória, é este total ordenar-se da liberdade para o Bem, porque neste ordenar-se vai surgir como ameaça a natureza. E enquanto a consciência não fizer a experiência de que a natureza não é algo oposto a ela, mas, a natureza é um outro aspecto da própria consciência (que será a figura da religião no capítulo VII A religião, *Die Religion*, da *Fenomenologia do Espírito*), este dilema não poderá ser resolvido. O dilema só poderá ser resolvido quando a natureza for assumida na esfera do Bem, na esfera da consciência. Isto só poderá ser realizado nas figuras do capítulo imediatamente posterior a este capítulo sobre a moralidade. Para superar esta oposição da desarmonia entre o dever e a felicidade, e efetivar a exigência do fim total que inclui o dever e a felicidade, Kant, seus sucessores e Hegel, aqui também, vão propor três postulados[47].

---

47 *fl-11*
em última] TT: é em última
conclui] TT: conclue
e, ao mesmo tempo,] TT: ao mesmo tempo de
Por que] TT: Porque
à moralidade] TT: a moralidade
à liberdade?] TT: a liberdade.
por que] TT: Porque
moral surge como experiência] TT: Moral, ela surge juntamente como (e uma atitude em que a) experiência
Lembremo-nos] TT: Então a consciência (lembremo-nos
Hegel deu] TT: Natureza ?? CTT(1)
[AE: sobre a definição de liberdade como "a liberdade é o saber-se livre", vide supra *fl*-2 do TT e as notas correspondentes.]
ordenado] TT: adequado CTT(1)
Bem: o dever. O que] TT: Bem-Dever- O que
Bem, porque] TT: Bem. Porque
natureza.] TT: Natureza).

Estes três postulados se encontram formulados no fim da *Crítica da razão prática* de Kant são, primeiro, o postulado da harmonia entre a natureza e moralidade, ou seja, o postulado da inteligibilidade do mundo, isto é, o mundo não é algo absurdo. Pois, se ele fosse absurdo, não poderia haver moralidade. Segundo, a imortalidade da alma e, terceiro, a existência de Deus, perfazendo, portanto, os três postulados estabelecidos por Kant para poder tornar possível o ser moral. Se a natureza for absurda, um elemento hostil ao homem, então, o homem não pode ser moral, porque onde ele vai praticar a moralidade numa natureza amoral ou numa natureza imoral, isto é, uma natureza que combata a moralidade? Portanto, a natureza tem que ter, primeiro, uma inteligibilidade. Segundo, a alma tem que ser imortal, porque a moralidade aparece como uma tarefa nunca acabada da liberdade. Se a liberdade chegasse ao termo de sua realização, ela seria ou uma liberdade divina ou, então, ela terminaria, deixaria de ser. [fl-12]. Daí que a imortalidade da alma é uma necessidade para o exercício da liberdade. Em terceiro lugar, a existência do legislador divino. Portanto, para conciliar A e B temos os postulados que Hegel desenvolve de maneira diferente. Ele dá à formulação do postulado uma acentuação diferente na medida em que ele aplica os postulados à exigência da consciência e não à moralidade considerada

(que será a figura da religião no capítulo VII A religião, *Die Religion*, da *Fenomenologia do Espírito*) TT: (que será a figura da religião) resolvido.] TT: resolvido".
assumida na esfera do Bem, na esfera da consciência.] TT: assumida na espera do Bem; na espera da consciência.
só] TT: ?? CTT(1)
Isto só poderá ser realizado nas figuras do capítulo imediatamente posterior a este capítulo sobre a moralidade.] TT: Isto só poderá ser Religião.
desarmonia] TT: disharmonia
efetivar a exigência] TT: a exigência
[AE: o TT não faz qualquer tipo de acréscimo, o TTE, todavia, assim o exige, já que os três postulados têm por meta superar a desarmonia entre dever e felicidade mediante a efetivação de um fim que abrigue em si tanto dever quanto felicidade. Tal como o TT se encontra, a oração final que inicia a última oração do parágrafo dá a impressão de que se trata de tanto superar a desarmonia entre o dever e a felicidade quanto superar a exigência do fim total. Ora, o que significaria superar a exigência do fim total senão abandonar o propósito de reconciliar dever e felicidade?]
Kant, seus sucessores e Hegel] TT: Kante e seus sucessores e Hegel

em si, mas à dialética da própria consciência. Então, a consciência na sua dialética unicamente é que postula estes três fundamentos[48]. Portanto:

2 — ANÁLISE DOS POSTULADOS

a) — *Postulado da harmonia entre natureza e moralidade (felicidade)*

Natureza aqui aparece sob o aspecto de felicidade. O problema é se o justo, o homem bom foi sempre infeliz, então, a natureza é absurda. É o problema de Jó na Sagrada Escritura.

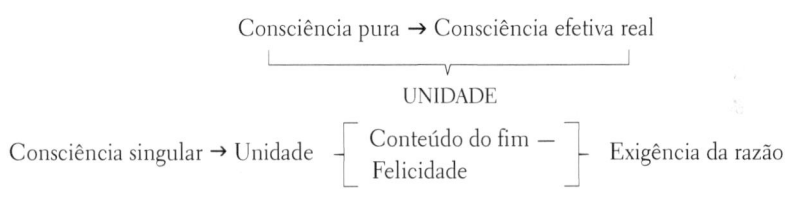

$$\underbrace{\text{Consciência pura} \to \text{Consciência efetiva real}}_{\text{UNIDADE}}$$

Consciência singular → Unidade $\left[\begin{array}{c}\text{Conteúdo do fim} -\\ \text{Felicidade}\end{array}\right]$ Exigência da razão

Isto é: postular a harmonia entre a natureza e a moralidade é a mesma coisa que postular que, quando a consciência pura do dever passa a se tor-

---

[48] *fl-11 > fl-12*
Kant são, primeiro, o postulado] TT: Kante são as formas postuladas da Razão Prática; o postulado
[AE: sobre os três postulados, vide Kant, *Kritik der praktischen Vernunft*, 238-241; o acréscimo de "primeiro" se deve ao fato de que TT enumera os três postulados, como se vê na sequência.]
Deus, perfazendo, portanto, os três postulados estabelecidos por Kant para poder tornar possível o ser moral.] TT: a existência de Deus, Kant postula estas três coisas no fim da Crítica Razão Prática, para poder tornar possível o ser moral
absurda, um elemento] TT: absurda diz, for um elemento
moralidade?] TT: moralidade.
Ter, primeiro, uma] TT: ter uma
inteligibilidade. Segundo, a alma] TT: inteligibilidade 2º A alma tem
nunca acabada] TT: numca acubada
divina] TT: deveria CTT(1)
divino] TT: deveria CTT(1)
postulados que Hegel desenvolve de maneira diferente.] TT: postulados: Hegel desenvolve estes postulados de maneira diferente:
à formulação] TT: a formulação
e não à moralidade] TT: não a moralidade
à dialética] TT: a dialética
unicamente] TT: inamente
fundamentos.] TT: fundamentos:

nar consciência efetiva (isto é, quando nós agimos), há uma unidade entre a consciência que age e a consciência que conhece o dever. A consciência teórica do dever e a consciência prática da ação devem ser uma coisa só. Ou seja: a consciência singular (o que age é a consciência singular do indivíduo) deve ser uma unidade: unidade entre o conteúdo do fim da ação (felicidade de fazer o Bem) e a forma do fim que é o existir desta felicidade (existência). Todo problema era este: entre a consciência pura que era a consciência do dever e a consciência efetiva, a consciência que passa à ação e que é a consciência da felicidade consequente à prática do dever[49].

Para que não haja uma desarmonia entre as duas é preciso que a consciência efetiva (consciência singular), nela mesma, não se dissocie do conteúdo do fim (isto é, da felicidade que resulta do fato de agir bem) e da forma deste fim que é a própria existência da ação moral, o próprio existir. O que a ameaça a moralidade é que a felicidade nunca se realiza na existência. Nós dizemos: o homem bom é feliz. Fazer o bem traz a felicidade. A felicidade é uma consequência da prática da justiça. Mas, depois, na existência, a natureza desmente isto. O homem bom aparece como infeliz, a prática da justiça traz consigo o sofrimento, a infelicidade como no caso de Jó[50].

[49] *fl-12*
na Sagrada Escritura] TT: na da Sagrada Escritura real
Sagrada] TT: consciência CTT(1)
Escritura] TT: efetiv?? CTT(1)
[AE: sobre a situação de Jó, vide observações feitas na *fl-10.*]
real] TT: CTT(2)
[AE: a palavra "UNIDADE" encontra-se no TT dentro do colchete, imediatamente acima da palavra "conteúdo".]
consciência pura do dever] TT: consciência do Dever (Pura)
devem] TT: deve
(o que age é a consciência singular do indivíduo)] TT: (o que age é a consciência singular) (do indivíduo)
unidade: unidade entre o] TT: unidade. Unidade de
ação e que é a consciência da felicidade] TT: ação, é a da felicidade

[50] *fl-12*
desarmonia] TT: disharmonia
singular), nela mesma,] TT: singular) nela
dissocie] TT: CTT (2)
do conteúdo] TT: o conteúdo
da felicidade] TT: a felicidade
da forma] TT: a forma
moral, o próprio] TT: Moral. é o próprio
dizemos] TT: dizermos

É preciso que postulemos como uma unidade o conteúdo do fim do ato moral (ou seja, a felicidade) e a existência desta felicidade, a forma do fim. Esta exigência da unidade do conteúdo e da forma aparece como uma exigência da razão, para que a moralidade — ou o ato moral, a consciência moral — não seja algo absurdo. Este é o primeiro postulado da consciência moral, postulado da harmonia entre felicidade e moralidade, ou se quisermos, postulado da harmonia entre o Bem e o prêmio do Bem, o Bem e a recompensa do Bem[51]. Um dos problemas fundamentais da ética kantiana é que a recompensa do Bem ou a felicidade não é a destruição do bem. Para Kant, o bem tem que ser o dever puro, pois, se agíssemos em função do prêmio do dever, a ação já seria imoral, porque a ação não seria motivada pelo próprio Bem, mas pela felicidade decorrente do próprio Bem. Na *Crítica da razão prática*, Kant mostra que há uma forma de se postular a felicidade que não é a forma contrária à pureza do ato moral. É a forma pela qual a felicidade não é postulada como motivo. Não se faz o ato moral para se ser feliz, mas a felicidade é postulada como exigência da passagem da consciência do ato moral [fl-13] para a ação efetiva. Aí, neste caso, a felicidade decorre da própria existência da ação moral, do fato de nós agirmos moralmente. A felicidade não é postulada para que possamos agir moralmente, mas ela é postulada a partir da nossa ação moral, pois, em primeiro lugar, vem o nosso agir moral, depois, vem a felicidade como consequência deste agir moral, não como motivo do agir. A felicidade é consequência do agir, porque, senão, o agir nunca se realizaria e porque, se não houvesse união entre o dever puro e a natureza, nós nunca passaríamos à ação. Consequentemente, o dever sempre ficaria um dever abstrato, inoperante, inativo. Se o dever age, se o dever é um dever ativo, a felicidade decorre da prática do dever, não como motivo, mas como consequência. É o postulado para que a ação moral seja possível. Nem Kant, nem Hegel querem dar uma respos-

---

[51] fl-12
felicidade, a forma do fim. Esta exigência] TT: felicidade. Esta felicidade como existe. Não só como momento do fim, mas como existi fora. Esta exigência para que a moralidade — ou o ato moral, a consciência moral —] TT: porque a Moralidade, ou o Ato Moral, a consciência moral
consciência moral, postulado] TT: consciência moral. Postulado do Bem, o Bem] TT: do bem. O bem

ta satisfatória ou definitiva a Jó, não querem dizer que o justo será sempre premiado, nem que a ação moral terá o seu prêmio, no sentido de que cada ação moral infalivelmente obterá o seu prêmio. O que Kant quis dizer na *Crítica da razão prática* e Hegel aqui é que nós devemos postular pelo menos a exigência da razão que não haja um conflito insaciável, insolúvel entre o dever e a felicidade. Nós devemos postular que o problema de Jó tenha solução. Se este problema, tal como no caso de Jó, fosse insolúvel, a moralidade seria absurda, o homem não poderia ser um ser moral. Isto não quer dizer, em concreto, que tal indivíduo que pratique o bem não venha a sofrer, que tal outro indivíduo que pratique o mal não venha a tirar proveito dessa prática. Não quer dizer que, em todo caso concreto, a prática do mal traga a desgraça, e a prática do bem, a felicidade. Quer dizer que não há o conflito insolúvel entre a prática do bem e a felicidade. Trata-se, antes, do postulado da harmonia entre a natureza e a moralidade. Hegel vai mostrar que este postulado, na forma que Kant o fez, é um postulado que leva a uma contradição, isto é, que não resolve o problema. Estamos ainda acompanhando a dialética em que o primeiro momento é este postulado. Agora, vem o segundo momento que é o segundo postulado[52].

---

52 fl-12 > fl-13
Um dos problemas fundamentais da ética kantiana] TT: Kant, na Ética Kantiana, um dos problemas fundamentais
contrária à pureza] TT: contrária a pureza
moral, do fato] TT: Moral; do fato
moral, pois, em primeiro lugar, vem] TT: moral, 1º vem
agir. A felicidade é consequência] TT: agir. É consequência]
o agir nunca realizaria e porque, se não] TT: o agir nunca realizaria. Porque se não
e a natureza, nós nunca] TT: e Natureza, nós nunca
ação. Consequentemente, o dever] TT: ação. O dever
abstrato, inoperante, inativo.] TT: abstrato, inoperante, não age.
dever, não como] TT: dever. Não como
motivo] TT: mo?? CTT(1)
Jó, não querem] TT: Jó, não quer
premiado, nem] TT: premiado. Nem
insaciável, insolúvel] TT: insassiavel, insolúvel
problema, tal como no caso de Jó,] TT: problema como (Jó)
sofrer, que tal] TT: sofrer. Tal
o mal] TT: a moral CTT(1)
Quer dizer que não há o conflito insolúvel entre a prática do bem e a felicidade. Trata-se, antes, do postulado] TT: Quer dizer que não há o conflito insolú-

Em que sentido o segundo postulado resulta da natureza da consciência? O primeiro postulado decorria do conflito da moralidade e da natureza exterior ao homem, porque era a natureza fora do homem que parecia hostil à ação do homem. Acontece que o homem tem uma natureza dentro dele mesmo, tem a sua sensibilidade, as suas posições, os seus impulsos, uma esfera do seu ser que é natureza nele[53].

b) — *Natureza da consciência*

O segundo problema será: a natureza na moralidade e o conflito entre esta natureza no homem e o ato moral. Este conflito se exprime no seguinte esquema:

Consciência → Realidade efetiva contingente
↑ ↓
Impulsos e inclinações ← Sensibilidade[54]

A consciência está relacionada com a realidade contingente para agir, a qual aparece, para o homem, sob a forma de sensibilidade, ou seja, de impulsos e inclinações. Estes, por sua vez, vão retroagir sobre a consciência e vão ser obstáculos para a ação moral, para a prática do puro dever, essência da moralidade[55].

---

vel entre a prática do bem e a felicidade. Quer dizer que não há o conflito insolúvel entre a prática do bem e a felicidade. É o postulado
[53] *fl-13*
Em que sentido o segundo postulado resulta da natureza da consciência?] TT: O segundo postulado resulta da natureza da consciência em que sentido?
mesmo, tem a sua] TT: mesmo. Ele tem a sua
impulsos, uma esfera] TT: impulsos. Ele tem uma esfera
esfera] espera CTT(1)
[AE: As setas não aparecem no TT e foram acrescentadas levando em conta tanto ECV e ECB quanto o contexto da argumentação que antecede e sucede ao esquema.]
[54] [AE: As setas não aparecem no TT e foram acrescentadas levando em conta tanto ECV e ECB quanto o contexto da argumentação que antecede e sucede ao esquema.]
[55] *fl-13*
A consciência está relacionada com a realidade contingente para agir, a qual aparece, para o homem, sob a forma de sensibilidade, ou seja, de impulsos e inclinações. Estes, por sua vez, vão retroagir sobre a consciência e vão ser obstá-

Nós temos que postular que haja uma consciência única que seja, ao mesmo tempo, puro pensamento e sensibilidade, a qual é a natureza do homem que está na sua consciência, não fora dele, pois, se a sensibilidade, as paixões fossem pensadas como coisas que não somos nós, nós voltaríamos a ser natureza exterior[56].

A sensibilidade é, portanto, pensada como própria ao homem, ao homem total — à consciência única do homem — que é ao mesmo tempo pensamento e sensibilidade. Consequentemente, é dentro dessa natureza que se estabelece o conflito:

CONSCIÊNCIA ÚNICA ⎡PURO PENSAMENTO (RAZÃO)⎤ UNIDADE FINAL
(UNIDADE ORIGINÁRIA) ⎣SENSIBILIDADE⎦ (MORALIDADE EFETIVA)

[fl-14]CONSCIÊNCIA → PURO DEVER[57] ⎤
SENSIBILIDADE → SIGNIFICAÇÃO NEGATIVA ⎦ TAREFA INFINITA (ABSOLUTA)

---

culos para a ação moral, para a prática do puro dever, essência da moralidade.]
TT: Consciência que está relacionada com a realidade contingente para agir. Esta realidade aparece para o homem sob a forma de sensibilidade, ou seja, os impulsos e as inclinações. Estes vão retroagir sobre a consciência e vão ser obstáculos para a ação moral. A consciência passa para a realidade efetiva e aí encontra a sensibilidade que se manifesta sob a forma de impulso e inclinações os quais são obstáculos para a prática do puro dever, da essência da moralidade que é o puro dever.
56 *fl-13*
sensibilidade, a qual é] TT: sensibilidade. A sensibilidade é natureza] TT: ??? CTT(1)
homem que está] TT: homem. Isto está
fora dele,] TT: fora,
paixões] TT: ??? CTT (1)
nós voltaríamos] TT: nos voltaríamos
57 *fl-13 > fl-14*
A sensibilidade é, portanto, pensada como própria ao homem, ao homem total — à consciência única do homem — que é ao mesmo tempo pensamento e sensibilidade. Consequentemente, é dentro dessa natureza] TT: A sensibilidade é pensada como o próprio homem. Homem total que a consciência única do homem que é ao mesmo tempo pensamento e sensibilidade. É dentro desta natureza
PURO PENSAMENTO] TT: PURO PENSAMENTO [ECV]
(RAZÃO)
(MORALIDADE EFETIVA)] TT: (MORALIDADE) [ECV]
PURO DEVER] TT: DEVER PURO [ECV e ECB]

Nós temos, portanto, que postular uma unidade final, (pois, a consciência única seria a consciência originária, inicial) onde há o puro pensamento e a sensibilidade. Este problema é colocado por Kant na *Crítica da razão prática*. Vamos ver em que perspectiva Kant colocou o problema e em que perspectiva Hegel o retomou aqui[58].

O problema é a sensibilidade, o sentimento do homem impede que o ato moral do homem seja um ato total. O ato moral do homem é sempre uma tarefa que ele recomeça, porque a sensibilidade é uma espécie de obstáculo que se interpõe entre o agir e a essência do puro dever, na medida em que nossa ação não é nunca perfeitamente moral, seja por causa dos nossos impulsos com que contaminamos a pureza de nossas intenções, por causa de nossas paixões e interesses de outros motivos exteriores a esta intenção moral, seja que a execução da nossa ação não é uma execução perfeita, porque também nossa sensibilidade se interpõe entre a pureza da nossa intenção e a realização concreta de nossa ação. O fato é que não podemos fazer nunca um ato perfeito de moralidade, por causa da natureza em nós, da nossa sensibilidade[59].

A moralidade se apresenta como uma tarefa sempre recomeçada ou uma espécie de movimento indefinido, infinito. Se esta unidade final fosse pensada, de novo, como puro dever, nós teríamos suprimido a sensibilidade, o próprio homem e nos tornaríamos deuses. Isto a Revolução Francesa mostrou: não podemos ser deuses. Nessa tarefa infinita em que Kant coloca o postulado da harmonia entre a sensibilidade e a razão é que ele traduz a doutrina da imortalidade da alma. O homem tem que ser imortal, porque ele é um ser moral. Um ser mortal não poderia ser moral, pois, para um ser que fosse mortal, não teria sentido a moralidade, pois ele seria

---

[58] *fl-14*
retomou aqui.] TT: retornou aqui:
[59] *fl-14*
o sentimento] TT: o sentido o sentimento
tarefa] TT: terefa
recomeça, porque] TT: recomeça. Porque
não é nunca] TT: não é numca
intenções] TT: intensões
por causa de nossas paixões e interesses] TT: nossas paixões, interesses
entre a pureza] TT: entre pureza
nunca] TT: numca

animal e obedeceria só ao instinto. Portanto, se ele é moral, ele é imortal, e a continuidade da sensibilidade com a moralidade é o postulado, ou seja: nós temos a consciência como dever puro e a sensibilidade como uma significação negativa em face do dever puro. Hegel afirma que nós temos uma tarefa infinita ou absoluta de conciliação entre essa consciência do puro dever e o aspecto negativo da sensibilidade[60].

Na Revolução Francesa, o homem fez a experiência da liberdade absoluta como uma liberdade já acabada, isto é, como se ele pudesse, de um salto, instalar-se na liberdade total, absoluta. Então, o que se seguiu desta conquista prematura da liberdade total? No momento em que ele se experimentou totalmente livre, ele se experimentou como fundamentalmente imortal pelo terror. A única prova que pode dar da sua liberdade absoluta era morrer e matar. É o que Dostoiévski fala em *Os Possessos*: "o personagem se mata para provar que é Deus"[61].

---

[60] *fl-14*
indefinido, infinito] TT: movimento indefinido, (Infinito)
pensada, de novo,] TT: pensada como de nova,
sensibilidade, o próprio homem e nos tornaríamos deuses] TT: sensibilidade; suprimido o próprio homem. Nós tornaríamos deuses
mostrou: não] TT: mostrou que não
deuses. Nessa tarefa] TT: deuses. Nossa liberdade não é uma liberdade deveria. Esta foi a ideia de Fidete, seu o moral. A Moralidade é uma tarefa sempre recomeçada infinita. Nesta tarefa
razão é que ele traduz a doutrina] TT: Razão que ele traduz na doutrina
imortal] TT: mortal
moral,] pois, para um ser,] TT: moral Um ser
teria sentido a moralidade, pois ele seria animal e obedeceria só ao instinto. Portanto, se] TT: tinha sentido para ele a moralidade. Ele seria animal. Obedecer só ao Instinto. Se
imortal, e a continuidade] TT: imortal. Portanto, a continuidade
é o postulado] TT: é que é o postulado
temos a consciência] TT: temos: a consciência
Hegel afirma que] TT: Diz Hegel,

[61] *fl-14*
Revolução] TT: reno?ução
instalar-se] TT: e se instala-se
pelo terror] TT:, (pelo terror)
em Os Possessos:] TT: nos 'Os Possessos
Os Possessos] TT: CTT(2)
[AE: He who dares kill himself is God [...] He who kills himself only to kill fear will become a god at once. Doistoevsky, Fyodor, The Demons (The Possessed/

Para provar que era Deus, deveria fazer o ato de liberdade total e este ato era o matar-se, pois a liberdade era pensada como algo acabado, que chegou à sua plenitude. Hegel mostra que, feita a experiência do terror, da liberdade total como liberdade para a morte, o contrário desta liberdade para a morte é, na forma que Kant o fez, um postulado que leva a uma contradição, isto é, que não resolve o problema. Estamos ainda acompanhando a dialética em que o primeiro momento é este postulado. Agora vem o segundo momento que é o segundo postulado[62].

O segundo postulado resulta da natureza da consciência: em que sentido? O primeiro postulado decorria do conflito da moralidade e da natureza exterior ao homem, porque era a natureza fora do homem que parecia hostil à ação do homem. Acontece que o homem tem uma natureza dentro dele mesmo, a sua sensibilidade, as suas paixões, os seus impulsos, uma esfera do seu ser que é a natureza nele[63].

c) — *Conclusão dos dois primeiros postulados*
Primeiro postulado: harmonia da moralidade e da natureza

< ALVO FINAL DO MUNDO >

[fl-15]Esta harmonia é o alvo final do mundo. Segundo Kant, só podemos introduzir a finalidade na natureza do ponto de vista moral. Do ponto de vista da natureza tomada em si mesma, nós temos a causalidade eficiente ou o determinismo. Para que se introduza a finalidade no mundo é necessário o ato moral ou a criação artística. É o primeiro postulado[64].

The Devils), in: *The Greatest Works of Doistoevsky*. Translated by Constance Garret, Eva Martin, H. P. Blavatsky, and C. J. Hogarth. E-artnown, 2013, Part I, Chapter III: the Sins of Others, posição 39193 -39199. (E-book Edition).]

62 *fl-14*
um postulado] TT: é um postulado
63 *fl-14*
mesmo, a sua sensibilidade, as suas paixões, os seus impulsos, uma esfera] TT: mesmo. Ele tem a sua sensibilidade, as suas paixões, os seus impulsos. Ele tem uma esfera
64 *fl-15*
nós temos a causalidade eficiente ou o determinismo. Para] TT: ó temos a comsalidade eficiente o determinio - Para [sic]

Segundo postulado: Harmonia da moralidade e da sensibilidade
< ALVO FINAL DA CONSCIÊNCIA DE SI >

Esta harmonia é o alvo final da consciência de si ou em outras palavras: o conflito entre a natureza exterior e a moralidade se resolve, segundo Kant, se nós postularmos que o ato moral é o verdadeiro fim da natureza, o verdadeiro fim do mundo exterior a nós. E o conflito entre a moralidade e a sensibilidade, isto é, a natureza presente no próprio homem, se resolve se nós postularmos que a moralidade é o alvo final da consciência de si, enquanto ela é esta consciência única, total, incluindo tanto o pensamento quanto o sentimento. Estes são os dois primeiros postulados correspondentes, ou o que Kant chama na *Crítica da razão prática*, o postulado da inteligibilidade moral do mundo e o postulado da imortalidade da alma. Esta imortalidade aparece como consequência da moralidade que parece infinita[65].

Hegel exprime esta mesma conclusão sobre outra forma:

1º. postulado: moralidade da forma do em-si:	moralidade na forma da natureza: da coisa exterior ao homem.
2º. postulado: moralidade da forma do para-si:	moralidade na forma da consciência.

Reerguer-se do ato efetivo do agir moral: a síntese do em-si e para-si, ou seja, da moralidade enquanto se realiza concretamente nos objetos exteriores a nós e da moralidade enquanto ela realiza cada um de nós[66].

Efetividade do agir moral

em-si

para-si

Nesta síntese do em-si e para-si é que vai surgir o terceiro postulado que é o postulado do legislador divino, ou seja, da existência de Deus como fundamento da ordem moral, segundo Kant[67].

---

65 *fl-15*
  quanto o sentimento] TT: como o sentimento
  prática, o postulado] TT: Prática. O postulado
66 *fl-15*
  Reeguer-se] TT: Reguer-se
  para-si, ou] TT: para-si ou
67 *fl-15*
  divino,] TT: deverio;

Hegel vai desenvolver o seguinte agora: Kant mostra que, na consciência de si moral, estes dois aspectos não se sintetizam perfeitamente.

Hegel precisa, então, para fundamentar o ato moral, como síntese do em-si e do para-si, do postulado de uma consciência moral, de uma fonte da moralidade, exterior ao homem e na qual o em-si e o para-si, ou seja, a natureza e a consciência se realizam perfeitamente. Será o terceiro postulado, o do legislador divino. Esse legislador será o fundamento da consciência de si moral que é a consciência do homem[68].
Então, vem o terceiro postulado que é o legislador divino.

d) — Resumo da moralidade

Esta dialética da visão moral do mundo tem quatro momentos fundamentais:
1º.) A contradição inerente à moralidade, isto é, contradição entre natureza e liberdade.
2º.) Tentativa de superação desta contradição. Nesta tentativa, há três momentos:
a) Primeiro postulado. Harmonia entre moralidade e natureza.
b) Segundo postulado. Harmonia dentro do próprio homem.
c) Terceiro postulado. Postulado de um ser moral perfeito, fundamento da consciência moral humana[69].

---

[68] *fl-15*
desenvolver o seguinte agora] TT: desenvolver agora
sintetizam perfeitamente. Hegel precisa] TT: sintetizam perfeitamente. Precisa
para-si, do postulado] TT: para-si um postulado
moral, de uma] TT: Moral. de uma
o do legislador divino] TT: será do legislador deverio
Esse legislador será] TT Legislador que será [AE: início de outro parágrafo no TT.]
[69] *fl-15*
Então, vem] TT: Então: vem
divino] TT: deverio
há três momentos:] TT: 3 momentos
consciência moral humana] TT: consciência moral perfeita que é a consciência humana
[AE: em razão do que é dito na *fl-15*, Kant mostra que, na consciência de si moral, estes dois aspectos (a moralidade da forma do em-si e a da forma do para-si) não se sintetizam perfeitamente. A consciência moral humana não é perfeita,

Feita a experiência da Revolução Francesa, segue-se esta experiência da visão moral do mundo, a qual vai terminar em um impasse que levará Hegel diretamente ao saber absoluto[70].

[fl-16]Estes postulados da consciência moral, segundo Hegel, deverão conduzir a uma situação contraditória, de perplexidade da consciência moral que deverá ser superada pela consciência que Hegel chama de consciência que age, consciência ativa em-si e para-si.

Estes três postulados que Hegel explana aqui são uma espécie de transposição dos três postulados com os quais Kant conclui a *Crítica da razão prática*. O terceiro postulado é o problema do legislador divino[71].

---

ao passo que a consciência do legislador sempre obedece à lei moral, já que não se defronta com a oposição entre moralidade e natureza.]
70 *fl-15*
em um impasse] TT: num impasse
71 *fl-16*
com os quais Kant conclui] TT: que Kant conclui
[AE: sobre os três postulados vide supra *fl-4*.]

II – O legislador divino e a consciência moral imperfeita[1]

Aqui, no aparecimento da consciência de si moral imperfeita, vão começar a surgir as contradições da consciência moral e a ineficácia destes postulados para resolver as contradições, porque a consciência moral imperfeita já é em si algo de contraditório. Hegel vai mostrar como a consciência moral tem que ser consciência perfeita.
Como se apresenta o problema do legislador divino:

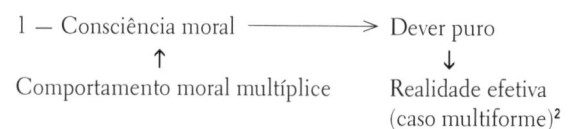

1 — Consciência moral ⟶ Dever puro
  ↑   ↓
Comportamento moral multíplice   Realidade efetiva
                                   (caso multiforme)[2]

A consciência moral é explicitada pelo dever puro (*Das Sollen*). No momento que o Deus se encarna na realidade, ele recebe o conteúdo. Este

---

[1] *fl-16*
[AE: Logo abaixo do título, o TT registra um subtítulo repetitivo e, portanto, dispensável; por isso, não assumido no TTE. TT: 3º Postulado: O legislador divino e a consciência-de-si Moral imperfeita. Vaz traduz *der heilige Gesetzgeber* (PhG 402/4) como legislador divino, enquanto Meneses traduz, por sua vez, como legislador sagrado (FE 607/417). Rohden em sua tradução da KpV verte o texto de Kant (*der heilige Gesetzgeber*: KpV 236, nota de pé de página) como santo legislador (Rohden, KpV, 467, nota de pé de página).]

[2] *fl-16*
a ineficácia] TT: ineficácia
como a consciência] TT: como consciência
Comportamento moral multíplice] TT: Comportamento Multíplice [ECV]

conteúdo é múltiplo, contingente, pois a realidade apresenta-se multíplice, contingente. É o que Hegel chama caso multiforme, o que na moral tradicional se chamava os casos. Cada lei abstrata, ao se concretizar, se concretiza em um caso determinado, daí vem a palavra casuística. Nos casos em que se concretiza a lei abstrata, o dever puro não existe. Ele se aplica a uma realidade, a um caso. Este caso vai provocar na consciência o comportamento multiforme ou multíplice. Este comportamento vai entrar em choque com a consciência moral, enquanto consciência do dever puro, porque, segundo o postulado da consciência, enquanto consciência do dever puro, ela dever ter um comportamento só. O que se dizia na moral, a circunstância não deveria ser a fonte da moralidade. A fonte da moralidade deveria ser o fim da consciência moral que age. Mas, nós vemos que a circunstância é fonte da moralidade e que modifica o ato moral. Por *ex.*: na moral, no direito se admite que a pessoa pode resistir até matando um agressor injusto. O fato da agressão injusta é a circunstância que modifica essencialmente aquele preceito moral que diz "Não matarás". Então, a circunstância modifica, logo nós temos multíplice comportamento em face de uma consciência *una*. Esta contradição é que vai dar origem ao problema do legislador divino, ou seja, nós temos[3]:

Leis múltiplas ———> Forças contraditórias
(conteúdo) (Forma)

Leis morais múltiplas e as forças contraditórias que agem em face destas leis. Em rigor, já aparece como uma contradição com a consciência moral, o fato das leis morais serem múltiplas. Por que há muitas leis morais? Por que a lei moral não é uma só? É um problema moral. Porque há uma pluralidade de leis e porque esta pluralidade de leis corresponde às forças contraditórias que se manifestam no comportamento do indivíduo. Vimos que o comportamento do indivíduo está dilacerado entre duas naturezas: a natureza do mundo exterior e a natureza dele mesmo. As coisas do mundo exterior se opõem à sua ação e à sua sensibilidade, às suas posições,

---

[3] *fl-16*
  Nos casos em que se concretiza] TT: Os casos em que se concretizar
  Este caso vai] TT: Este caso, ele vai
  é a circunstância] TT: e circunstância

às suas inclinações que também se opõem à lei moral, de modo que ele está dilacerado, e estas contradições obrigam a multiplicação das leis. Estas leis se multiplicam à medida que as leis vão multiplicando os casos em que o indivíduo é obrigado a agir moralmente[4].
Então, temos leis múltiplas diante destas forças contraditórias. *[fl-17]* Às leis múltiplas, Hegel chama o conteúdo, e às forças contraditórias, a forma. O ato moral em determinado momento vai assumir uma forma em função da circunstância na qual ele será exercido. Por exemplo: o ato moral de autodefesa é uma coisa, o ato moral de socorrer o necessitado é outra. Portanto, conforme a circunstância, o ato moral assume formas diversas também, e o seu conteúdo será dado por meio de uma lei que diz respeito, por exemplo, ao socorro, ao necessitado, e outra que diz respeito à defesa diante de um agressor. De modo que nós temos a seguinte situação[5].

2 — Consciência moral pura ——➤ Dever puro (indeterminado)
↓
AGIR (deveres múltiplos)

A consciência moral pura, ou seja, este Deus, em face do dever puro, e justamente por causa das leis múltiplas, aparece como indeterminado, e a

---

4 *fl-16*
Por que há] TT: Porque há
Por que a lei] TT: Porque que a lei
naturezas: a natureza] TT: naturezas. A natureza
As coisas do mundo exterior se opõem à sua ação e à sua sensibilidade, às suas posições, às suas inclinações que também se opõem à lei moral, de modo que ele está dilacerado, e estas contradições obrigam a multiplicação das leis.] TT: As coisas que se opõem a sua ação e a sua sensibilidade, as suas posições, as suas inclinações que também se opõem a lei moral. De modo que, ele está dilacerado, e estas contradições obrigam a multiplicação das leis.
multiplicando os casos] TT: se multiplicando os casos
5 *fl-17*
Às leis] TT: As leis
às forças] TT: as forças
O ato moral em determinado momento vai assumir uma forma em função da circunstância na qual ele será exercido.] TT: A forma que vai assumir o ato moral em determinado momento. Ele vai assumir uma forma em função da circunstância na qual ele será exercido.
é outra] TT: é outro
respeito à defesa] TT: respeito a defesa

determinação de Deus é o *agir*, mas o agir não é agir que diz respeito ao dever puro, mas aos deveres múltiplos, ao dever multiplicado pelas situações. Se fizermos uma ilustração moderna deste problema, é o problema tratado por Sartre no livro "O existencialismo é um humanismo". Ali ele trata deste agir moral diante de determinadas circunstâncias. Como eu passo de Deus (na França, naquele tempo, era: devo ou não me engajar na resistência), o dever puro, para o agir em face de circunstâncias concretas. Se o dever fosse considerado somente como dever puro, então o indivíduo não tinha necessariamente que se engajar. Mas as circunstâncias concretas podiam interferir, e vinha o conflito entre o dever puro e o agir que não é uma dedução de Deus, pois entre o agir e o dever existe a contingência da circunstância[6].

Para poder conciliar este dever puro e o agir é que se faz o postulado do *legislador divino*. Quando Kant postula o legislador divino, ou o que ele chama o *sumo Bem originário* (a existência de Deus ou o Deus exigido pela lei moral), é justamente para tentar uma fórmula de solução deste conflito. É a forma que Sartre vai recusar na sua obra, porque ele acha que esta solução em vez de resolver, agrava a dificuldade, uma vez que transportará para o próprio Deus (o legislador divino) este conflito. Então, na perspectiva sartriana e na existencialista, este conflito é indissolúvel. Ele faz parte da essência do homem. Na medida em que o homem tenta resolver este conflito pelo postulado do legislador divino, ele nega o conteúdo moral do conflito. Ele entra no plano do não moral, isto é, no plano da heteronomia, da transferência da sua responsabilidade para um ser que está fora de si. E Hegel vai repetir a mesma coisa. Então, o postulado da consciência legisladora se estabelece assim:

---

6 *fl-17*
    pura, ou seja, este Deus, em] TT: pura em
    múltiplas, aparece] TT: múltiplas, este Deus aparece
    Sartre, Jean-Paul. *L'existentialisme est un humanisme*. Paris: Nagel, 1966, p. 22-50.
    resistência), o dever puro, para o agir em face de] TT: resistência). O Dever puro, em face de
    Se o dever fosse considerado somente como dever puro, então o indivíduo não tinha necessariamente que se engajar] TT: Se fosse considerado o dever como dever puro, então o indivíduo tinha necessariamente que se engajar
    o agir que não é uma dedução de Deus, pois entre o agir] TT: o agir. O agir não é uma dedução de Deus. Entre o agir

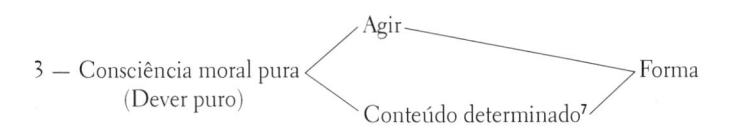

3 — Consciência moral pura ⟨ Agir / Conteúdo determinado⁷ ⟩ Forma
(Dever puro)

Por um lado, a consciência moral pura, a consciência do puro dever é especificada pelo dever puro, mas, por outro lado, ela se encontra em face do agir e de um conteúdo determinado deste agir. Estes dois aspectos vão dar a forma desta consciência. Então, diz Hegel: segundo Kant, nós temos que fazer o postulado de uma consciência moral na qual sejam idênticos: o universal (o dever puro), de um lado, e o singular (o agir) e o conteúdo determinado, de outro⁸.

Temos, então, os quatro pontos em que a consciência moral é:

---

7 *fl-17*
sumo Bem originário] TT: sumo Bem
[AE: O *sumo Bem* (*das höchste Gut*, KpV, 199) é a síntese pura a priori ordenada pelo imperativo categórico entre moralidade como causa e felicidade como efeito, tendo a existência de Deus e a imortalidade da alma como pressupostos moralmente necessários para a efetuação (*Bewirkung*, KpV, 219) daquela síntese mediante a vontade determinada por aquele imperativo. A sacralidade de sua [de Deus] vontade (*die Heilligkeit seines [Gottes] Willens*, KpV 236) é, por sua vez, *o sumo Bem originário* (*das höchste ursprüngliche Gut*, KpV, 236), já que ele, como aquele ente que sempre age de acordo com a lei moral, é também o sábio autor (*weiser Urheber*, KpV 235) da natureza — e, assim, harmonizando moralidade e natureza — por cuja mão os entes racionais (*die vernünftigen Wesen*, KpV 235) podem esperar (*hoffen*, KpV 235) participar da felicidade, desde que tenham primeiramente efetuado a primeira condição para dela participar: obediência ao imperativo categórico.]
O postulado da consciência legisladora se estabelece assim:] TT: O postulado da consciência legisladora. Este postulado se estabelece assim. Nós temos:
Conteúdo] TT: CONTEÚDO
8 *fl-17*
Por um lado, a consciência moral pura, a consciência do puro dever é especificada] TT: A consciência moral pura, a consciência do puro dever. Esta consciência, ela é especificada
Estes dois aspectos vão dar] TT: Estes dois aspectos é que vão dar
idênticos] TT: idênticas
o universal (o dever puro), de um lado, e o singular (o agir) e o conteúdo determinado, de outro.] TT: o universal (o dever puro) e o singular (o agir) e o conteúdo determinado.

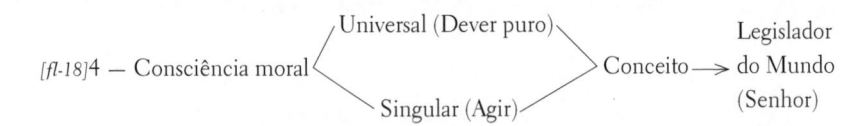

[fl-18]4 — Consciência moral ⟨ Universal (Dever puro) / Singular (Agir) ⟩ Conceito ⟶ Legislador do Mundo (Senhor)

OBS: *Das Sollen* poderia ser também traduzido por *valor*, *valor puro*; ou se quisermos uma terminologia mais tradicional: o Bem, o Bem puro[9]. Esta consciência na qual o singular e o universal se identificam, é o que diz Hegel, é o verdadeiro conceito da consciência moral. Consciência moral é aquela na qual o universal (ou seja, o Bem, o dever) e o agir se identificam. Ou podemos em outras palavras dizer que é a consciência na qual a moralidade e a felicidade ou o mundo são uma coisa só, é o conceito da consciência moral propriamente dita. O que Kant diz, e Hegel está interpretando, é o legislador do mundo, o senhor do mundo[10].

Por que esta consciência moral não pode ser a do homem? Porque na do homem existe o conflito entre o dever e o agir, porque o homem está dilacerado entre a natureza exterior a ele e a natureza presente nele, entre as coisas e ele mesmo (a sensibilidade, suas paixões, seus impulsos). Então, no homem não pode haver identidade entre o dever e o agir, pois o agir fica sempre aquém do dever do homem. Nós nunca agimos de tal maneira que tenhamos consciência plena e total de que o nosso agir respondeu às exigências do nosso dever. Sempre fica alguma coisa faltando, sempre fica uma inquietação de não termos igualado o nosso agir à exigência de nosso dever, à exigência do valor e do Bem. Isto porque não podemos suprimir a natureza que se interpõe entre o dever e o agir e é indiferente à exigência de igualar nosso agir ao nosso dever. Por isso, nós temos que postular, para fundar a ação moral, um ser no qual o dever e o agir sejam uma coisa só, a saber, um ser que esteja para um além (*Jenseits*) da consciência moral do homem efetivamente existente e é o legislador divino. Deus aparece na linha do percurso dialético da consciência como exigência da própria consciência moral[11].

---

[9] *fl-18*
Das Sollen poderia] TT: *Das Sollen* = poderia
tradicional: o Bem] TT: tradicional que é o bem
[10] *fl-18*
felicidade ou] TT: fenomenologia e
[11] *fl-18*
Por que esta] TT: Porque esta

Se não houvesse o legislador divino, no fim da *Crítica da razão prática*, não haveria moralidade, pois não haveria fundamento da moralidade, ou seja, a passagem do dever puro para as leis múltiplas estaria sempre destruindo, impossibilitando o conceito absoluto de moralidade, de dever. Nós lembramos que toda esta dialética partiu da afirmação de que a consciência (o espírito), depois de ter feito a experiência da liberdade absoluta na Revolução Francesa, emerge como espírito moral, diante do qual nós temos como único objeto o dever puro, a liberdade realizada, a liberdade pura. Agora, parece que esta liberdade não pode ser realizada pelo homem. Por isto, a Revolução Francesa conduziu à experiência do terror, à morte, porque esta liberdade pura não pode ser uma tarefa do homem que é sempre uma liberdade condicionada, jogada entre forças contraditórias[12]. Esta solução aqui é a solução de Kant. A de Hegel será outra. Porém, Hegel considera esta solução como uma etapa necessária do desenvolvimento do espírito. Há um determinado momento em que o espírito, tendo

---

agir, porque o homem está dilacerado] TT: agir. Porque o homem está dilacerando nele, entre as coisas] TT: nele. As coisas
agir, pois] TT: agir pois,
aquém] TT: aquem
às exigências] TT: as exigências
faltando, sempre] TT: faltando. Sempre
a natureza que se] TT: a natureza. A natureza se
agir e é indiferente à exigência de igualar nosso agir ao nosso dever.] TT: agir. Ela é indiferente.
Por isso, nós temos] Nós temos
coisa só, a saber, um ser] TT: coisa só. Um ser
para um além (*Jenseits*) da consciência moral do homem efetivamente existente e é o legislador divino.] TT: para além (Enseit). Este ser é que é o legislador divino.
[AE: Sobre o Além (Jeinseits), vide PhG 404/9-10;25; FE 612/420; 614/420.]
na linha do percurso dialético da consciência como exigência] TT: na linha, exigência
12 *fl-18*
Francesa, emerge] TT: Francesa, ele emerge
espírito moral, diante do qual] TT: espírito moral. Espírito diante do qual
Agora, parece] TT: Agora aparece
Por isto, a Revolução Francesa] TT: Por isto é que é a Revolução Frances
à experiência] TT: a experiência
uma tarefa do homem que é sempre] TT: uma tarefa do homem. A tarefa do homem é sempre liberdade condicionada, jogada] TT: liberdade condicionada;
uma liberdade que está condicionada está jogada entre forças contraditórias

feito a experiência da liberdade absoluta na Revolução Francesa, postula o legislador divino para salvar a liberdade absoluta, uma vez que ela não pode ser realizada nele. Se não é realizada nele, é realizada em Deus. Portanto, ele postula Deus como realização da liberdade que ele experimentou em si mesmo como impossível. Este é o momento kantiano do desenvolvimento do espírito que Hegel coloca aqui. Nós sabemos que, no desenvolvimento ulterior da filosofia, um dos pontos centrais que está em discussão no existencialismo ateu (Sartre, Merleau-Ponty), ao recusarem a solução kantiana e hegeliana, é a consciência moral considerada como essencialmente imperfeita, isto é, a moralidade humana é sempre um risco, uma *mauvaise foi*, má fé. O homem só é ser moral na medida em que a sua moralidade é essencialmente mandada pela boa fé. No momento em que ele está fazendo uma boa ação, ele sabe que aquela ação não é inteiramente boa. Segundo Sartre, ela tem uma espécie de germe no fundo que está escondido roendo a boa ação. Isto pertence à essência do homem, é uma situação insuperável do homem, é o[fl-19] que Camus chamava o *absurdo da existência humana*. Nesta altura, a solução kantiana e hegeliana pararia nesta dialética aqui para dar lugar à solução existencialista. Mas, a solução kantiana não é assim e nem a hegeliana. Kant postula a consciência moral absoluta, a existência de Deus para evitar esta espécie de absurdo do agir moral do homem. Ele postula o legislador divino. O que Hegel vai mostrar é que este postulado do legislador divino conduz a novas contradições. Então, não pode ser uma solução definitiva a este problema da liberdade do homem[13].

---

[13] *fl-18* > *fl-19*
A de Hegel será outra. Porém Hegel] TT: A de Hegel será outra. Esta é a solução que Kant dá, porém Hegel
liberdade absoluta na Revolução Francesa] TT: liberdade absoluta
(Sartre, Merleau-Ponty), ao recusarem a solução kantiana e hegeliana, é a consciência moral considerada como essencialmente imperfeita, isto é, a moralidade humana é sempre um risco, uma mauvaise foi, má fé. O homem] TT: (Sartre, Merleau Ponty.), ao recusarem a solução Kantiana e Hegeliana (que vamos ver).
Para eles a consciência Moral é essencialmente imperfeita, isto é, a moralidade humana é sempre um risco, uma, Mauvais Foi, má fé. Isto é, o homem
não é inteiramente boa. Segundo Sartre, ela tem uma espécie de germe no fundo que está escondido roendo a boa ação. Isto pertence à essência] TT: não é inteiramente boa. Sartre - ela tem uma espécie de germe no fundo que está escondido. Toda nossa ação boa tem uma espécie de germe que está roendo a

Agora nós nos lembramos que não devemos considerar esta problemática de uma maneira abstrata. Esta problemática é eminentemente concreta. A liberdade de que Hegel trata aqui, a moralidade é uma consciência moral, uma liberdade histórica. É aquela experiência de liberdade que surge depois da Revolução Francesa. Este problema não se aplica à teoria moral de Aristóteles ou de São Tomás de Aquino, porque, para eles, não há necessidade de postular o legislador divino, uma vez que este já surge anteriormente à consciência moral do homem. A consciência moral do homem depende do legislador divino que vem em primeiro lugar. Deus é o fundamento da moralidade, tanto para Aristóteles quanto para São Tomás. Para Aristóteles, é o supremo Bem, e São Tomás chama-o de Deus[14].

---

boa ação. Isto pertence a essência do homem, é uma situação insuperável do homem, é] TT: do homem. Isto é uma situação insuperável do homem. Isto é o [AE: Camus, Albert. *Le mythe de Sisyphe: essai sur l'absurde*. Paris: Gallimard, 1942.]
Nesta altura, a solução kantiana e hegeliana pararia nesta dialética aqui para dar lugar à solução existencialista] TT: nesta dialética, pararia aqui para dar lugar a solução existencialista

14 *fl-19*
liberdade de que] TT: liberdade que
a moralidade é uma consciência moral, uma liberdade histórica] TT: a moralidade, a consciência Moral, é uma consciência Moral, uma liberdade histórica
Aquino] TT: Aquino (autor medieval)
[AE: Aristotelis. *Ethica Nicomachea*. Leipzig: Teubner, 1880, K 7, 1177a, 12-18.
εἰ δ' ἐστὶν ἡ εὐδαιμονία κατ' ἀρετὴν ἐνέργεια, εὔλογον κατὰ τὴν κρατίστην· αὕτη δ' ἂν εἴη τοῦ ἀρίστου. εἴτε δὴ νοῦς τοῦτο εἴτε ἄλλο τι, ὃ δὴ κατὰ φύσιν δοκεῖ ἄρχειν καὶ ἡγεῖσθαι καὶ ἔννοιαν ἔχειν περὶ καλῶν καὶ θείων, εἴτε θεῖον ὂν καὶ αὐτὸ εἴτε τῶν ἐν ἡμῖν τὸ θειότατον, ἡ τούτου ἐνέργεια κατὰ τὴν οἰκείαν ἀρετὴν εἴη ἂν ἡ τελεία εὐδαιμονία. ὅτι δ' ἐστὶ θεωρητική, εἴρηται. "Se a felicidade é atividade de acordo com a virtude, é razoável afirmar que ela é a atividade de acordo com a mais excelente das virtudes. Essa atividade seria pertencente à melhor parte de nós. Seja essa parte o intelecto, seja qualquer outra coisa, seja essa parte o próprio divino, seja ela o que há de mais divino em nós, ela parece, segunda a natureza [dessa parte], governar, liderar e ter conhecimento do que é belo e divino. A atividade dessa parte, em acordo com a virtude que é corresponde a essa atividade, seria a felicidade perfeita. Como já dito antes, essa atividade é a atividade contemplativa"; sobre o belo e o divino dessa atividade contemplativa, vide Aristóteles. *Metafísica*. Ed. Giovanni Reale. São Paulo: Loyola, 2001, Λ 7, 1072b 13-30. (Volume II, texto grego e tradução). In exitu creaturarum a primo principio attenditur quaedam circulatio vel regiratio, eo quod omnia revertuntur sicut in finem in id a quo sicut a principio prodierunt. "No êxodo das criaturas a partir do primeiro princípio é considerada uma certa

Deus e o supremo Bem são anteriores ao ato moral, são fundamentos do ato moral. Para a problemática kantiana, não. Primeiro, vem a experiência do ato moral, o postulado da consciência moral. Kant diz: existe uma consciência moral; agora, vamos ver o que está implicado nesta consciência moral. Existe uma consciência moral, porque o homem faz a experiência da liberdade absoluta. Onde faz historicamente esta experiência? Na Revolução Francesa. Logo, se o homem chegou a fazer a experiência da liberdade absoluta, de uma liberdade que tem a razão de ser só nela mesma, o homem é um ser moral. Por isto, para Kant e Hegel, a Revolução é um ato eminentemente moral, antes de ser um ato político. Se o homem faz revolução, ele é um ser moral, porque a revolução é um protesto da sua moralidade. Então, existe o homem como ser moral. Vamos ver quais consequências decorrem daí. Então começa a dialética: como o homem pode se realizar como ser moral, neste sentido como ser que experimentou a liberdade absoluta na experiência revolucionária? Aí começa a dialética da visão moral do mundo, a natureza se opõe ao homem. O mundo exterior não se deixa transformar pelo homem, o homem não é criador, não é Deus. O próprio homem se opõe à liberdade dele, pois ele tem uma natureza que é contrária à sua liberdade. E tanto é contrária que a experiência da liberdade o conduziu à morte[15].

---

circularidade ou reviravolta, em virtude do fato de que todos entes retornam como que ao [seu] fim a partir do qual eles surgiram como que do [seu] princípio". São Tomás de Aquino. *Scriptum super sententiis.* Textum Parmae 1856 editum et automato translatum a Roberto Busa SJ in taeniis magneticas denuo recognovit Enrique Alarcón atque instruxit, Lib. I, d. 14, q. 2, a. 2, c. <http://www.corpusthomisticum.org>.]
à consciência] TT: a consciência
legislador divino que vem] TT: legislador divino. O legislador divino vem
quanto] TT: como
chama-o] TT: chama
15 *fl-19*
Onde faz historicamente esta experiência?] TT: Faz historicamente esta experiência onde?
quais consequências] TT: que consequências
revolucionária? Aí começa a dialética da visão moral do mundo, a natureza] TT: revolucionária. Aí começa, a natureza
à sua liberdade] TT: a sua liberdade
conduziu à morte] TT: conduziu a morte

Para poder conciliar as paixões do homem, as inclinações com a experiência da liberdade que deu origem a esta vivência histórica do homem como ser moral, Kant, então, postula que existe uma harmonia entre a natureza e o homem, que o mundo não é absurdo. Ele postula que existe uma harmonia interna do homem, que este não é um ser absurdo e postula finalmente que existe uma liberdade pura, ou seja, que existe um legislador divino para o homem: existe Deus[16].

Para Kant, estes três postulados são consequentes à experiência do ato moral, da moralidade, ao passo que, para São Tomás, Aristóteles e Platão, era o contrário. Primeiro, vinha Deus, depois, o homem. Por isto que Platão diz no seu livro "Leis": a medida do homem é Deus. Aqui, nesta perspectiva, de certo modo, o homem é que é a medida de Deus. Porque o Deus que é postulado aqui é o Deus que vem responder à problemática levantada pelo homem, à problemática da liberdade experimentada pelo homem. Por isto que os sucessores de Kant e Hegel, por exemplo, Feuerbach, Marx e os existencialistas, vão recusar violentamente o terceiro postulado, que é o legislador divino, mas têm que tentar, de alguma maneira, realizar esta liberdade absoluta. Se ela não pôde ser realizada historicamente na Revolução Francesa, é porque havia um obstáculo estrutural que impedia sua realização. Mas ela poderá ser realizada, como diz *Feuerbach*: "Tudo isto que nós falamos de Deus não é mais que um disfarce com o que queremos falar de nós mesmos". Então, no fundo, o legislador divino é o próprio homem. *Sartre* diz a mesma coisa na conferência "O existencialismo é um humanismo". O ponto de partida de toda sua dialética é: Deus não existe, logo tudo é possível. Tudo é permitido se Deus não existe; mas tudo é permitido dentro da exigência moral do homem. E não é tudo permitido no sentido amoral. Sartre diz: o existencialismo quer fundar o seu humanismo. E como não existe humanismo sem moral, ele precisa tentar descobrir uma moral da não existência do legislador divino, [fl-20] da não existência de Deus. Qual é a moral da não existência de Deus, a moral que se funda na não existência

---

16 fl-19
Para poder conciliar as paixões do homem, as inclinações com a experiência da liberdade] TT: As paixões do homem, as inclinações. Para poder ao mesmo tempo a experiência da liberdade
moral, Kant, então, postula] TT: moral, então, vem os postulados: Kant não é absurdo. Ele postula] TT: não é absurdo; postula

de Deus? Este é o problema de Sartre. É a contrapartida do problema de Kant que diz: "só pode haver moral postulando a existência de Deus"[17].

Aquela experiência da liberdade e moralidade só pode dar-se com o postulado da existência de Deus. Todos eles — Kant, Sartre, Feuerbach, Marx — se movem já num universo que fez a experiência da alienação, da cultura, relatada no capítulo VI. B - da *Fenomenologia do Espírito*: O espírito alienado de si mesmo. A cultura (*Der sich entfremdete Geist. Die Bildung*). Não é mais aquele mundo antigo de Platão e Aristóteles, em que Deus não é questão, não é postulado, mas é realidade. De certo modo, podemos falar em evidência da existência de Deus no mundo antigo, embora

---

[17] fl-19 > fl-20
consequentes à experiência] TT: consequentes a experiência
moralidade, ao passo] TT: moralidade. Ao passo
"Leis": a medida do homem é Deus] TT: "Das Leis". A medida do homem é Deus
ὁ δὴ θεὸς ἡμῖν πάντων χρημάτων μέτρον ἂν εἴη μάλιστα, καὶ πολὺ μᾶλλον ἤ πού τις, ὥς φασιν, ἄνθρωπος. "Deus deveria ser, antes de tudo, para nós, a medida de todas as coisas, muito mais do que qualquer homem, como as pessoas comumente dizem". Platão, *Leis*, IV, 716c.
à problemática levantada] TT: a problemática levantada
pelo homem, à problemática] TT: pelo homem, vem responder a problemática
pôde] TT: pode
impedia sua realização] TT: impedia
como diz Feuerbach] TT: ou então Feuerbach
[AE: Die Religion ist das Verhalten des Menschen zu seinem eignen Wesen — darin liegt ihre Wahrheit — aber zu seinem Wesen nicht als dem seinigen, sondern als einem andern, aparten, von ihm unterschiedenen, ja entgegengesetzten Wesen — darin liegt ihre Unwahrheit [...]. "A religião é a relação do homem com sua própria essência — nisto jaz sua verdade — mas com sua essência não como a relação com sua própria essência, mas como a relação com uma outra essência, aparte, distinta, até oposta a ele — nisto jaz sua inverdade [...]." Feuerbach, Ludwig. *Das Wesen des Christenthums*. Leipzig: Otto Wigand, 1841, S. 248.]
diz a mesma coisa] TT: a mesma coisa diz
não é tudo] TT: não tudo é
E como não existe] TT: Não existe
moral, ele precisa] TT: moral. Precisa
Qual é a moral da não existência de Deus, a moral que não se funda na não existência de Deus?] TT: Qual é a moral da não existência de Deus, a moral que se funda na não existência de Deus?
Este é o problema] TT: Este é que é o problema
Kant que diz] TT: Kant. Kant diz

haja nesse mundo prova da existência de Deus, mas já não tinha que postular sua existência, tal como é o caso no mundo moderno. Aqui, no mundo moderno, Deus — o soberano do mundo — aparece no fim do processo[18].

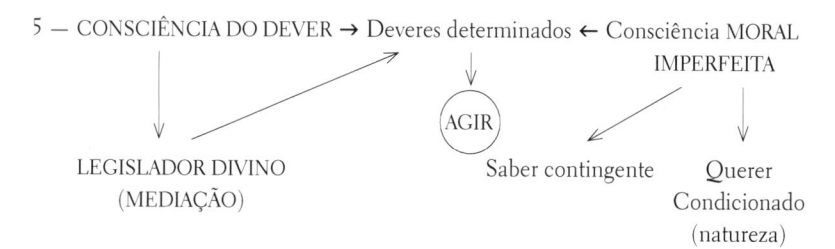

5 — CONSCIÊNCIA DO DEVER → Deveres determinados ← Consciência MORAL IMPERFEITA

LEGISLADOR DIVINO (AGIR) Saber contingente Querer
(MEDIAÇÃO)   Condicionado
                                              (natureza)

Temos a consciência do homem, consciência do dever, entendido no sentido mais amplo: valor, bem. Temos que esta consciência do dever se realiza em deveres determinados e que se encarnam no *agir*, ao passo que o dever puro não se encarna no agir humano. Então a consciência legisladora, ou seja, Deus como legislador estabelece a mediação entre a consciência do dever e o dever determinado, ou seja, como diz Hegel: "quem vai santificar, no sentido de sancionar os deveres determinados, é a mediação do legislador divino, porque no legislador divino não há distinção entre concreto e abstrato, dever puro e dever determinado. Nele tudo é determinado e ao mesmo tempo é universal. Então ele vai sancionar os deveres determinados, isto é, imprimir em cada dever determinado a marca universal, ou seja, do

---

18 *fl-20*
Todos eles — Kant, Sartre, Feuerbach, Marx –] TT: Todos eles: Kant, Sartre, Feurbach, Marx
da cultura, relatada no capítulo VI. B - da *Fenomenologia do Espírito*: O espírito alienado de si mesmo. A cultura (Der sich entfremdete Geist. Die Bildung). Não é mais] TT: da cultura. Não é mais
postulado, mas é realidade] TT: postulado, é realidade
falar] TT: dizer
evidência da existência de Deus no mundo antigo, embora haja neste mundo prova da existência de Deus, mas já] TT: evidência embora haja prova da existência de Deus, já
nesse] TT: neste
postular sua existência, tal como é o caso no mundo moderno. Aqui, no mundo moderno, Deus — o soberano do mundo — aparece no fim do processo] TT: postular. Aqui não Deus está no fim do processo. Então o soberano do mundo aparece aqui:

dever puro". Entre a consciência do dever do homem e o dever determinado, ou seja, o *agir* humano nesta e naquela circunstância se interpõe como mediador o legislador divino. Por isto que, segundo Hegel interpretando Kant, o legislador divino, a consciência que temos de Deus como fonte de moralidade é uma experiência que nós fazemos no momento em que passamos do dever abstrato para o dever concreto. E por isto que ela se exprime na cultura humana na forma de leis, às quais se atribui origem divina (ex. Decálogo) e que determinam, nestas circunstâncias, o que o homem deve fazer, como ele deve proceder moralmente naquela circunstância[19].

---

[19] *fl-20*
dever, entendido no sentido mais amplo: valor, bem] TT: Dever (dever deve ser entendido no sentido mais amplo: valor, bem)
deveres determinados e que se encarnam no *agir*, ao passo que o dever puro] TT: Estes deveres determinados se encarnam no *AGIR*. O Dever puro
sancionar] TT: sansionar
entre concreto e abstrato, dever puro e dever determinado] TT: entre concreto e abstrato. Não há distinção entre dever puro e dever determinado
Então ele vai sancionar] TT: Então ele é que vai sancionar
[AE: "Portanto, é postulado que haja uma *outra* consciência que os [os muitos deveres, AE] consagre ou que os saiba e queira como deveres"; "Es ist also postuliert, daß ein *anderes* Bewußtsein sei, welches sie [die vielen Pflichten, AE] heiligt, oder welches sie als Pflichten weiß und will", PhG 401/5-7; FE 606/416.
"Esta consciência [a outra consciência que consagra os muitos deveres, AE] é... uma tal, na qual o universal e o particular são pura e simplesmente um"; "Dies Bewußtsein [das andere Bewußtsein, welches die vielen Pflichten heiligt, AE] ist... ein solches, worin das Allgemeine und das Besondere schlechthin eins ist", PhG 401/14-15; FE 606/417.
"...um senhor e soberano do mundo que consagra os deveres como *múltiplos*"; "...ein Herr und Beherrscher der Welt, der ...die Pflichten als *Viele* heiligt", PhG 401/30-32; FE 606/417.
"sua [do dever determinado, AE] necessidade incide fora daquela consciência [da consciência moral efetiva do indivíduo singular, AE] em uma outra [consciência, o senhor e soberano do mundo], que, com isso, é a mediadora entre o dever determinado e o puro e a razão pela qual aquele [o dever determinado, AE] seja também válido"; "fällt ihre [*der bestimmten Pflicht*, AE] Notwendigkeit außer jenem Bewußtsein [dem wirklichen moralischen Bewußtsein des Einzelnen, AE] in ein anderes [Bewußtsein, den Herr und Beherrscher der Welt, AE], das somit das Vermittelnde der bestimmten und reinen Pflicht, und der Grund ist, daß jene [die bestimmte Pflicht, AE] auch gilt", PhG 401/36-38; FE 606/417.]
em que passamos] TT: em passamos
atribui] TT: atribue
(ex. Decálogo) e que determinam] TT: (Ex. decálogo). Leis que determinam
proceder] TT: se proceder

Entre o Deus e o agir se interpõe o dever determinado, e a determinação deste Deus é obra do legislador divino. Mas isto significa que a nossa consciência moral que diz respeito a este dever determinado é uma consciência moral imperfeita, ou seja, seu saber é um saber contingente e o seu querer é um querer condicionado pela natureza (seja a natureza exterior ao homem, seja a natureza interior do homem)[20].

Neste esquema final, vemos de um lado, a consciência pura do dever e, de outro lado, a consciência de dever já mediatizado por um dever determinado, porque para passar da consciência pura para o dever determinado é que interfere o legislador divino. Esta passagem se faz através do *agir*, porque o homem só se determina agindo, fazendo alguma coisa. Este é o terceiro postulado[21].

Para que haja esta consciência moral é preciso que postulemos esta tríplice harmonia: harmonia do homem com o mundo, do homem consigo mesmo e do homem com Deus.

Agora Hegel vai partir desses momentos e discutir estes postulados, vai mostrar como é que a consciência faz a experiência desta moralidade, do seu agir moral. Esta experiência se traduz inicialmente em postulados, mas estes postulados revelam a sua inoperância para resolver o problema da moralidade. O que Hegel vai fazer é mostrar como se desenvolve o *agir*, pois, afinal de contas, tudo acaba neste *agir*. Este é o grande problema: como a consciência vai agir moralmente? Como o homem vai agir moralmente[22]?

[fl-21] Hegel vai mostrar a dialética deste *agir* e ver que, ao agir em concreto, o homem não pode levar em conta totalmente a existência de Deus e nem pode levar em conta totalmente as circunstâncias em que o ato moral é feito, ou seja, ele vai oscilar de um para outro. Num determi-

---

[20] *fl-20*
homem, seja a natureza] TT: homem ou a natureza
[21] *fl-20*
harmonia: harmonia] TT: harmonia. Harmonia
[22] *fl-20*
estes postulados, vai mostrar] TT: estes postulados; e ele vai mostrar
faz a experiência] TT: faz — experiência
é o grande problema: como a consciência vai agir moralmente? Como o homem vai agir moralmente?] TT: é que é o grande problema como a consciência vai agir moralmente; como o homem vai agir moralmente.]

nado momento, ele vai invocar o legislador divino e, num outro momento, vai invocar as circunstâncias, ou seja, o agir moral vai se apresentar como um agir essencialmente dissimulador, hipócrita[23].

A consciência moral tal como se apresenta aqui é típica da que Sartre a definiu como "*mauvaise foi*". Uma consciência que tem má fé, nem ela pode agir totalmente segundo a lei de Deus, nem pode agir totalmente segundo as circunstâncias, pois fica oscilando entre as duas, na *Verstellung*, na dissimulação, passando de um ponto de vista para outro para poder se manter[24].

Mas, primeiro, Hegel vai mostrar como esta visão moral do mundo definida pelos postulados é essencialmente representativa e não uma visão real, ou seja, para que o homem possa justificar a sua ação moral através destes três postulados. O mundo representado através da moralidade é um mundo que oscila entre a realidade e a representação. Não é o mundo real, mas o mundo representativo. Por ser assim, o homem só pode fazer representações, representa o papel e não é ele mesmo[25].

Para entendermos o que vai se seguir agora, devemos ter em conta que Hegel vai desenvolver a dialética deste agir. Este agir é o agir da consciência moral e já leva em conta o legislador divino e, portanto, a visão moral do mundo, incluindo os três postulados, as três harmonias de Kant[26].

---

23 *fl-21*
deste *agir* e ver que] TT: deste AGIR. Ver que
24 *fl-21*
definiu como "mauvaise foi"] TT: definiu a "Mauvaise Foi"
[AE: Sartre, Jean-Paul. *L'être et le néant: essai d'ontologie phénoménologique*. Paris, Gallimard, 1943. cap. II, p. 85-111.]
totalmente segundo a lei] TT: totalmente a lei
circunstâncias, pois fica oscilando entre as duas, na *Verstellung*, na dissimulação, passando de um ponto de vista para outro para poder se manter.] TT: circunstâncias. Fica no Verstelling, o escorregar. Fica passando de um ponto de vista para outro para poder se manter.
25 *fl-21*
Mas, primeiro, Hegel vai] TT: Esta dialética do AGIR moral é que vai discutir agora. Mas primeiro, ele vai mostrar como é que estes três postulados que definem a visão moral do mundo. Ele vai
representativo] TT: representarivo
Por ser assim] TT: Por ser esta
Representações, representa] TT: Representações. Representa
26 *fl-21*
conta que Hegel] TT: conta é que Hegel

No fundo Hegel vai mostrar que este agir, implicando as três harmonias, tem que construir a sua visão moral em termos de representação e não em termos de *conceito*, que, para Hegel, é o que une a realidade com o pensamento e faz com que o pensamento seja um pensamento da realidade. *Representação*, por sua vez, é aquilo que separa, não atinge a realidade, o que existe em termos de representação, de puro pensamento, existe separado da realidade. Para Hegel, o que existe como conceito — *"o que é racional, isto é real; e o que é real, isto é racional"* — é a realidade como realidade, ao passo que o que existe em termos de representação, de puro pensamento não é a realidade. Então, Hegel quer mostrar que a vivência moral do mundo construída sobre estes três postulados é uma representação e não um conceito. Sendo representação, não tendo em si a realidade, ela vai lançar a consciência moral dentro de uma série de contradições. É isto que ele vai querer mostrar. Representação, o pensamento sem realidade, se opõe ao *conceito*, a realidade pensada[27].

---

[27] *fl-21*
fundo Hegel vai] TT: fundo vai
harmonias, tem] TT: harmonias ele [= Hegel, AE] tem
conceito, que, para Hegel] TT: Conceito. Conceito, para Hegel
realidade com o pensamento e faz] TT: realidade e o pensamento. E faz
Representação, por sua vez, é] TT: *Representação*, é
pensamento, existe] TT: pensamento existe
"*o que é racional, isto é real; e o que é real, isto é racional*"] TT: "*o que é racional é real; e o que é real é racional*"
[AE: "was vernünftig ist, das ist wirklich; und was wirklich ist, das ist vernünftig".
Hegel, Georg Wilhelm Friedrich. *Grundlinien der Philosophie des Rechts oder Naturrecht und Staatswissenschaft im Grundrisse*. Frankfurt: Suhrkamp, 1973.
v. 7, p. 24. (Werke, 7; Theorie-Werkausgabe).]
realidade, ao passo que o que existe] TT: realidade. O que existe
realidade, ela vai] TT: realidade, vai
contradições. É isto que ele vai querer mostrar. Representação, o pensamento sem realidade, se opõe ao *conceito*, a realidade pensada.] TT: contradições. É isto que ele [=Hegel, AE] vai querer mostrar. Representação se opõe ao Conceito (é a realidade pensada). Representação [EB, preenchido por AE] → é o pensamento sem realidade.

III – O mundo moral como representação

Hegel vai começar a crítica do sistema de Kant e vai utilizar sua frase na *Crítica da razão pura*: "neste argumento cosmológico se mantém escondido um inteiro ninho de presunções dialéticas". Quando o sacudimos, saem voando várias contradições. A mesma coisa se diz dessa visão moral do mundo, sacode-se um pouco e temos várias contradições, porque é representação e temos o seguinte[1]:

---

1 *fl-21*
Hegel vai começar a crítica do sistema de Kant e vai utilizar sua frase na *Crítica da razão pura*: "neste argumento cosmológico se mantém escondido um inteiro ninho de presunções dialéticas".] TT: - (Hegel vai começar a crítica do sistema de Kant) vai utilizar a frase de Kant na Crítica da Razão Prática. "Estas antinomias cosmológicas, é um verdadeiro ninho de contradições".
[AE: KrV B 637: "in diesem kosmologischen Argumente sich ein ganzes Nest von dialektischen Anmaßungen verborgen halte"; PhG 405/22-24: "um einen kantischen Ausdruck hier, wo er am passendsten ist, zu gebrauchen, ein *ganzes Nest* gedankenloser Widersprüche"; FE 617/421: "para usar uma expressão kantiana, que aqui é extremamente adequada, um *ninho inteiro* de contradições privadas de pensamento".
Estrutura formal do capítulo: introdução: parágrafos 616-617; desenvolvimento: parágrafos 618 — 628 (1ª. Experiência: 618-621), (2ª. Experiência: 622-625) e (3ª. Experiência: 626-628); conclusão: parágrafos 629-631.]
Quando o sacudimos, saem voando várias contradições] TT: Quando a gente a sacode, saem voando várias contradições, porque é representação e temos o seguinte:] TT: contradições: Porque é representação: Porque temos:

|||| 115

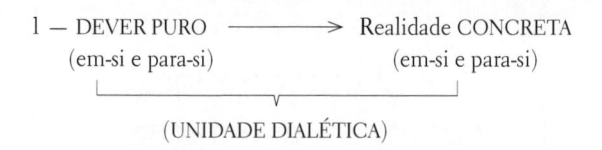

1 — DEVER PURO ⟶ Realidade CONCRETA
(em-si e para-si)   (em-si e para-si)
└─────────────┬─────────────┘
(UNIDADE DIALÉTICA)

Por um lado, há o dever puro e a realidade concreta. Por causa do postulado do legislador, ele é em-si e para-si. Pelo menos em Deus (legislador), ele se realiza plenamente. A realidade também é em-si e para-si, porque ela é natureza. Estes momentos têm que se manifestar em uma unidade dialética que tem que suprimir a independência dos dois momentos: do dever puro e da realidade, ou seja, quando o homem agir moralmente, ele tem que suprimir a independência da natureza com relação ao seu agir moral e tem que suprimir a transcendência de Deus com relação ao seu agir moral, pois, senão, seria Deus que agiria e não ele. Aquele legislador divino postulado tem que estar [fl-22] presente na sua ação. E, por outro lado, a natureza que se opõe à ação moral tem que ser assumida pela sua ação. Por isto, então, o homem tem que dar uma unidade dialética à ação moral e à natureza para que haja ação moral[2].

Acontece porém:

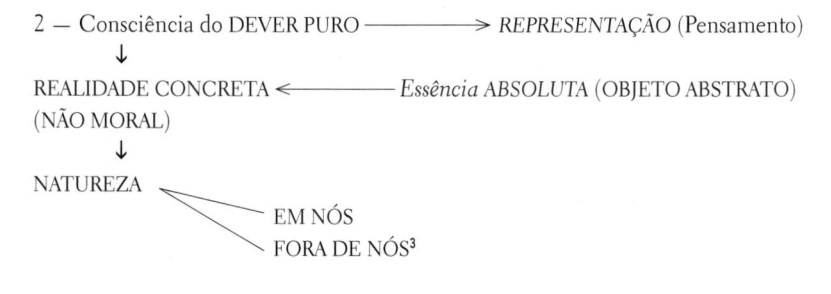

2 — Consciência do DEVER PURO ⟶ REPRESENTAÇÃO (Pensamento)
↓
REALIDADE CONCRETA ⟵ Essência ABSOLUTA (OBJETO ABSTRATO)
(NÃO MORAL)
↓
NATUREZA
          ⟶ EM NÓS
          ⟶ FORA DE NÓS[3]

---

[2] fl-21 > fl-22
Por um lado, há o dever] TT: De um lado o dever
têm que manifestar em uma unidade dialética que tem] TT: tem que se manifestarem em uma Unidade. Uma unidade dialética, unidade que tem
legislador divino postulado] TT: legislador divino que postulou
Por isto, então, o homem tem que dar uma unidade dialética à ação moral e à natureza para que haja] TT: Tem que dar uma unidade dialética a estes, porém que haja

[3] fl-22
NÃO MORAL] TT: NÃO-MORAL
FORA DE NÓS] TT: FORA NÓS

Acontece que o dever puro na consciência não é uma realidade efetiva, ou seja, é uma representação. Por isto teve que haver o postulado do legislador, pois se, na nossa consciência, já tivéssemos a realidade do dever puro, ou a realidade do Bem, nós não precisávamos postular o legislador divino. Se o postulamos, isto quer dizer que não o temos como realidade na nossa consciência, e se não é realidade, então é representação (pensamento). Portanto, o dever puro está na nossa consciência como pensamento e, por isto, pensamos o dever puro na forma de Deus, na forma do legislador[4].

A realidade efetiva (concreta) aparece em face da consciência como não moral, por isto tivemos que postular o legislador, porque a realidade aparece como não moral. Então, temos, de fato, quando nós falamos de dever puro, de um lado, e da realidade, de outro, e da necessidade de unir os dois dialeticamente, nós falamos da necessidade de unir o pensamento e a realidade, a representação e a realidade, ou seja, esta representação aparece como a essência absoluta do dever e que tem de se unir a uma realidade concreta (não moral). Isto leva à consequência que o dever, de fato, para nós é um *objeto do pensamento* (pensado), ou seja, ele é algo abstrato. Hegel quer mostrar que, mesmo postulando a existência de Deus como legislador divino (Deus só não pode agir no nosso lugar), esse legislador, ou seja, a essência absoluta do dever vai acabar se tornando, para nós, o objeto do pensamento, algo de abstrato, pois está oposto à realidade concreta que em si continua não moral. Hegel quer mostrar que, mesmo postulando o legislador divino e mesmo postulando a harmonia da natureza (a realidade concreta), tanto em nós como fora de nós, o legislador não pode agir em nós, e, sim, nós mesmos temos de agir. Ele só pode estar presente em nós no pensamento, pois nós o pensamos. Ele é o postulado do nosso pensamento. Então, ao passarmos para a ação concreta, ele estará presente nessa ação concreta na forma de representação de algo pensado, de um objeto de pensamento que é algo abstrato. Voltamos àquele conflito entre o concreto que não é moral e o abstrato onde está a moralidade. Por isto que não temos condição de aplicar automaticamente a lei do legislador divino à nossa ação. Em outras palavras: temos o indivíduo que acredita que Deus

---

4 *fl-22*
Por isto teve que haver] TT: Por isto que teve que haver
postulamos, isto quer] TT: postulamos quer
e se não é realidade, então é representação] TT: Se não é realidade é representação

é o fundamento da ordem moral, que a moralidade depende da lei divina e temos outro que não acredita. Porém, todos os dois estão convencidos que não devem *mentir*, mas, ao contrário, que devem agir moralmente. Hegel, criticando Kant, diz: aquele que acredita em Deus vai postular como fundamento do seu ato moral (não mentir) a lei divina (não mentirás), mas, em concreto, quem vai assumir a responsabilidade de *não mentir* é ele, ou seja, que ele não vai, por postular o legislador, automaticamente não mentir. Pode ser que ele minta. Pode ser que não veja, em concreto, se mente ou não. Pelo postulado do legislador divino, se ele funcionasse como algo concreto, a lei divina deveria tornar-se uma espécie de necessidade do nosso agir e nós agiríamos sempre de acordo com Deus, de acordo com a moralidade, pois o problema para o qual foi postulado o legislador foi o fato de o homem não saber se deveria ou não agir moralmente[5].

Hegel mostra, apesar do postulado do legislador divino, que continua a mesma questão: o homem não sabe se deve agir ou não agir, no caso, não sabe se deve mentir ou não mentir. O postulado do legislador divino não deu à sua ação o concreto da moralidade, continuou o abstrato que ele tem que concretizar segundo a sua responsabilidade[6].

Tanto o que invoca o legislador divino quanto o que não o invoca estão na mesma situação. Logo, o legislador divino é algo de abstrato, porque não entra na determinação concreta. Hegel quer mostrar que o postulado do legislador divino não resolve o problema da [fl-23]moralidade. É *necessária outra solução*[7].

---

[5] *fl-22*
leva à consequência] TT: leva a consequência
(pensado)] TT: CTT(2)
(Deus só não] TT: (Deus não só
o legislador não pode agir em nós, e, sim, nós mesmos temos de agir. Ele só pode estar] TT: e sim nós (mundo e nós mesmos). O legislador não pode agir em nós, e sim nós. Ele pode só estar
Voltamos àquele conflito entre o] TT: Voltamos aquele conflito do *mentir, mas, ao contrário, que devem agir moralmente.*] TT: *mentir* (agir moralmente).
[6] *fl-22*
divino, que continua] TT: divino continua
continuou o abstrato] TT: continuou abstrato
[7] *fl-22 > fl-23*
quanto o que não o invoca] TT: e tanto o que não invoca legislador divino
necessária] TT: necessário

Isto é o mundo moral como representação. Vamos ver agora o agir moral como *equívoco, como dissimulação.*

Chegamos ao terceiro momento em que o mundo moral é representação. Representação significa que a consciência moral não se eleva ao conceito, pois ela não une o pensamento e a realidade e fica só com o pensamento. Hegel vai mostrar como este pensamento inclui uma série de contradições, e será o estudo destas contradições que vai ocupar a parte seguinte da *Fenomenologia do Espírito*[8].

O mundo moral como representação significa que a consciência moral não conseguiu superar a distância que a separa do seu objeto com os três postulados, uma vez que a consciência moral se define como dever puro e este dever puro deve ficar com o seu objeto, já que, se o objeto estiver fora de Deus, o dever não será mais dever. Para se realizar a união do objeto com a consciência na forma do dever, a consciência moral, segundo Kant, postulou três princípios, ou seja, o princípio de que a natureza não é a moralidade, ou seja, a harmonia da natureza e da moralidade; o princípio de que, no homem, a natureza, a sua sensibilidade não se opõe à moralidade e, finalmente, o legislador divino, ou seja, o princípio do dever absoluto fundado em uma essência transcendente. Deus, o mundo e o homem harmonizados para poder fundamentar a forma possível do ato moral. Esta foi a conclusão da *Crítica da razão prática* que Hegel está examinando agora[9].

Hegel formou a figura do ser moral que Kant delineou na *Crítica da razão prática* como a forma de consciência que superou a liberdade absoluta ou a Revolução Francesa: experiência da morte no mundo revolucio-

---

8 *fl-23*
eleva ao conceito, pois ela] TT: eleva no conceito. Ela
realidade e fica só com o pensamento. Hegel] TT: realidade. Ela fica só com o pensamento e Hegel
inclui] TT: enclue
9 *fl-23*
postulados, uma vez que] TT: postulados. Para poder vencer a distância que separa a consciência do objeto, uma vez que
objeto, já que, se o objeto] TT: objeto, uma vez se o objeto
seja, o princípio de que a natureza] TT: seja, de que a natureza
fundamentar a forma] TT: fundamentar a formar

nário. Esta forma de consciência moral se revela com novas contradições que Hegel passa a examinar agora[10].

A primeira delas é aquela entre a representação do dever e sua realização no mundo físico exterior ao homem[11].

3 — CONSCIÊNCIA MORAL — AÇÃO MORAL — FIM REALIZADO (na natureza exterior)
  ↓
  DEVER (VALOR) ——→ MUNDO FÍSICO (primeiro postulado)
       ——→ MUNDO PSICOLÓGICO (segundo postulado)
  ↓
  DEVER ABSOLUTO: LEGISLADOR DIVINO (terceiro postulado) AÇÃO
  └─────────────────────────┬─────────────────────────┘
       Consciência (REPRESENTAÇÃO)

Temos três momentos: a consciência moral, a ação moral e o fim moral que é o fim que se realiza na natureza exterior, pois Hegel já havia, antes, criticado a pura moral da intenção. Toda problemática se desenvolve na passagem da consciência moral para a ação moral, e esta ação moral realizando o seu fim na natureza. Nós nos situamos do ponto de vista da consciência moral, e é, desde este ponto de vista, que aparece a noção de dever, de bem moral — o valor moral. É, ao nos situarmos do ponto de vista da consciência moral, que aparecem os conflitos da consciência com a natureza fora do homem e a natureza dentro do homem: isto é, com a natureza física e com a natureza psicológica, com as leis inflexíveis e necessárias do mundo físico e com as leis sérias do mundo psicológico. Enquanto a consciência é especificada pelo dever, ela entra em conflito com o mundo físico e psicológico[12].

---

 10 *fl-23*
  Revolução Francesa: experiência da morte no mundo revolucionário] TT: Revolução Frances; (experiência da Morte no mundo revolucionário)
  contradições que Hegel passa] TT: contradições. São estas contradições que Hegel passa
 11 *fl-23*
  A primeira delas é aquela entre a representação do dever e sua realização no mundo físico exterior ao homem] TT: A primeira delas é o que fato esta Representação, ou seja, estes postulados que deveriam fundamentar o *AGIR* moral
 12 *fl-23*
  exterior, pois Hegel] TT: exterior: Hegel

Para superar estas oposições temos o primeiro postulado (harmonia entre o valor e o mundo físico) e o segundo postulado (há uma harmonia entre o valor e o mundo psicológico). Postulados não são demonstrados. Por um lado, a consciência moral é também uma consciência contingente e como o dever, por sua própria essência, é um dever absoluto, este valor absoluto, por outro lado, não pode se realizar na consciência contingente do homem, daí vem o terceiro postulado (o legislador divino): Deus [fl-24] é aquele que sanciona os atos da consciência moral contingente. Hegel mostra que estes três postulados se efetuam no plano da consciência. Quando passamos para o plano da ação, aí surgem as contradições, pois estes postulados são pensados, representados, mas não podem ser efetivamente realizados. No momento que nós vamos passar à ação, então começam a surgir as contradições entre os postulados e as exigências da *ação*. O mundo do dever, dos postulados aparece como o mundo representado. Em função da ação, ele é representado e não é o *conceito*. O conceito, para Hegel, é a unidade do que é pensado e do que existe. Mas aqui não vai haver esta unidade, pois o pensado não vai poder se realizar na existência. Então, o pensado vai ficar só pensado, e o que é só pensado Hegel chama o representado, o vivido no nosso pensamento, mas que nós não conseguimos realizar na nossa existência[13].

Vamos ver como se passa deste mundo da consciência, da representação, do mundo moral como representação para a ação, como se realiza a ação moral. Nós vimos, no fim da última aula, quando tratamos do mundo moral como representação, que finalmente a visão moral do mundo acaba

---

  e é desde este] TT: é deste
  que aparecem] TT: é que aparecem
  natureza fora do homem] TT: natureza
  homem: isto é,] TT: homem. Isto é
  psicológica, com] TT: psicológica. Com
13 *fl-23 > fl-24*
  demonstrados. Por um lado, a consciência] TT: Por outro lado, a consciência
  absoluto, este valor absoluto, por outro lado, não] TT: absoluto. Este valor absoluto não
  divino): Deus é aquele que sanciona os atos da consciência moral contingente] TT: divino). Deus [fl-24] se forma o santificar (como diz Hegel aquele que sanciona os atos da consciência moral contingente)
  representado, o vivido] TT: representado. O vivido

em uma antinomia, em um dilema que Hegel formula de modo paralelo ao que Kant formulou na *Crítica da razão pura*: as antinomias psicológicas e cosmológicas[14].

A antinomia segundo a qual termina esta dialética da representação seria a primeira forma de antinomia: existe uma consciência moral. Nós a afirmamos ao levarmos em conta o mundo moral como representação. O mundo moral como representação está apoiado no postulado de que existe uma consciência moral, que o homem é um ser moral. O postulado é dado, é certo que o homem é um ser moral.

1ª. FORMA: Existe uma consciência *moral*
2ª. FORMA: Não existe uma consciência-em-si *efetiva moralmente perfeita*

A partir disto estabelece-se o mundo da consciência moral. A segunda forma vai ser desenvolvida agora: não existe uma consciência-de-si efetiva (*wirklich*) que passou à ação e que seja moralmente perfeita[15].

O que Hegel vai mostrar como antinomia do mundo moral é o seguinte: no plano da representação, nós postulamos a consciência moral perfeita que é Deus (terceiro postulado). É a consciência moral pensada por nós como um além que está superior e transcendente a nós. No momento em que nós passamos à ação moral, somos obrigados a prescindir desta consciência moral perfeita, e verificamos que não existe uma consciência moral efetiva (isto é, na ação mesmo) que seja moralmente perfeita. No momento em que passamos da representação para a ação, este mundo moral se desmorona. A ação se encarrega de mostrar que esta visão

---

14 *fl-24*
de modo paralelo ao que] TT: se modo paralelo que
pura: as antinomias] TT: pura. As antinomias

15 *fl-24*
seria a primeira forma de antinomia: existe uma consciência moral. Nós] TT: seria: primeira forma de antinomia — Existe uma consciência moral — Nós
moral. O postulado] TT: moral. Postulado
é certo] TT: é a-certo
1ª.] TT: 1º.
2ª.] TT: 2º.
agora: não existe] TT: agora, é que não existe
consciência-de-si efetiva (wirklich)] TT: consciência-em-si efetiva (Wuklich)

moral é um ninho de contradições, e se sacudimos o mundo moral, daí sai um mundo de contradições que Hegel vai mostrar agora[16].

Estas contradições não são contradições do mundo moral enquanto pensado, mas enquanto representado, embora já recorra a postulados, mostra que não é conceito, pois o conceito realiza a unidade do pensamento e da realidade, segundo o princípio de que "*o que é racional, isto é real; e o que é real, isto é racional*". Aqui no mundo real, só há representação, e temos, para dar consistência, que postular que o dever está de acordo com o mundo físico (primeiro postulado), e que o dever está de acordo com o mundo psicológico (segundo postulado), e que o dever está de acordo com o seu caráter absoluto (o postulado do legislador divino como fonte de moralidade). Como postulamos isto, o mundo moral é representação. Mas no momento em que passamos à ação, então Hegel mostra que surgem contradições nestes postulados. Isto ele chama na *Fenomenologia do Espírito* de *Verstellung*[17].

---

[16] *fl-24*
no momento em que] TT: no momento que
verificamos] TT: verificou
no momento em que] TT: no momento que
de contradições, e se sacudimos o mundo moral, daí sai um mundo de contradições que Hegel vai] TT: de contradições, tirada da Crítica da razão pura se sacudimos o mundo moral daí sai um mundo de contradições. São estas contradições que vai

[17] *fl-24*
representado, embora] TT: representado (embora
e da realidade] TT: e a realidade] TT:
"*o que é racional, isto é real; e o que é real, isto é racional*"] TT: "tudo o que é racional é real e tudo que é real é racional"
[AE: vide observações sobre esta citação na *fl-21*.]
momento em que] TT: momento que

PARTE B – O DESLOCAMENTO[1]

Introdução

Verstellung significa literalmente o *deslocamento* (*stellen* = colocar; *Verstellung* = deslocar).

Isto aqui quer significar que, no momento que passamos para a *ação*, (pois tudo agora vai se desenvolver na ação) moral, então nós somos obrigados a proceder da seguinte maneira: afirmamos um determinado momento da ação (ex: Deus como legislador divino do mundo moral), e, pela força mesma da ação, no momento seguinte somos obrigados a afirmar o contrário ou a não levar em conta o que afirmamos anteriormente, ou seja, o deslocar da[fl-25] primeira afirmação. É o que ele chama de *Verstellung*. Por isto o deslocamento tem também o sentido de distorção. Hyppolite traduzindo diz *déplacement* (équivoque): *deslocamento (equívoco)*. Não é o deslocamento só no sentido de afastar-se, mas o deslocamento que distorce, que forma equívoco, dissimulando aquilo que foi afirmado anteriormente. Por exemplo, eu afirmo a existência do mundo moral. No momento em que passo à ação moral, eu tenho que dissimular a existência de Deus para agir moralmente. Pois, se eu fosse agir sem operar o deslocamento, ou seja, levando em conta a existência de Deus como legislador, a minha ação moral teria que ser uma *ação sempre perfeita*. Teria que se encarnar na minha

---

[1] PARTE B — O DESLOCAMENTO Introdução] TT: O DESLOCAMENTO (DISTORÇÃO) PARTE B — INTRODUÇÃO

ação moral a perfeição do legislador divino. Se o legislador divino diz: "Não matarás, não mentirás", cada ação moral minha deveria repetir a perfeição deste mandamento, mas isto não se verifica. Mesmo quando eu não mato o indivíduo no sentido físico, eu estou matando. Procedo de tal maneira que não o matando fisicamente, eu elimino muita coisa dele. Às vezes, elimino a sua fama, o seu direito legítimo. Nunca procedi segundo a totalidade da perfeição do mandamento "não matarás", "respeitarás integralmente o teu próximo". Mas este respeito total na ação se mostra impossível. Por isto que ninguém pode agir respeitando integralmente o próximo. De uma maneira ou de outra, nós estamos prejudicando o próximo. Mesmo que você queira ajudar, por um lado, você prejudica, por outro. Não se pode realizar uma ação que seja propriamente adequada ao absoluto do dever, tal como ele está no legislador divino. Então a ação moral é sempre uma *Verstellung* (uma dissimulação). É sempre a impossibilidade de manter este mundo, pois esta visão moral do mundo fundada nestes três postulados se torna impossível de manter. Isto porque os postulados são coisas pensadas, não são uma coisa efetiva, uma realidade efetiva em nós. É algo que pensamos. Por exemplo: postula-se o segundo postulado (que o mundo moral esteja de acordo com o mundo psicológico), e o que é realidade psíquica em mim (desejo, paixões) esteja de acordo com o que é dever moral em mim. Isto eu postulo para dar coerência ao mundo moral, mas, no momento da ação, este postulado cai por terra, pois ninguém pode agir numa perfeita identidade entre o que é o dever e o que são os seus interesses, as suas funções psicológicas. O que é psicológico em nós atraiçoa o que é moral, pois no momento de eu passar à ação se realiza a distorção, o deslocamento[2].

---

[2] *fl-24 > fl-25*
Verstellung significa literalmente] TT: Literalmente significa
Verstellung = deslocar] TT: Werstellung = deslocar
somos] TT: [TTI]
Verstellung] TT: Wersttelung
distorção. Hyppolite traduzindo diz déplacement (équivoque): deslocamento (equívoco)] TT: distorção Hipolitte traduzindo diz. De déplacement (équivoque). O deslocamento equívoco [AE: vide Hegel, G. W. F. *La Phénoménologie de l'Ésprit*. Traduction par Jean Hyppolite. Aubier, Paris, 1941, p. 156, t. 2.]
dissimulando] TT: dissimulado
momento em que] TT: momento que
fosse agir sem operar] TT: fosse agir levando em conta sem operar

De modo que o mundo moral (enquanto pensado) é marcado por uma equivocidade, aquele mundo concebido segundo o formalismo de Kant. Hegel vai propor enfocar o problema da moralidade de outra maneira, pois esta maneira aqui é *kantiana*. Kant quer resolver o problema da moralidade definindo a forma da moralidade e, depois, buscando o conteúdo para esta forma. Isto que se chama o formalismo moral ou *moralismo*. Primeiro, defino a forma e, depois, busco o conteúdo. Hegel quer mostrar que isto é impossível. Se defino a forma antes do conteúdo, quando eu quiser aplicar a forma ao conteúdo, eu caio na hipocrisia, na *Verstellung*, no deslocamento. Depois Hegel vai tentar mostrar que o problema moral se coloca numa dialética entre forma e conteúdo, onde nem a forma precede o conteúdo, nem o conteúdo é anterior à forma. Isto será tematizado no capítulo VI. C - c - A boa consciência - A bela alma, o mal e seu perdão.

Agora Hegel passa a estudar o problema da *Verstellung*, da *hipocrisia moral*[3].

Nunca procedi] TT: Nunca me procedi
"não matarás", "respeitarás] TT: "não matarás". Respeitarás
prejudicando o próximo] TT: prejudicando
você queira ajudar] TT: você quer ajudar
pois esta] TT: pois a esta
se torna] TT: se tornam
impossível] TT: impossiveis [acento agudo em "v"]
postula-se] TT: se postula
postulado (que o mundo] TT: postulado (o mundo
esteja de acordo] TT: seja de acordo
psicológicas. O que é psicológico] TT: psicológicas. O psiquismo. O que é psicológico
moral, pois no momento] TT: moral. No Momento
3 *fl-25*
equivocidade, aquele] TT: equivocidade. Aquele
ou *moralismo*] TT:, ou outro Moralismo
na *Verstellung*] TT: no *Verstellung*
precede] TT: procede
Isto será tematizado no capítulo VI. C - c - A boa consciência - A bela alma, o mal e seu perdão.] TT: Isto será na GEWISSEN, a boa consciência. A geral por sua vez vai apresentar dificuldades, mas, será a superação dessa dificuldade no Moralismo.

I – As contradições na visão moral do mundo[1]

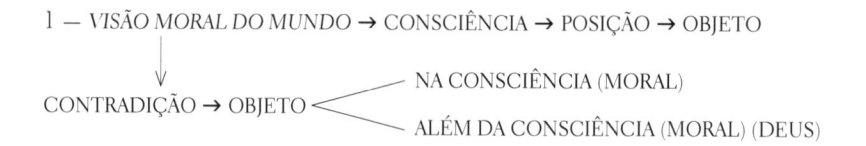

1 — VISÃO MORAL DO MUNDO → CONSCIÊNCIA → POSIÇÃO → OBJETO
↓
CONTRADIÇÃO → OBJETO ⟨ NA CONSCIÊNCIA (MORAL)
ALÉM DA CONSCIÊNCIA (MORAL) (DEUS)

A visão moral do mundo é a consciência moral que é a posição do seu objeto (assim que ela começa), porque o que define a visão moral do mundo é o *dever*, é a consciência como dever, como *das Sollen*, (eu devo fazer isto): *ich soll*. Se devo fazer, devo colocar o objeto no dever. O objeto não pode ser uma coisa imposta a mim, eu é que tenho que impor o objeto, uma vez que se ele fosse imposto a mim, não seria dever meu. Eu seria escravo e não seria ser moral. Para que eu seja ser moral é preciso que o dever (exigência da moralidade) [fl-26] seja uma posição do objeto por mim. Este é o ponto de partida da visão moral do mundo[2].

---

[1] I - *As contradições na visão moral do mundo*] TT: I - *As contradições da visão moral do mundo*
[2] *fl-25*
mundo é a consciência] TT: mundo procede: é a consciência
começa), porque] TT: começa). É a consciência que é a posição de seu objeto, porque
isto): *ich soll*] TT: isto) Ich Sollen
"ela [a consciência] procede, em toda parte, de acordo com um fundamento, a partir do qual ela *põe a essência objetiva*"; ["es [= *das Bewußtsein*, AE] verfährt

Mas aí então esta visão moral do mundo mostra uma *contradição* que é a contradição que deu origem aos tais postulados. Esta contradição é que o objeto, ao mesmo tempo, está na consciência moral e fora ou além da consciência moral. Por que está *na* e *fora* da consciência? Ele deve estar *na* consciência por causa da posição do objeto na consciência, uma vez que, se o objeto não estivesse na consciência moral, a consciência não seria consciência moral. O objeto seria posto fora da consciência, e o sujeito seria escravo. Portanto, o objeto deve estar na consciência. Mas, ao acompanhar o raciocínio de Kant, de fato, o objeto não pode estar *integralmente* na consciência, porque a ele se opõem a indiferença do mundo físico e a hostilidade do mundo psicológico. A nossa consciência está no meio das coisas, e nós temos a natureza em nós que se opõe à pureza do dever da nossa consciência. Então, somos obrigados a postular que o objeto está em nós, mas está também fora de nós, ou seja, está numa consciência que seja independente e livre do mundo físico e do mundo psicológico, que é a consciência divina, ou seja, Deus. Então somos obrigados a dizer que o objeto está em nós e além de nós, em Deus. Por isto que Deus aparece como fundamento da nossa moral[3].

Problema do existencialismo (Sartre): como pensar a moralidade sem postular a existência de Deus, ou seja, como construir uma moralidade coerente independente da postulação do legislador divino e do dever absoluto[4]?

überall nach einem Grunde, aus welchem es das *gegenständliche Wesen setzt*"]; PhG 405/8-10; FE 616/421.
a mim, eu é que] TT: a mim. Eu é que
[3] *fl-26*
Por que está *na* e *fora* da consciência?] TT: Porque está *na* e *fora* da consciência.
fora da consciência, e] TT: fora e escravo. Portanto, o objeto] TT: escravo.
O objeto
se opõem] TT: se opõe
livre] TT: levre
[AE: "Na visão moral do mundo, nós vemos, por um lado, a consciência *mesma produzir* seu objeto com *consciência*; [...] No entanto, ela mesma, por outro lado, põe seu objeto, antes, *fora de si*, como um além dela"; "In der moralischen Weltanschauung sehen wir einesteils das Bewußtsein *selbst* seinen Gegenstand mit Bewußtsein erzeugen [...] Auf der andern Seite aber setzt es selbst ihn vielmehr *außer sich* hinaus, als ein Jenseits seiner"; PhG 405/5-7;15-17; FE 616/421.]
[4] *fl-26*
(Sartre): como] TT: (Sartre). Como
absoluto?] TT: absoluto

No caso de Kant — o fato de que a natureza tanto exterior quanto psicológica se opõe ao dever —, então, nós temos que postular um legislador fora de nós. Temos que dizer que o objeto da moralidade está ao mesmo tempo *em nós e fora de nós*. Isto é uma contradição. Esta contradição se exprime na ética kantiana na antinomia que Kant chama *"autonomia e heteronomia do ser moral"*. Autonomia quer dizer que a lei surge dentro de mim mesmo, ao passo que heteronomia significa que a lei vem de fora. Então Kant diz: para que a moralidade fosse autêntica, nós deveríamos ser autonomamente morais, isto é, a lei deveria surgir dentro de nós. Nós nos deveríamos impor a nós mesmos a lei. Mas acontece que a lei moral se opõe à natureza tanto fora de nós quanto dentro de nós. Kant faz um esforço na *Crítica da razão prática* para poder conciliar as duas coisas: isto é, para mostrar que nós postulamos o legislador divino, mas que ele não prejudica a nossa autonomia moral. Nós podemos ser moralmente autônomos, admitindo a heteronomia, o legislador divino fora de nós. Isto é a problemática de Kant. Para Hegel, no entanto, isto não é possível, e ele, então, vai desenvolver a *contradição*[5].

2 — DESENVOLVIMENTO DA CONTRADIÇÃO

Qual vai ser a mola do desenvolvimento? A *ação*. Quando passamos para a ação, então, começa a se mostrar a contradição. Isto se desenvolve da seguinte maneira:

Consciência MORAL → 1º MOMENTO
↓
2º MOMENTO (ESSÊNCIA CONTRÁRIA)

---

[5] *fl-26*
quanto] TT: como
dizer que a lei] TT: dizer que lei
mim mesmo, ao passo que heteronomia significa que a lei] TT: mim mesmo. Heteronomia a lei
que a lei moral se opõe à natureza] TT: que aí se opõe a natureza
quanto] TT: como
Para Hegel, no entanto, isto não é possível, e ele, então, vai desenvolver a *contradição*.] TT: Para Hegel não, isto não é possível mostra então a contradição. Vai desenvolver a contradição.

Temos a consciência que põe o primeiro momento da sua ação. No segundo momento, ela é obrigada a pôr o contrário do primeiro momento, a fazer do segundo momento a essência contrária. Este é o esquema. Toda vez que agimos moralmente há passagem do primeiro para o segundo momento como a passagem ao contrário do que foi no primeiro momento posto pela ação. Esta parte é considerada como uma das passagens mais perfeitas da Fenomenologia do Espirito, a passagem sobre a *Verstellung* do *agir moral*. Hegel vai mostrar agora como isto se faz da seguinte maneira[6]. A pressuposição é que há *ação moral* ou o que Hegel chama: há uma consciência moral efetivamente tal. Ele supõe que a moralidade nunca fica na intenção, pois a moralidade da intenção é a mesma coisa que *não moral*. Portanto, há uma ação moral, e podemos dizer, então, que a pressuposição é que há a *ação moral*. [fl-27]

PRESSUPOSIÇÃO → AÇÃO MORAL[7]

---

[6] fl-26
momento, a fazer] TT: momento. Ela é obrigada a fazer
Este é o esquema. Toda] TT: Este é que é o esquema. Vai mostrar agora como isto se faz. Toda
há passagem] TT: passagem
ação. Esta] TT: ação. Mostra da seguinte maneira. Esta
Espirito, a passagem sobre a *Verstellung* do *agir moral*. Hegel vai mostrar agora como isto se faz da seguinte maneira.] TT: Espirito é da <u>Verstellung</u>, do AGIR MORAL.
[AE: "A consciência se relaciona neste desenvolvimento assim de tal modo que ela fixa um momento, parte daí imediatamente para outro e suprassume o primeiro; no entanto, tão logo ela *estabeleceu* este segundo, ela também o *dissimula* novamente e faz, antes, do contrário a essência"; "Das Bewußtsein verhält sich in dieser Entwicklung so, daß es ein Moment festsetzt, und von da unmittelbar zum andern übergeht, und das erste aufhebt; wie es aber nun dies zweite *aufgestellt hat, verstellt* es *auch* dasselbe wieder, und macht vielmehr das Gegenteil zum Wesen"; PhG 405/25-29; FE 617/421.]

[7] fl-26 > fl-27
chama: há uma consciência] TT: chama a uma consciência
intenção, pois a moralidade] TT: intenção. A moralidade
não moral] TT: <u>não-moral</u>
Portanto, há uma ação moral, e podemos dizer, então, que a pressuposição é que há a *ação moral*.] TT: Há uma AÇÃO MORAL; Podemos dizer que a pressuposição é a AÇÃO MORAL.

Então, esta moral deverá levar em conta o primeiro postulado, ou seja, a harmonia entre natureza e moralidade, porque se agimos moralmente, nós encarnamos nossa ação nos objetos, já que a ação do homem se exerce tanto sobre os objetos de sua sensibilidade ou natureza interna (desejos, paixões, etc.) quanto sobre os objetos da natureza externa a ele[8].

1º POSTULADO: Harmonia entre a natureza e a MORALIDADE
MORALIDADE COMO um dado
PRESENÇA: Desarmonia entre a MORALIDADE e a natureza

Portanto, no momento da ação postulamos harmonia entre a natureza e a moralidade, ou em outras palavras: na ação moral não vai haver destruição do que é moralidade pelo que é natural. Por um lado, o que está presente efetivamente na ação moral, pois, senão, não haveria ação moral? A presença aqui é a moralidade como um dado (alguma coisa que pressupomos) e, por outro lado, efetivamente está presente a desarmonia entre moralidade e natureza[9].

Então nós pressupomos que vamos fazer um ato bom. Para fazermos um ato bom, diz Hegel, segundo Kant, nós temos antes de postular, supor ou pensar que a natureza não é hostil à moralidade, ou seja, que é possível que usemos moralmente os objetos que nos cercam, que a natureza coopere com a moralidade[10].

[AE: "Deixemos, primeiramente, firmada a pressuposição de que há uma consciência moral efetiva"; "Lassen wir die Voraussetzung, daß es ein wirkliches moralisches Bewußtsein gibt, zuerst auf sich beruhen"; PhG 406/3-4; FE 618/421.]
PRESSUPOSIÇÃO] TT: PRESSUPOSIÃO
[8] *fl*-27
objetos, já que a ação do homem se exerce tanto sobre os objetos de sua sensibilidade ou natureza interna (desejos, paixões, etc.) quanto sobre os objetos da natureza externa a ele.] TT: objetos. A ação do homem se exerce sobre os objetos que estão em torno dele. Natureza existe da ação [TTI] de nós mesmos e sem usarmos os objetos que estão em torno de nós.
[9] *fl*-27
destruição] T: [TTI]
Por um lado,] TT: Por outro lado:
moral, pois, senão, não haveria ação moral?] TT: moral? Senão não haveria ação moral?
[10] *fl*-27
cercam, que] TT: cercam. Que

O primeiro postulado é necessário para que passemos do pensar ao agir. Porém, na verdade, quando agimos moralmente o que temos como presença efetiva concretamente é a moralidade como um dado, não como alguma coisa pensada, segundo aquelas exigências que Kant supôs, mas como um dado. Por exemplo: a mãe manda; se você fizer assim, está errado, é pecado, é falta de educação ou por outro motivo. Mas ela manda, ordena o menino a proceder desta maneira ou então a sociedade como um todo nos coloca como um dado o proceder de tal ou tal maneira. A moralidade é um dado para nós quando, por exemplo, ela determina que você não vai tirar uma coisa alheia. Isto é um dado que a sociedade nos impõe, e segundo o qual temos que nos comportar[11].

Temos, em face de nossa ação, a moralidade como um dado e, ao mesmo tempo, temos a desarmonia da moralidade com a natureza, ou seja, este dado não encontra correspondência imediata nas coisas. Se a sociedade me diz: você não vai tirar as coisas dos outros, mas, em concreto, as coisas que estão com os outros talvez sejam coisas de que eu necessito mais do que eles ou talvez eles tiraram de mim. Eu me sinto prejudicado e encontro uma desarmonia entre as coisas que me cercam e aquele dado que diz: eu devo agir moralmente. Não só uma desarmonia no sentido da natureza exterior, mas também desarmonia interior de mim mesmo, pois só a sociedade me põe como dado não tirar as coisas dos outros. Mas talvez isto que seja dos outros exerça uma atração irresistível sobre mim, de tal forma que estou experimentando a desarmonia concreta do que é a moralidade como um dado e a natureza como um dado[12].

---

11 *fl-27*
para nós quando, por exemplo, ela determina que você não vai] TT: para nós. Você não vai
[AE: "Voltemo-nos à harmonia entre moralidade e natureza, o primeiro postulado. Ela deve ser *em si*"; "[wir] wenden uns an die Harmonie der Moralität und der Natur, das erste Postulat. Sie soll *an sich* sein; PhG 406/6-7; FE 618/421-422.]
12 *fl-27*
tempo, temos] TT: tempo temos
coisas de que eu necessito mais do que] TT: coisas que eu necessito mais
e encontro] TT: e encontram
outros. Mas talvez] TT: outros, talvez
mim, de tal forma que estou] TT: mim. Estou

Quando passo para a ação, o postulado da harmonia se choca com a presença da desarmonia.
Como vai se desenvolver isto é o que Hegel vai mostrar. Temos, então, a pressuposição da ação moral[13].
Em primeiro lugar, harmonia entre a natureza e a moralidade. Depois, a moralidade como um dado e, depois, a desarmonia entre a moralidade e a natureza. Isto é o que está presente na ação moral. Quando passamos para a ação moral, tem lugar o conflito entre o dever e a felicidade. Mas deve estar presente na *ação* a sua *união*[14].

PRESENÇA NA AÇÃO — UNIÃO DO FIM DA MORAL e da FRUIÇÃO (FELICIDADE)

Fruição do ato moral é aquela antinomia que Kant tentou resolver em pensamento com o postulado do legislador divino e que reaparece aqui no plano da ação. A ação moral deverá trazer em si seu próprio prêmio, ou[fl-28] seja, ela vai tornar o homem mais feliz. O que está presente também na ação é esta exigência de felicidade, porque o homem age em vista da felicidade, do que chama a fruição, o prazer que resulta da ação moral[15].

Agora, de fato, o que acontece na dialética desta dupla presença e deste postulado é que se dá o tal deslocamento (Verstellung), ou seja:

AÇÃO → Consciência singular → obra contingente
FIM → RAZÃO → UNIVERSALIDADE → BEM NECESSÁRIO
RESULTADO — CONCILIAÇÃO NA AÇÃO DA MORALIDADE COM A NATUREZA[16]
↓
SUPRESSÃO DA MORALIDADE (DESLOCAMENTO)

---

13 *fl*-27
mostrar. Temos, então, a] TT: mostrar: Temos, então: a
14 *fl*-27
ação moral. Quando passamos] TT: Ação moral. Além do mais o que está presenta na Ação moral. Quando passamos
ação moral, tem lugar o conflito] TT: ação moral (conflito
Mas deve estar presente na ação a sua união] TT: Deve estar presente na AÇÃO A UNIÃO
[AE: No parágrafo 621, Hegel resume os três momentos da primeira experiência no âmbito do capítulo A *dissimulação*; PhG 408/12-25; FE 621/423-424.]
15 *fl*-27
Antinomia] TT: autonomia
16 *fl*-28
CONCILIAÇÃO] TT: CONCILAÇÃO

A ação é a ação de uma consciência singular. Daí que, por um lado, a sua obra moral é uma obra contingente. Por outro lado, o fim da ação moral é um fim imposto pela razão: é ela que nos manda agir moralmente. Portanto, tem um aspecto de moralidade, e a obra moral se torna um bem (valor) necessário[17].

Então, a ação, por um lado, é ação de uma consciência singular e, para ser obra moral, por outro lado, tem que obedecer à razão e às leis universais. Daí que a bondade da ação será uma bondade necessária e não contingente, porque senão a ação não seria moral. Logo, o que está presente quando partimos para a ação é a moralidade como um dado. Esta desarmonia entre a moralidade e a natureza e a união do fim da moralidade e da fruição, ou seja, o fim da moralidade e da felicidade que é resultado dela, pertencem ao domínio da razão[18].

Em concreto, o que temos é a consciência singular e a obra contingente, isto é, uma obra que não é assumida dentro daquela universalidade que a revolução impõe: o indivíduo que vai agir, se fosse agir moralmente, só em razão do fim, então a sua obra deveria trazer a marca de um bem necessário. Ele deveria agir moralmente de um modo perfeito. Na verda-

---

17 *fl-28*
singular. Daí que, por um lado, a sua] TT: singular (homem, porque). Daí que
a sua
nos manda] TT: nós manda
se torna um bem] TT: se torna portanto um Bem
[AE: "[...] a ação efetiva é somente ação da consciência *singular*, portanto, ela mesma é somente algo singular e a obra, contingente. Mas o fim da razão como o fim universal e que abarca tudo não é nada menos que o mundo inteiro: um fim último que vai muito além do conteúdo desta ação singular e, portanto, deve ser colocado, em geral, para além de todo agir efetivo"; "...ist die wirkliche Handlung nur Handlung des *einzelnen* Bewußtseins, also selbst nur etwas Einzelnes und das Werk zufällig. Der Zweck der Vernunft aber als der allgemeine, alles umfassende Zweck ist nichts Geringeres als die ganze Welt; ein Endzweck, der weit über den Inhalt dieser einzelnen Handlung hinausgeht, und daher überhaupt über alles wirkliche Handeln hinauszustellen ist"; PhG 407/4-10; FE 619/422-423.]
18 *fl-28*
moral, por outro lado, tem que obedecer à razão e às leis universais] TT: moral tem que obedecer a Razão e obedecer as leis universais]
Daí] TT: Dai
da felicidade] TT: felicidade

de, como a moralidade para ele é um dado, ele age, porque a educação ou legislação assim mandam, e, na execução da moralidade, aparece sua desarmonia com a natureza. De modo que temos a oposição entre a ação (como dado) e o fim da moralidade. Esta oposição é que vai dar como resultado o que Hegel chama "a tentativa de conciliação da moralidade com a natureza", ou seja, *conciliação na ação* da moralidade. Este deslocamento perpétuo é o perpétuo equívoco que vai se representar na conciliação entre a ação e o mundo. O que acontece é que a razão nos manda agir de uma determinada maneira para agirmos moralmente. No entanto, a natureza ou a situação do sujeito (a consciência singular do indivíduo) não consegue (não pode) se harmonizar perfeitamente com o que manda a razão. Então, nós vamos tentar realizar na ação continuamente uma conciliação do que pede a moralidade e do que nos impõe a natureza. Como será esta conciliação? Isto será feito através do *equívoco* em que de fato nós vamos suprimir a moralidade. Nós vamos buscar para cada uma de nossas ações uma justificação que não é moral, mas uma justificação que vamos pedir à própria natureza, ou seja, nós vamos buscar justificar a impossibilidade de agirmos moralmente de modo perfeito com a contingência que nos é imposta pela natureza. Vamos, pois, suprimir a moralidade no sentido de que permanecerá como algo inatingível e, assim, nunca vamos atingir uma ação moral perfeita. Vamos entrar na perspectiva de *Fichte* em que a moralidade aparece como uma tarefa nunca realizada, porque, em cada ação que deveria ser uma ação moral perfeita, nós vamos encontrar um obstáculo, uma impossibilidade de ação perfeita, e vamos *deslocar* esta perfeição da ação moral para outro momento. E quando chegarmos ao momento, vamos nos deslocar para o terceiro e, assim, indefinidamente, ou seja, a moralidade como ideal da visão moral do mundo, onde haveria harmonia entre o ser moral e o mundo, harmonia entre o ser moral e sua própria natureza, e a sagração deste mundo pelo legislador divino, *nunca se realizará*[19].

---

19 *fl-28*
  temos é a] TT: temos: é a
  vai agir] vai agir (fulano)
  dado, ele age, porque a educação ou legislação assim mandam, e, na execução da moralidade, aparece sua desarmonia] TT: dado (age porque a educação ou legislação manda assim) e em cuja execução aparece a desarmonia

Em concreto, cada uma das ações morais que tentamos realizar como ação moral não é mais do que uma tentativa da nossa parte para escaparmos da exigência da moralidade. Cada ação que fazemos, todo o nosso esforço será em *adiar* a realização da moralidade perfeita como obra da razão. Esta fica[fl-29] como ideal a atingir. Hegel diz que a visão moral do mundo acaba sendo uma conciliação entre a moralidade com a natureza. E esta conciliação (no sentido de concessão, de tratado da consciência moral com a natureza) acaba sendo a supressão da moralidade, porque a razão de ser da moralidade é a superação da natureza. O animal não é ser moral, porque ele é puramente ser natural. Se a moralidade para nós consiste em fazer um pacto com a natureza, nós suprimimos a moralidade e regredimos ao animal que é puramente instintual, pois ele só procede por instinto e não é ser moral[20].

resultado o que] TT: resultado que
moralmente. No entanto, a natureza] TT: moralmente. A natureza
natureza. Como será esta conciliação?] TT: natureza como será esta conciliação.
Vamos, pois, suprimir] TT: Vamos suprimir
inatigível e, assim, nunca] TT: inatigível. Nunca
em cada ação] TT: a cada ação
[AE: A atividade do Eu que resiste a ele [objeto] tem de [...] ser infinita; diese ihm [dem Object] wiederstehende Thätigkeit muss [...] unendlich seyn; Fichte, Johann Gottlieb. Grundlage der gesamten Wissenschatslehre als Handschrift für seine Zuhörer, in: *Fichtes Werke*. Hrsg. von Hermann Fichte. Berlin: Walter de Gruyter & Co., 1971, S. 259. (Band I, Zur theoretischen Philosophie I); vide também S. 260, nota de pé de página, na qual Fichte considera a "pressuposição de um ser absoluto do Eu" (Voraussetzung eines absoluten Seyns des Ich) como fundamento do imperativo categórico.]
visão moral do mundo, onde] TT: visão, moralidade do mundo, onde
[AE: "Portanto, naquela suposição [se... a natureza é adequada à lei moral], é admitida como a situação essencial uma tal, em que o agir moral é supérfluo e não tem lugar de forma alguma";
"Es wird also in jener Annahme [Ist [...] die Natur dem Sittengesetze gemäß] als der wesentliche Zustand ein solcher eingestanden, worin das moralische Handeln überflüssig ist, und gar nicht stattfindet"; PhG 408/2-5; FE 620/423.]
20 fl-28 > fl-29
concreto.] TT: concreto:
natureza) acaba] TT: natureza acaba
porque a razão de ser da moralidade é a] TT: porque a razão de ser da moralidade, porque a razão de ser da moralidade é a
moralidade e regredimos] TT: moralidade. Nós regredimos
instintual, pois ele só] TT: instintual. Só

Isto é que se chama *Verstellung*: a impossibilidade de adequar a ação moral à moralidade.

Vamos ver isto na próxima aula, quando Hegel mostrar que a moralidade se dissolve no seu contrário, já que cada vez que observamos um princípio moral nós o dissolvemos no seu contrário.

3 — Resumo[21]:

DISSIMULAÇÃO (DIE VERSTELLUNG)
Postulado: Moralidade || Natureza
AÇÃO: MORALIDADE → NATUREZA
RESULTADO: MORALIDADE ← NATUREZA (NÃO MORAL)

Verstellung = significa deslocar e dissimular (Deslocar é um dissimular, um enganar)[22]

Resumo: Temos o postulado onde a moralidade que antes apareceria oposta à natureza, agora se postula que haja um paralelismo, uma harmonia (não a igualdade) da moralidade com a natureza, embora a realidade efetiva mostre que não haja esta harmonia. Esta harmonia é, portanto, só postulada. Passa-se para a ação onde temos a moralidade encarnando-se (realizando-se) na natureza, pois no ato que fazemos deve ter um conteúdo objetivo nas coisas e o ato, assim, leva em consideração as coisas e, neste momento, se encarna na natureza. A forma do ato, segundo Hegel, é a realidade efetiva. O resultado da ação será não a harmonia postulada, mas a natureza, de certo modo, absorvendo, identificando-se com a moralidade. Hegel diz: nós postulamos que moralidade e natureza sejam harmônicas,

---

[21] *fl*-29
Verstellung: a] TT: <u>Verstellung</u>. A
moralidade se dissolve] TT: moralidade dissolve
contrário, já que cada vez que] TT: contrário. Cada vez
contrário. 3 — Resumo:] TT: contrário. Resumir a Parte da <u>Verstellung</u>, da Dissimulação que a crítica que Hegel faz entre o conflito da moralidade e natureza. Dialética da dissimulação, significa que a consciência moral se forma num determinado postulado, fundamento para a ação moral. No momento em que age, ela é obrigada a mudar o fundamento e passar para outro. Portanto, ela está continuamente se enganando a si mesmo. Ela está se deslocando. 3 — Resumo:
[22] *Verstellung* = significa deslocar e dissimular (Deslocar é um dissimular, um enganar)] TT:
Verstellung = significa deslocar e dissimular.
Deslocar é um dissimular, um enganar.

mas, na verdade, quando nós agimos, nós passamos além desta harmonia, ou seja, nós encarnamos o ato moral na natureza das coisas. O conteúdo do ato moral, uma vez que ser moral torna-se natural, é naturalizado, ou seja, a moralidade se dissolve no seu contrário, se torna natureza. Então, o postulado da harmonia entre natureza e moralidade leva a esta forma de dissimulação ou a esta forma de certeza[23].

Forma quer dizer: quando nós postulamos a harmonia entre moralidade e natureza, de fato, nós suprimimos a pura forma do ato moral com uma série de circunstâncias tiradas da natureza das coisas que acaba[fl-30] por tornar o ato moral como um ato natural, acaba confundindo moralidade com natureza[24].

Para aliviar esta problemática é que vem o segundo problema que Hegel trata aqui e que é a *solução fichteana*: a moralidade como uma tarefa infinita. Não há igualdade entre o ato moral efetivo (na ação) e a essência do ato moral (ato moral puro), mas há simplesmente uma tendência, um progresso, um caminhar nosso para atingir o ideal da moralidade. Mas ele nunca é atingido, de fato. Então, é o que Hegel vai tratar no segundo momento da dialética da *Verstellung*: a resolução da moralidade no seu contrário[25].

---

23 *fl-29*
antes apareceria oposta à natureza, agora se postula] TT: apareceria oposta a natureza, se postula
paralelismo, uma harmonia] TT: paralelismo, harmonia
natureza, embora] TT: natureza. Embora
é, portanto, só postulada] TT: é só postulado
natureza, pois no ato] TT: natureza. No ato
coisas e o ato, assim, leva em consideração as coisas e, neste momento,] TT: coisas. Leva em consideração as coisas. Neste momento,
natural, é] TT: natural, isto é,
contrário, se torna] TT: contrário. Ela se torna
entre natureza e moralidade leva a esta forma de dissimulação ou a esta forma de certeza] TT: entre — Natureza e a moralidade leva — esta fórmula de dissimulação ou a esta forma de certeza
(não há igualdade)] TT: não a igualdade

24 *fl-29*
de fato, nós suprimos] TT: mas, de fato, nós suprimos

25 *fl-30*
solução fichteana: a moralidade] TT: Solução Fichteana que é a moralidade
tendência] TT: tentência
Verstellung: a resolução] TT: Verstellung que é: Resolução

II – A resolução da moralidade no seu contrário[1]

Aqui vemos Hegel tratar o problema que surge do segundo postulado. Enquanto o primeiro postulado diz respeito à natureza, o segundo diz respeito ao psiquismo do homem. Então o primeiro postulado conduziu à seguinte contradição: a moralidade acabou tornando-se natureza. O segundo postulado vai conduzir a uma contradição parecida com esta, porém, mais acentuada, porque aí a moralidade vai acabar se tornando o contrário dela mesma. A natureza exterior, como diz Hegel, é inferior ao ato moral, mas a natureza que está em nós (nossas inclinações, paixões, funções) é contrária, isto é, se opõe ao *ato moral*. Portanto, a primeira é indiferente, a segunda é contrária à moral. A moralidade, no primeiro momento, identificou-se com aquilo que é *não moral*, no sentido de indiferente à moralidade. *Agora*, ela vai identificar-se com o *anti-moral*, no sentido de que se opõe à moralidade[2].

---

[1] II- *A Resolução da moralidade no seu contrário*] TT: *A Resolução da moralidade no seu contrário*. Conflito da MORALIDADE e da SENSIBILIDADE
[2] *fl-30*
Enquanto o primeiro postulado diz respeito à natureza, o segundo diz respeito]
TT: O primeiro postulado diz respeito a natureza. O segundo postulado diz respeito
postulado conduziu à seguinte contradição: a moralidade] TT: postulado conduziu a seguinte contradição. A moralidade
tornando-se natureza] TT: tornando-se na natureza
porque aí a moralidade] TT: porque a moralidade
ao *ato moral*. Portanto, a primeira] TT: ao ato moral. A primeira

Então vamos tratar do problema do segundo postulado: conflito da moralidade e da sensibilidade. Vamos ter aqui uma antecipação, de modo surpreendente, daquilo que Nietzsche vai chamar a moral do ressentimento[3].

1 — Realização perfeita da CONSCIÊNCIA MORAL *EM SI.*

Nós partimos do homem como ser moral. A moralidade não admite mais ou menos, você não pode ser mais ou menos moral. É um axioma da ética clássica. O Bem é sempre íntegro, pois se falta alguma coisa no Bem, ele não é Bem e se torna mal. Então, a consciência moral em si tem que ser uma consciência perfeita, visto que qualquer desfalecimento da moralidade já atinge a essência da consciência moral[4].

Temos agora o segundo postulado para tornar possível esta realização, o qual postula a harmonia da moralidade e da sensibilidade, pois a sensibilidade aparece como contrária à moralidade[5].

Temos:

---

contrária à moral. A moralidade] TT: contrária. A moralidade
anti-moral, no sentido de que se opõe à moralidade] TT: anti-moral, com o moral (no sentido de que se opõe a moralidade)
[AE: "Isto leva ao segundo postulado da harmonia dela [da consciência moral] com a natureza que está imediatamente nela, na sensibilidade"; "Dies führt zum zweiten Postulate der Harmonie seiner und der Natur, welche an ihm unmittelbar ist, der Sinnlichkeit"; PhG 408/33-35; FE 622/424.]
3 *fl-30*
surpreendente, daquilo que] TT: surpreendente, o que
ressentimento] TT: Recentimento
4 *fl-30*
partimos do homem como ser moral] TT: partimos o homem o ser moral
íntegro, pois se falta] TT: íntegro. Se falta
ele não é Bem e se torna mal.] TT: ele não é Bem. Se falta alguma coisa no Bem ele se torna mal.
perfeita, visto que qualquer] TT: Perfeita. Qualquer
5 *fl-30*
realização, o qual postula a] TT: realização, postula a
sensibilidade, pois] TT: sensibilidade: pois

2º POSTULADO: HARMONIA DA MORALIDADE e da SENSIBILIDADE[6]
CONSCIÊNCIA MORAL → FIM (independente da SENSIBILIDADE)
SENSIBILIDADE → MEDIAÇÃO entre a consciência e a realidade efetiva
↑
SENSIBILIDADE (FIM PRÓPRIO: LEIS)

A consciência moral apoiada no segundo postulado tende a um fim que é um fim perfeito, independente da sensibilidade e que não será afetado pela sensibilidade[7].

[fl-31]Mas, por um lado, acontece que a sensibilidade tem uma função mediadora entre a consciência e a realidade efetiva, porque o homem é um ser encarnado. O homem não é pura consciência, e a sensibilidade é mediação entre a consciência e a realidade efetiva[8].

Por outro lado, a sensibilidade tem os seus fins em si, o fim próprio que são as suas leis, leis do psiquismo humano, com diríamos hoje. Então ela deve exercer, em razão do postulado, uma mediação entre a consciência e seu fim na realidade efetiva, não perturbando aquele fim, mas ela também tem os seus fins próprios. Então o postulado deveria implicar os fins da sensibilidade para dar lugar ao fim da moralidade. Isto, no entanto, não acontece. Este problema que é tratado por Hegel de forma dialética é tratado também por Aristóteles na Ética a *Nicômaco*, quando Aristóteles trata do problema das relações entre a vontade e as paixões. Também é tratado por São Tomás. Quando Aristóteles compara a alma humana a um Estado, ele toma isto de Platão que na República compara nossa alma a um Estado, a uma Cidade-Estado e já havia sugerido a solução de Aristóteles. Aristóteles diz que há duas maneiras de reger um Estado: a maneira despótica e a maneira política. A política significa a maneira por convencimento, persuasão. Despótica, por seu turno, por força. E é o que São Tomás vai

---

[6] fl-30
2º POSTULADO: HARMONIA] TT: 2º HARMONIA [ECV e ECB]
[7] fl-30
perfeito, independente da sensibilidade e que não] TT: perfeito, um fim independente da sensibilidade. Um fim que não
[8] fl-31
Mas, por um lado, acontece] T: Mas acontece
consciência, e a sensibilidade] TT: consciência. Sensibilidade

desenvolver no comentário à Ética: a vontade humana não pode imperar nos atos da sensibilidade de maneira despótica, mas só de maneira política, quer dizer, que a vontade tem de alguma maneira de educar a sensibilidade para que ela a obedeça e se adapte à vontade. Ela não pode exercer sobre a sensibilidade um domínio despótico, porque a sensibilidade tem as suas leis e ela se rebelaria contra o despotismo da vontade[9].

É o que Hegel tem aqui sob esta forma em que a consciência moral tem o seu fim próprio independente da sensibilidade e estritamente moral. Nós temos a sensibilidade como mediação entre consciência moral e realidade, porque o homem é um ser encarnado, e a sensibilidade tem, por sua vez, os seus próprios fins. Daí que se estabelece o conflito entre a sensibilidade e a moralidade contra o postulado[10].

Daí que vem o segundo momento deste postulado.

↓

2 — Oposição concreta entre a MORALIDADE e a SENSIBILIDADE
HARMONIA → ALÉM DA CONSCIÊNCIA

---

[9] fl-31
leis, leis do psiquismo humano, com diríamos hoje] TT: leis. São as leis do psiquismo humano, que nós diríamos hoje.
Então ela deve exercer, em razão do postulado, uma mediação entre a consciência e seu fim na realidade efetiva] TT: Então ela é ao mesmo tempo exercer em força do postulado deve exercer uma mediação entre a consciência moral no seu fim
mas ela também tem] TT: mas por outro lado ela tem
sensibilidade] TT: sensibilidade certa
Isto, no entanto, não acontece] TT: Isto não acontece
Nicômaco] TT: Nicomado
[AE: Platon. Politeia. Der Staat. Griechisch-Deutsch. Übers. Von Rudolph Rufener. Hrsg. Von Thomas Sslezák. Düsseldorf/Zürich: Artemis und Winkler, 2000, 415a-c; 435b-436a.]
Estado, ele toma isto] TT: Estado ?? isto CTT(2)
Cidade-Estado e já havia] TT: cidade. Platão já havia
diz que] TT: diz:
Despótica, por seu turno, por força] TT: Despótica por força
força. E é o que São Tomás] TT: força. Ele diz; e é o que São Tomás
adapte à vontade] TT: adapte a vontade
e] TT: e ela
[10] fl-31
em que a consciência moral tem] TT: onde a consciência moral com
entre consciência] TT: a consciência

Teoricamente postula-se a harmonia, porque, concretamente, temos a oposição. Portanto, a harmonia mesma será posta como um *além da consciência*, porque na consciência mesma temos a oposição e o conflito. Portanto, aparece irrealizável a solução de Fichte que é a solução do progresso indefinido: a solução da moralidade como tarefa infinita[11].

Portanto:

↓

3 — CONTRADIÇÃO DA NOÇÃO DE HARMONIA COMO PROGRESSO
(moralidade)

[fl-32]PROGRESSO → FIM → SUPRESSÃO DA OPOSIÇÃO entre MORALIDADE E
Sensibilidade (antimoral)

↓

DECLÍNIO

Esta contradição se dá porque o progresso seria aqui como um *fim* (caso análogo ao primeiro postulado que era o problema da relação da moralidade com a natureza exterior), nesta relação da moralidade com a natureza interior, a supressão da oposição entre a moralidade e a sensibilidade. Mas, de fato, como a sensibilidade tem as suas leis próprias, assim como a natureza interior ao homem tem as suas leis. Se nós fôssemos caminhar nesta direção, à medida que nós progredíssemos na moralidade, nós também declinaríamos, porque haveria uma identificação da moralidade com a sensibilidade. Como a sensibilidade tem as suas leis próprias, haveria uma perda do específico do ato da moralidade. A moralidade se tornaria, de certo modo, identificada com a natureza sensível do homem. Então, haveria este declínio, e progredir moralmente seria caminhar para suprimir a distinção entre moralidade e natureza sensível, a sensibilidade seria, em outras palavras, transformada em ato moral, a moralidade, por sua vez, em sensibilidade. O resultado seria a conversão da moralidade na natureza. Mas a sensibilidade é o *antimoral*. "Anti" no sentido do que se opõe, é o

---

11 *fl-31*
harmonia, porque, concretamente,] TT: harmonia. Concretamente
consciência, porque] TT: CONSCIÊNCIA; porque
progresso indefinido: a solução] TT: progresso indefinido que é a solução

contrário, em nós, à moralidade. Para Kant, a moralidade é o dever puro. As paixões, as leis autônomas do nosso psiquismo se opõem ao cumprimento do puro dever. Então, segundo esta concepção, a moralidade caminharia para se identificar com o seu contrário, com o psiquismo. Jasson dá a esta parte o título de resolução da moralidade no seu contrário. Onde está a forma da dissimulação? Está no seguinte: sob pretexto do avanço da moralidade como um processo, nós estaremos, cada vez mais, satisfazendo os fins da natureza e não os fins específicos da própria moralidade. Vem então a *conclusão final de Hegel*[12].

4 — *Contradição* entre MORALIDADE (imperfeita) e a felicidade

MORALIDADE → FELICIDADE ← NÃO MORALIDADE
↓ ↑
DISSIMULAÇÃO ─────────→ INVEJA
↓
Felicidade como bom acaso (ευτυκία)[13]

---

[12] *fl-32*
PROGRESSO → FIM → SUPRESSÃO] TT: PROGRESSO FIM = SUPRESSÃO [ECV e ECB]
PROGRESSO
↓
DECLÍNIO]
TT:
PROGRESSO
↑
DECLÍNIO
[ECV]
seria aqui como um *fim*] TT: teria aqui como um fim
a moralidade] TT: moralidade
à medida que nós progredíssemos] TT: a medida que nós prediríamos
declinaríamos, porque haveria] TT: declinaríamos. Haveria um declínio porque haveria
transformada em ato] TT: transformar o ato
a moralidade, por sua vez, em sensibilidade] TT: a moralidade na sensibilidade
contrário, em nós, à moralidade] TT: contrário em nós [ECB]
se opõem] TT: se opõe
dever. Então] TT: dever. O contrário de. Então
dissimulação?] TT: dissimulação.
[13] *fl-32*
INVEJA
↓

Contradição entre a moralidade (imperfeita, pois é a nossa consciência que tenta progredir e chegar à perfeição através do progresso) e a felicidade[14].

Hegel põe uma nota que Nietzsche vai chamar moral do ressentimento. A moralidade, a moral de Kant postula o homem justo que pratica a moralidade e obtém a felicidade. É por causa do homem justo que ele postulou o primeiro e segundo postulados das harmonias para poder garantir a felicidade, isto é, para que a natureza não se oponha à moralidade. Agora, vemos que a felicidade está entre a moralidade e a não moralidade, ou seja, se a moralidade tende a se identificar com o fim que vai ser o fim da natureza. E a natureza sai do não moral, com isso, o que resulta como a felicidade do ato moral vem tanto da moralidade quanto da natureza. Portanto, a felicidade não é um predicado só da moralidade, mas também um da natureza. *Hegel conclui*: a dissimulação aparece quando nós atribuímos, por inveja (o que Nietzsche vai chamar o ressentimento), ou melhor, exigimos, por inveja, que a felicidade seja predicado da não moralidade, ou seja, da natureza, ao invés de exigir que a felicidade seja predicado da moralidade. O que se faz é uma hipocrisia, porque nós sabemos que a moralidade não se faz sem entrar em pacto com a própria natureza. Em outras palavras, não há moralidade pura. A moralidade resulta sempre de um compromisso com a natureza. Então, quando nós, como seres morais, consideramos a experiência comumente admitida — segundo a qual "nesta realidade do mundo de agora, frequentemente, as coisas não vão bem para o indivíduo moral, ao contrário, via de regra, vão bem para o indivíduo imoral" [fl-33] —, estamos sendo hipócritas, porque sabemos que o nosso ato moral está contaminado por aquela não moralidade. Hegel diz que o que é aparentemente o princípio moral não é mais que o ressentimento de nossa parte. Nós vemos o outro sujeito feliz, e nos vemos infelizes. Então nós tentamos simular nossa infelicidade destruindo a felicidade do

---

Felicidade como bom acaso (ευτυχία)] TT:
INVEJA
[ECV]
10 (ευτυκία)] TT: (ευτυχία) [ECV]
14 *fl-32*
a moralidade] TT: e moralidade

outro através daquele elemento não moral presente naquela nossa fingida moralidade[15].

Nietzsche define a moralidade do ressentimento. Em geral, o moralista, o censor, o que condena nos outros o que ele chama de imoralidade é o indivíduo fraco, incapaz de realizar aqueles atos e aquelas obras e, justamente, condena-os em virtude do mecanismo do ressentimento. A moralidade, portanto, não é mais que um mecanismo para defender a fraqueza[16].

---

[15] *fl-32 > fl-33*
moralidade e obtém a felicidade] TT: moralidade, a felicidade
[AE: A revolta dos escravos na moral começa com o fato de que o *ressentimento* mesmo se torna criativo e engendra valores; Der Sklavenaufstand in der Moral beginnt damit, dass das Ressentiment selbst schöpferisch wird und Werthe gebiert; Nietzsche, Friedrich. *Zur Genealogie der Moral. Eine Streitschrift*. 2. Auflage. Leipzig: C. G. Naumann, I/10, S. 16, 1892.]
das harmonias] TT: da harmonia
garantir a felicidade] TT: garantir — Felicidade
oponha à moralidade] TT: oponha a felicidade
não moral, com isso, o que] TT: não-moral, o que
moralidade, mas também um da natureza] TT: moralidade como da natureza
melhor, exigimos, por inveja, que a felicidade] TT: melhor exigir que a infelicidade
natureza, ao invés de exigir que a felicidade] TT: natureza. É a felicidade
consideramos a experiência comumente admitida — segundo a qual "nesta realidade do mundo de agora, frequentemente, as coisas não vão bem para o indivíduo moral, ao contrário, via de regra, vão bem para o indivíduo imoral" [*fl-33*] —, acabamos sendo hipócritas, porque sabemos que o nosso ato moral está contaminado por aquela não moralidade. Hegel diz que o que é aparentemente o princípio moral não é mais que o ressentimento de nossa parte. Nós vemos o outro sujeito feliz, e nos vemos infelizes. Então nós tentamos simular nossa infelicidade destruindo a felicidade do outro através daquele elemento não moral presente naquela nossa fingida moralidade.] TT: Então, quando nós como seres morais, a felicidade e a infelicidade [*fl-33*]para o outro que aos nossos olhos não age moralmente. Nós estamos sendo hipócritas, porque sabemos que o nosso ato moral está contaminado por aquela não moralidade, segundo nós, deveria sair para os outros, ou seja, Hegel diz: o que é aparentemente seria o princípio moral, não é mais que o pressentimento de nossa parte. Nós vemos o outro sujeito feliz e nós infelizes. Então nós tentamos simular a nossa felicidade destruindo a felicidade do outro, e aquela não-moral que está presente naquela nossa fingida moralidade.
[AE: "nesta realidade do mundo de agora, frequentemente, as coisas não vão bem para o indivíduo moral, ao contrário, via de regra, vão bem para o indivíduo imoral"; es in dieser Gegenwart dem Moralischen oft schlecht, dem Unmoralischen hingegen oft glücklich gehe; PhG 410/40 — 411/2; FE 625/426.]

[16] *fl-33*
imoralidade é o indivíduo] TT: imoralidade em geral é o indivíduo
moralidade, portanto, não] TT: moralidade não

Hegel chega à mesma conclusão na análise desta *Verstellung* quando diz: quando nós postulamos esta forma de moralidade, o moralismo kantiano (moralismo da burguesia do século passado, pois a moral de Kant era a que predominava na burguesia da Inglaterra, França, Espanha e Alemanha) ou o que os ingleses chamam *decência* (estabelecimento de um acordo entre o que a profissão rege nos princípios morais defendidos por todos e seu comportamento individual), postulamos a existência de uma harmonia entre as inclinações, paixões e sensibilidade, de um lado, e a decência do seu comportamento moral, de outro[17].

Hegel diz: aí está a *dissimulação*, porque, na verdade, o sujeito sabe perfeitamente que aquela moralidade que ele postula para si, com a qual ele pensa reivindicar para si a felicidade, é uma moralidade contaminada pela não moralidade que ele condena no outro. É contaminada porque ele já fez a experiência de que é impossível realizar a moralidade pura da qual ele partiu, isto é, do *dever puro*, uma vez que existe uma ligação entre a consciência moral pura e a ação efetiva, e esta mediação só pode ser feita pela sensibilidade, porque o homem é um ser concreto, ser encarnado, não puro espírito. Então aquela moralidade pura que ele postulou para si, e com a qual ele quer reivindicar para si a felicidade (*le bonheur*), é tão contaminada pelo não moral quanto aquela não moralidade que ele condena no outro e na qual, se tudo corresse segundo a lei da razão, haveria também felicidade. Portanto, para o moralista, o burguês moralizante, o

---

17 *fl*-33
 esta forma de moralidade, o moralismo kantiano (moralismo da burguesia do século passado, pois a moral de Kant era a que predominava na burguesia da Inglaterra, França, Espanha e Alemanha) ou o que os ingleses chamam *decência* (estabelecimento de um acordo entre o que a profissão rege nos princípios morais defendidos por todos e seu comportamento individual), postulamos a existência de uma harmonia entre as inclinações, paixões e sensibilidade, de um lado, e a decência do seu comportamento moral, de outro.] TT: nesta forma de moralidade, o moralismo Kantiano (moralismo da burguesia do século passado. A moral de Kant era a que predominava na burguesia, tanto na Inglaterra, França, Espanha e Alemanha) Hegel diz: Quando o indivíduo postula o que os ingleses chamam a *Decência*, estabelece-se um tal acordo entre o que a profissão rege nos princípios morais defendido por todos e seu comportamento individual (a sua paixão, inclinações) de tal maneira que aparentemente exista uma harmonia que as inclinações, paixões, sensibilidade não venham a perturbar a decência do seu comportamento moral.

homem decente deveria ser feliz, enquanto aquele que infringe as regras da decência deveria ser infeliz. Hegel diz: isto, no fundo, é um mecanismo de inveja, ou como diz Nietzsche, é um mecanismo de ressentimento, porque ele sabe perfeitamente que esta moralidade pura que reivindica para si não existe, porque ele pactua continuamente com a sensibilidade. Ou em termos aristotélicos, ele faz continuamente uma política com as suas paixões. Aristóteles, seguindo Platão, diz: a nossa vontade não pode exercer um domínio despótico sobre as nossas paixões, pois a sensibilidade tem as suas leis próprias. Então ela exerce um domínio político, isto é, ela entra em um acordo com elas. Na Ética de Aristóteles isto está expresso claramente. Na Ética de Kant, diz Hegel, isto está *dissimulado*, porque Kant postula a harmonia como possível, postula que o homem realize nas suas ações a moralidade perfeita, ou seja, que ele exerça um domínio despótico sobre as suas paixões, e as paixões não perturbem a moralidade[18].

Nada mais ofensivo, escandaloso, dentro deste contexto, do que o indivíduo que deixa transparecer que a sua sensibilidade se impôs à sua moralidade. Exemplo: agora, com a morte do Duque de Windsor (23-6-1894 a 28-5-1972), ficou muito clara a hipocrisia da aristocracia inglesa, porque ele foi exilado da Inglaterra, pois infringiu a decência no sentido hegeliano. Ele não dissimulou, infringiu a decência e foi exilado[19].

---

18 *fl-33*
condena no outro] TT: condena do outro
É contaminada porque ele já fez a experiência de que é impossível realizar a moralidade pura da qual ele partiu, isto é, do *dever puro*,] TT: É contaminada porque ele já fez a experiência de que é impossível a moralidade pura da qual ele partiu, isto é, do dever puro, do qual ele partiu, é impossível de se realizar, razão, haveria também felicidade] TT: razão seria felicidade
Portanto, para o moralista, o burguês moralizante, o homem decente deveria ser feliz, enquanto aquele] TT: Portanto, o moralista, moralizante burguês deveria ser: o homem decente deveria ser feliz. Aquele
paixões, pois a sensibilidade tem as suas leis próprias.] TT: paixões (tem as suas leis próprias a sensibilidade).
um acordo com elas] TT: um acordo
possível, postula que] TT: possível que
não perturbem a moralidade] TT: não perturbem

19 *fl-33*
Nada mais ofensivo, escandaloso, dentro deste contexto, do que o indivíduo que deixa] TT: Nada mais ofensiva, escandaloso, dentro deste contexto, o indivíduo que deixar

Há, pois, contradição entre a moralidade postulada e a não moralidade. Então é muito interessante ver estes aspectos, porque este capítulo é um dos mais agudos de toda Fenomenologia do Espírito. É uma análise genial da moral burguesa. Podemos estudar os grandes romancistas dos costumes do século passado, tais como Balzac (1799-1850), Stendhal (1783-1842) (*Le rouge e le noir*, admirado por Nietzsche; o livro é uma análise da hipocrisia francesa no tempo da restauração [1814-1830], quando se pretendeu voltar ao antigo regime com as dissimuladas virtudes, pois na realidade era outra coisa), Charles Dickens (1812-1870) e Flaubert (1821-1880)[20].

[fl-34] A moral kantiana, da burguesia postula a *decência*. A decência significa a harmonia dos mundos exterior e interior com a moralidade. É por isto que se diz que Hegel antecipou aqui a moral de Nietzsche e de Freud também, pois, nesta análise onde se segue a moral burguesa, o tema do inconsciente não é trazido à luz da reflexão. Evidentemente, Hegel não usa a palavra inconsciente no sentido freudiano, mas já estão

---

à sua moralidade. Exemplo: agora, com a morte do Duque de Windsor (23-6-1894 a 28-5-1972), ficou muito clara] TT: a sua moralidade. Ex: Agora com a morte de Windsor ficou muito claro]
[AE: Duque de Windsor é o título nobiliário — inicialmente anunciado pelo Rei George VI em 12 de dezembro de 1936 e posteriormente reconfirmado na Carta Patente de 27 de maio de 1937 — atribuído ao Rei Eduardo VIII, reinante de 20 de janeiro a 11 de dezembro de 1936, depois de sua abdicação ao trono do Reino Unido, dos Domínios do Império Britânico e de Imperador da Índia ocorrida em 11 de dezembro de 1936, em virtude dos conflitos resultantes de sua intenção de casar com a estadunidense divorciada, Wallis Simpson.]
20 fl-33
Há, pois, contradição entre] TT: Contradição entre
capítulo] TT: capítulo de Hegel
passado, tais como Balzac, Stendhal (1783-1842) (*Le rouge e le noir*, admirado por Nietzsche; o livro é uma análise da hipocrisia francesa no tempo da restauração [1814-1830] quando se pretendeu voltar ao antigo regime com as dissimuladas virtudes, pois na realidade era outra coisa)] TT: passado: Balzac, Sttendal "Le rouge e le noir" (admirado por Nietzsche). O livro é uma análise da hipocrisia francesa no tempo da restauração — 1928-1929 — quando se pretendeu voltar ao antigo regime com as dissimuladas virtudes. Na realidade era outra coisa)
[AE: Stendhal. *Le rouge et le noir: chronique du XIX siècle*. Paris, Charles, 1951; Flaubert. Madame Bovary (1856); Charles Dickens. David Copperfield (1849); Honoré de Balzac (1799-1850): "La commédie humaine" não é uma obra, mas o título que ele deu a uma série de romances críticos da sociedade francesa no período da Restauração (1814-1830) e Monarquia de Julho (1830-1848).]

presentes aqui alguns elementos posteriormente investigados por Freud. Para Freud, o inconsciente era uma energia de natureza física que tem os seus fins próprios e está na esfera da sensibilidade. Hegel diz: a contradição está no fato de que a consciência moral deve passar para a ação, para a realidade efetiva pela mediação da sensibilidade. Não há outra maneira, porque o homem não é pura consciência. E a sensibilidade, por sua vez, aparece como um reino, como um domínio. Como ela vai servir ao fim moral, se ela tem os seus fins próprios? Daí vem o conflito e a resolução da moralidade no seu contrário, a moralidade torna-se o antimoral. Por isto é que Hegel, na conclusão deste capítulo da moralidade, *O deslocamento equívoco*, *Die Verstellung*, vai mostrar que a oposição entre moralidade e natureza, entre liberdade e natureza só pode ser superada no que ele vai chamar uma liberdade concreta (*Gewissen*) e não uma consciência moral abstrata. *Gewissen*, em alemão, é a consciência no sentido concreto. Esta consciência concreta será o protesto, não um protesto abstrato de avançar para um fim puramente moral, mas um protesto em que o sujeito se realizará como ser moral, não caminhando para um fim abstratamente moral, mas dentro da história e com todos os condicionamentos não morais da história. É a terceira parte deste capítulo sobre a moralidade[21].

---

21 *fl-34*
significa a harmonia dos mundos exterior e interior com a moralidade] TT: significa o mundo exterior com a moralidade e o mundo interior também
Nietzsche e a de Freud também] TT: Nietzche e Freude também
o tema do inconsciente não é trazido à luz da reflexão. Evidentemente, Hegel] TT: o inconsciente não entra, não tem lugar. Hegel
já estão presentes aqui alguns elementos posteriormente investigados por Freud] TT: o inconsciente está aqui
próprios e está na esfera] TT: próprios, que está na esfera
próprios? Daí vêm o conflito e a resolução] TT: próprios? Aí vem o conflito. A resolução
moralidade, *O deslocamento equívoco, Die Verstellung*, vai mostrar] TT: moralidade, ele vai mostrar
ser superada] TT: ser realizada
sobre a moralidade] TT: sobre moralidade

III – A verdade da consciência de si moral

Hegel examinará o terceiro postulado, pois o primeiro e o segundo postulados levaram a contradições e agora será tratada a existência de Deus, tema do terceiro postulado, a partir da moralidade. Hegel mostrará que este postulado também leva à contradição, de sorte que os três postulados de Kant — se nós permanecermos no nível da moral como puro postulado do dever, como algo puramente abstrato — levam a contradições. Temos, então, a seguinte questão: como surge a ideia do legislador transcendente[1]?

---

1 *fl-34*
Hegel examinará o terceiro postulado, pois o primeiro e o segundo postulados levaram a contradições e agora será tratada a existência de Deus, tema do terceiro postulado, a partir da moralidade. Hegel mostrará que este postulado também leva à contradição, de sorte que os três postulados de Kant — se nós permanecermos no nível da moral como puro postulado do dever, como algo puramente abstrato — levam a contradições. Temos, então, a seguinte questão: como surge a ideia do legislador transcendente?] TT: Hegel vai examinar o 3º postulado. O 1º e 2º segundo postulado levaram a contradições. Agora vai ver a existência de Deus a partir da moralidade. Hegel vai mostrar que esta também leva a uma contradição. De sorte que os três postulados de Kant se nós permanecermos no nível da moral como puro postulado do dever, como algo puramente abstrato leva a contradição. Hegel vai mostrar.
Temos:
Como surge a ideia do legislador transcendente?

↓
1 — CONSCIÊNCIA MORAL → Realidade Imperfeita
↓
SER (DEVER) PURO → LEGISLADOR DIVINO

A consciência moral, por definição abstrata, deveria ser perfeita, mas a realidade dela é imperfeita. Isto nós vemos pelo conflito da consciência moral com a natureza exterior e com a sensibilidade, a natureza interior. Temos o problema da consciência que deveria ser perfeita, ou seja, deveria estar explicitada pelo ser na forma do dever puro. Isto, no entanto, não acontece. Daí que o sistema da moralidade transforma este dever puro em consciência moral perfeita que, então, como este legislador divino, deve santificar pelo dever. Esta tentativa de solução do problema leva, em primeiro lugar, ao aparecimento do legislador e, em segundo, à pergunta: o que ele, o legislador divino, deve realizar²?

↓
2 — LEGISLADOR DIVINO → MULTIPLICIDADE DOS DEVERES
↓ ↑RELAÇÃO INESSENCIAL
SER OUTRO (DIFERENÇA) ——→ DEVER PURO
NA CONSCIÊNCIA MORAL

[fl-35]O legislador divino é o ser outro (a diferença) no seio da consciência moral. Nós diríamos, hoje, com termos da psicanálise, esta é a

---

2 fl-34
A consciência moral, por definição abstrata] TT: Temos a consciência moral por definição abstrata
conflito da consciência moral com a natureza exterior e com a sensibilidade, a natureza interior.] TT: conflito com a natureza exterior e com a sensibilidade.
Isto, no entanto, não acontece] TT: Isto não acontece
sistema da moralidade transforma este dever puro em consciência moral perfeita que, então, como este legislador divino,] TT: sistema da moralidade transforma este ser dever puro em consciência moral perfeita. Então este legislador divino
Esta tentativa de solução do problema leva, em primeiro lugar, ao aparecimento do legislador e, em segundo, à pergunta: o que ele, o legislador divino, deve realizar?] TT:
1º - foi o aparecimento do legislador 2º
2º - o que ele deve realizar?

duplicação da consciência, pois a consciência se desdobra, se duplica projetando-se em um ser outro[3].

Este legislador divino deve garantir a multiplicidade dos deveres, porque a nossa consciência moral é imperfeita, mas deveria ser perfeita. Por isto, não tem muitos deveres, só um puro dever, absoluto que assumiria os diversos casos. Um dever só dominando tudo. Isto, no entanto, não acontece, pois a multiplicidade dos deveres é a nossa realidade efetiva. Então, nós apelamos para o legislador divino, porque ele santifica esta multiplicidade do dever. É por isto que é chamado *legislador*. Ele nos dá um código de leis para as diversas situações: não matarás, não roubarás, etc. Já que não podemos ter a integridade moral absoluta para nos comportar bem, ele nos dá um código de leis[4].

Acontece que o dever puro continua pertencendo à definição da consciência moral, e a relação do dever puro com a multiplicidade dos deveres é uma relação inessencial e não essencial[5].

Inessencial significa que não é possível realizar o dever puro, a integridade moral absoluta, já que nós somos obrigados a partilhar o dever puro com muitos deveres particulares. Mas, em si, deveria ser o contrário. Logo, a relação é *inessencial*. É aqui que a coisa vai começar a se complicar, porque, então, existe uma dissimulação no sentido de deslocamento (*Verstellung*) na autonomia da consciência moral[6].

---

3 *fl-35*
duplicação da consciência, pois a consciência se desdobra, se duplica projetando-se em um ser outro] TT: duplicação da consciência. A consciência se desdobra, se duplica, projetando-se num ser outro
4 *fl-35*
consciência moral é imperfeita, mas deveria ser perfeita. Por isto, não tem muitos deveres, só um] TT: consciência moral é imperfeita (deveria ser perfeita). Por isto não tem muitos deveres. Só um
Isto, no entanto, não acontece] TT: Isto não acontece
que é chamado *legislador*] TT: que chama *legislador*
situações: não matarás, não roubarás, etc. Já] TT: situações. Não matarás, não roubarás, etc., já
nos comportar] TT: se comportar
5 *fl-35*
à definição] TT: a definição
inessencial] TT: inessencial e não essencial
6 *fl-35*
absoluta, já que] TT: absoluta é que

3 — DISSIMULAÇÃO (*Verstellung*) na AUTONOMIA DA CONSCIÊNCIA MORAL

AUTONOMIA ⟵⟶ HETERONOMIA

Por definição, a consciência moral, a moralidade será autônoma, algo que sai de dentro de nós, não é imposta a partir de fora de nós, pois se é imposta, não é moral, porque quem obedece à imposição externa não faz um ato moral. O ato moral tem que sair de dentro de nós e isto se chama autonomia da consciência moral. Isto foi o ponto de partida de Kant que queria estabelecer esta autonomia, mas, por causa de todos aqueles problemas de encarnar-se o ato moral em um objeto exterior na natureza e ser também determinado pela natureza psíquica do homem, ele foi construir uma série de postulados e, entre estes postulados, foi obrigado a postular o legislador divino, ou seja, foi obrigado a transportar a autonomia absoluta da consciência para um ser fora de nós que é Deus. Existe aqui uma dissimulação do postulado da autonomia. O ponto de partida, nós o postulamos como autônomo, mas, de fato, ela tem uma heteronomia. Esta heteronomia se manifesta na multiplicidade dos deveres, das leis morais, no fato de nós não termos um ser moral íntegro e absoluto, no fato de nosso comportamento moral ser um comportamento condicionado por múltiplas situações. Ora tem que apelar para uma lei, ora para outra. Temos comportamento condicionado por situações fora de nós que não dependem de nós. Então, não somos moralmente autônomos. Vem, portanto, o problema do conflito entre autonomia e heteronomia. *Heteros* (ἕτερος), em grego, quer dizer outro. Assim sendo, *heteronomia* é buscar a lei (νόμος, *nómos*) no outro. *Autonomia*, por sua vez, é buscar a lei em si mesmo (αὐτό, *autó*)[7].

---

puro com] TT: puro em
moral.] TT: moral. Problema enfrentado por Kant.

[7] *fl*-35
autônoma, algo que sai de dentro de nós, não é imposta a partir de fora de nós, pois] TT: autônoma; será algo que sai de dentro de nós, não imposta. Pois obedece à imposição externa não faz] TT: obedece não faz
nós e isto] TT: nós. Isto
Kant que queria] TT: Kant. Queria
exterior na natureza e ser também determinado pela natureza psíquica do homem, ele foi] TT: exterior à natureza e ser determinado pela natureza psíquica do homem. Ele foi

Nós, ao buscarmos a lei em nós, também somos obrigados a buscar a lei no outro, no legislador divino, na consciência pura representada (*vorgestellt*), a saber, colocada (*gestellt*) como existindo diante de e fora de nós (*vor*)[8].
Chegamos agora onde Hegel queria chegar: o caráter abstrato da moral burguesa.

[fl-36]4 — LEGISLADOR DIVINO → DEVER PURO
CONSCIÊNCIA MORAL → CONSCIÊNCIA NATURAL (sensibilidade)
CONSCIÊNCIA MORAL imperfeita → RELAÇÃO NEGATIVA com a NATUREZA
CONSCIÊNCIA MORAL Perfeita → RELAÇÃO POSITIVA
(LEGISLADOR DIVINO)
↙ ↘ TRANSCENDÊNCIA sobre a NATUREZA (DISSIMULAÇÃO)
NÃO MORAL   AUSÊNCIA DE RELAÇÃO (ABSTRAÇÃO)[9]

---

na multiplicidade dos deveres, das leis morais, no fato] TT: na multiplicidade dos deveres. Na multiplicidade das leis morais. O fato absoluto, no fato] TT: absoluto. Pelo fato condicionado por múltiplas situações] TT: condicionado de situações por múltiplas situações. Ora, tem] TT: de situações. Uma hora tem lei, ora, para outra] TT: lei: outra hora para uma outra lei por situações] TT: de situações
Heteros (ἕτερος), em grego, quer dizer outro. Assim sendo, *heteronomia* é buscar a lei (νόμος, nómos) no outro. *Autonomia*, por sua vez, é buscar a lei em si mesmo (αὐτό, autó).] TT: *Heteros* em grego quer dizer outro. Heteronomia é buscar a lei no outro. Auto é buscar a lei em si mesmo.

8 *fl*-35
divino, na consciência pura representada (*vorgestellt*), a saber, colocada (*gestellt*) como existindo diante de e fora de nós (*vor*).]
TT:
divino.
O legislador divino como consciência pura.

9 *fl*-36
RELAÇÃO POSITIVA
↓
TRANSCENDÊNCIA sobre a NATUREZA (DISSIMULAÇÃO)] TT:
RELAÇÃO POSITIVA
TRANSCENDÊNCIA sobre a NATUREZA
AUSÊNCIA DE RELAÇÃO (ABSTRAÇÃO)] TT:
AUSÊNCIA DE RELAÇÃO (DISSIMULAÇÃO)
(ABSTRAÇÃO)

O legislador divino é sujeito do dever puro que está em Deus. Diferentemente, a consciência moral (nós) está ligada à consciência natural pela sensibilidade e isto se manifesta no dever. Primeiro, postulamos o dever puro para nós. Agora, somos obrigados a postular o dever puro no legislador divino, ou seja, a nossa consciência moral é imperfeita, porque tem uma relação negativa com a natureza, razão das muitas leis que nos impõe Deus[10]. Apesar de ela ser também uma consciência natural, ter relação negativa com a natureza, ou seja, a natureza me diz: mate para roubar, a lei, no entanto, me diz: não mate. Então, *eu*, como ser moral, consciência moral imperfeita tenho que ter esta relação negativa, negar a natureza. Se eu fosse um ser moral íntegro, não colocaria o problema. Se a moralidade fosse a totalidade do meu ser, não haveria este problema de roubar ou matar. Por isto, tenho que ter uma relação negativa com a natureza[11].

Já a consciência moral perfeita, o legislador divino, não precisa ter relação negativa com a natureza por definição. Mas não é uma relação positiva no sentido de que Deus vai fazer aquilo que nossa consciência moral nos proíbe, pois ele é a fonte desta proibição. Qual é esta relação positiva? Ela vem do fato da transcendência sobre a natureza, pois o legislador divino não precisa negar a natureza, porque ele está acima da natu-

---

10 *fl-36*
O legislador divino é sujeito do dever puro que está em Deus] TT: Legislador divino é sujeito do dever puro. Dever puro está em Deus
em Deus. Diferentemente, a consciência moral] TT: em Deus. A consciência moral
à consciência natural pela sensibilidade e isto se manifesta] TT: a consciência natural pela sensibilidade. Isto se manifesta
consciência moral é imperfeita, porque tem uma relação negativa com a natureza, razão das muitas leis que nos impõe Deus.] TT: consciência moral imperfeita, razão das muitas leis que nós atribuímos, que Deus nos impõe, é porque tem uma relação negativa com a natureza.
11 *fl-36*
de ela ser] TT: dela ser
também uma consciência] TT: uma consciência natural
roubar, a lei, no entanto, me diz] TT: roubar. A lei me diz
negativa, negar a natureza] TT: negativa. Tenho que negar a natureza
colocaria] TT: colocava
não haveria] TT: não havia

reza. Nós negamos a natureza, porque somos também natureza e estamos na natureza[12].

Então a conclusão a que Hegel chega é a seguinte: estamos numa contradição, porque o legislador divino tem com a natureza uma relação não moral, na medida em que ela é relação positiva. A relação moral com a natureza tem que ser uma relação negativa, pois a natureza manda fazer coisas que a moral proíbe. Então, a relação do legislador divino na moral é instruir, pois, senão, ele não seria fonte da moralidade, porque é ele quem manda não matar, não furtar. Ele não pode ter com a natureza uma relação não moral, uma vez que a natureza manda furtar, matar. Os instintos nos levam a várias coisas que a moral proíbe: isto não pode ser. A relação que ele tem com natureza é uma ausência de relação, ou seja, é uma *abstração*. A relação positiva é uma ausência de relação, é uma abstração. É a *dissimulação*. A dissimulação está no momento em que nós, em que a moral no sentido kantiano, ou seja, em que a palavra "dissimulação" invoca o legislador divino, pois ela sabe que o legislador divino não tem nada a ver com a natureza, não pode viver com a natureza, porque a relação dele com a natureza é uma ausência de relação, uma relação puramente abstrata. Ele não pode ter uma relação concreta com natureza, porque, senão, esta relação ou seria negativa, então seria consciência moral imperfeita (contra a hipótese), ou seria positiva, a saber, uma relação[fl-37] não moral. Então, a relação com a natureza tem que ser uma não relação, ou seja, uma ausência de relação, uma abstração. Portanto, este legislador divino, nesta perspectiva, não passa de uma *abstração*[13].

---

12 *fl*-36
Já a consciência moral perfeita, o legislador divino, não precisa ter relação negativa com a natureza por definição] TT: Já a consciência moral perfeita, ou seja, o legislador divino (Hegel entrou num dos problemas difíceis). A consciência moral perfeita não precisa ter a relação negativa com a natureza por definição
pois ele é a fonte] TT: pois, ele que é a fonte
Qual é esta relação positiva?] TT: Qual que é esta relação positiva.
Ela vem do fato da transcendência sobre a natureza, pois o legislador] TT: Vem do fato da transcendência sobre a natureza. O legislador
somos também natureza e estamos na natureza] TT: somos natureza. Estamos na natureza
13 *fl*-36 > *fl*-37
a conclusão a que Hegel] TT: a conclusão que Hegel
legislador divino tem] TT: legislador divino ou tem

Esta é a análise hegeliana. Chegamos ao fim desta última forma de dissimulação[14].

Dissimulação significa o seguinte: no momento em que a consciência moral invoca o legislador divino, ela sabe que o seu legislador divino, de fato, não é o legislador divino, ou seja, o que Nietzsche, mais tarde, vai mostrar na sua Genealogia da Moral é que a moral é uma astúcia do homem que, para poder dar força a esta astúcia, invoca o legislador divino e dá um fundamento divino a esta moralidade[15].

Então, Hegel está analisando este tipo de moralidade. Vamos observar bem de onde partiu esta dialética e porque surgiram todas estas contradições (o ninho de contradições). Qual o ponto de partida disto?

O ponto de partida disto foi que Kant partiu de uma distinção radical: natureza, de um lado, e moralidade e liberdade, de outro. Na *Crítica da razão pura*, nossa inteligência é investigada tendo em vista o conhecimento da natureza, enquanto a questão da liberdade é tratada em um domínio à parte. Depois, postulou que o ser do homem é, por definição, um ser moral já acabado, enquanto a moralidade, para Kant, deveria ser uma espécie de domínio ou de reino sobreposto à natureza, exercendo suas próprias leis, enquanto a natureza segue suas próprias leis. Como isto é impossível, porque a passagem da moralidade à ação só se pode fazer por meio da natureza, então, começam os compromissos com a natureza. Estes compromissos vêm a dar nos postulados e estes vêm terminar nestas contradições e

---

    proíbe: isto] TT: proíbe. Isto
    ou seja, em que a palavra "dissimulação" invoca] TT: ou seja, a palavra invoca
    divino, pois ela sabe] TT: divino, ela sabe
    tem nada a ver com a natureza] TT: tem nada que ver com a natureza
    ausência de relação, uma relação] TT: ausência de relação. É uma relação
    ter uma relação concreta] TT: ter uma concreta
    positiva, a saber, uma relação] TT: positiva. Seria uma relação
    abstração. Portanto, este] TT: abstração. Então, este
14 *fl*-37
    fim desta última] TT: fim nesta última
15 *fl*-37
    momento em que a consciência] TT: momento que a consciência
    Nietzsche] TT: Nietzche
    Moral é que a moral] TT: moral de fato, que a moral
    astúcia, invoca] TT: astúcia, ele invoca
    divino e dá] TT: divino. Ele dá

com estas, por sua vez, desaba todo o sistema da moral kantiana, da moral burguesa. Esta moral é a verdade do mundo pós-revolução, vista por Kant como liberdade regrada e não uma liberdade absoluta. A regra da liberdade é a moralidade, pois a verdade do mundo pós-revolucionário é a moralidade que deve regrar a liberdade conquistada na Revolução. No entanto, a Revolução Francesa como obra da burguesia postulou a moralidade como regra abstrata da liberdade e a moralidade assim postulada não podia coincidir com os interesses da burguesia. Esta foi a moralidade abstrata que Hegel viu em Kant. Agora Hegel vai buscar uma moralidade concreta[16].

[fl-38]5 — RETROSPECTIVA

O terceiro momento da consciência moral é o da *Gewissen, boa consciência*. *Coscenziosità* é a tradução italiana. Consciencioso em português é aquele que cumpre o dever. Hegel aqui não quer dizer isto. *Das Gewissen*, a *boa consciência* é um saber moral certo de si mesmo. É a intuição moral

---

16 fl-37
nossa inteligência é investigada tendo em vista o conhecimento da natureza, enquanto a questão da liberdade é tratada em um domínio à parte.] TT: nossa inteligência é feita para conhecer a natureza. A liberdade é um domínio à parte.
acabado, enquanto a moralidade, para Kant, deveria ser uma espécie de domínio ou de reino sobreposto à natureza, exercendo suas próprias leis, enquanto a natureza segue suas próprias leis.] TT: acabado. O homem já surge como um ser moral acabado. A moralidade para Kant deveria ser uma espécie de domínio ou de reino sobreposto à natureza. Nós teríamos a natureza seguindo as suas leis. Moralidade sobreposta a natureza, seguindo as suas.
postulados e estes] TT: postulados e os postulados
contradições e com estas, por sua vez, desaba todo] TT: estas contradições desabam mundo pós-revolução, vista por Kant como liberdade regrada e não uma liberdade absoluta] TT: mundo Pós-Revolução. Ele viu que não podia dizer a liberdade absoluta, mas uma liberdade regrada
moralidade, pois a verdade] TT: moralidade. Então, a verdade
Revolução. No entanto, a Revolução Francesa como obra da burguesia postulou a moralidade como regra abstrata da liberdade e a moralidade assim postulada não podia coincidir com os interesses da burguesia. Esta foi] TT: Revolução, deve ordenar. Acontece que, neste mundo Pós-Revolucionário; pois a Revolução Francesa foi obra da burguesia, se postulou moralidade como regra abstrata da liberdade, porque no fundo a burguesia tinha, e a moralidade que postulava, não podia coincidir com os seus interesses. Foi

na hora de agir. Trata-se do sujeito que na hora de agir não fica oscilando entre uma alternativa e outra, mas age com certeza, com segurança, intuitivamente e supera o conflito entre o dever abstrato e o caso concreto. Isto é obra da boa consciência[17].

DAS GEWISSEN ⟶ MORAL CONCRETA

Vamos ler a parte da visão moral do mundo que é uma introdução à boa consciência.

A visão moral do mundo terminou na contradição entre a consciência moral perfeita, de um lado, e a consciência moral imperfeita, de outro, que pede a sua norma, a consciência moral perfeita, isto é, o legislador divino. Mas, a noção de legislador divino se vê implicada em contradição, porque ou ele tem uma relação positiva com a natureza e moralidade, que ele legisla, confunde-se com a própria natureza, ou, então, ele não pode ter uma relação negativa, porque ele é transcendente. Daí, portanto, que ele tem uma ausência de relação, é uma pura abstração. Entre a moralidade abstrata e a perda da moralidade na natureza é que a visão moral do mundo torna-se contraditória[18].

Então, Hegel termina o capítulo sobre a *Verstellung*, deslocamento equívoco, dizendo: "[...] a diferença [...] entre um tal que tem de ser necessariamente posto e pensado e [um tal que] é, no entanto, simultaneamente inessencial, torna-se uma diferença que nem mesmo nas palavras reside mais. O que, ao fim, é posto como distinto, tanto como o nulo quan-

---

17 *fl*-38
moral é o da *Gewissen, boa consciência*] TT: moral que é a consciência
Coscenziosità é a tradução italiana] TT: (conscienciezidade → é a tradução italiana)
[AE: *Consciencioso* parece remeter a *gewissenhaft*, vide PhG 415/3; FE 631/430.]
Das Gewissen, a *boa consciência* é um saber] TT: Das GEWISSEN → é um saber
agir. Trata-se do sujeito que na hora de agir não fica oscilando entre] TT: agir. O sujeito que na hora de agir não fica contando entre
abstrato e o caso concreto. Isto é obra da boa consciência] TT: abstrato e o caso concreto. (Das Gewissen)

18 *fl*-38
ou ele] TT: ele ou ele
Daí, portanto, que] TT: Daí que
ausência de relação, é uma] TT: ausência de relação. Ele é uma
e a perda] TT: e perda

to como o real, é um e justamente o mesmo, [a saber,] o ser-aí e a efetividade. E o que deve ser absolutamente somente como *além* do ser efetivo e da consciência e o que deve estar também apenas nela [consciência], e [além disso] como um além [da consciência], deve ser o nulo, é o dever puro e o saber dele [do dever] como [o saber] da essência. A consciência que faz esta diferença, a qual [, no entanto,] não é nenhuma — e que assevera que a efetividade é simultaneamente o nada e o real, que a moralidade pura é tanto a essência verdadeira quanto o privado de essência — expressa conjuntamente os pensamentos que ela antes separou. Ela mesma expressa [com isto] que, para ela, não há seriedade nesta determinação e separação dos momentos do Si e do *Em-si*, mas que, antes, ela mantém encerrado no Si da consciência de si aquilo que ela exprime como o *essente* absoluto fora da consciência. [...]. Torna-se [evidente] para a consciência que o dissociar destes momentos é uma dissimulação. E seria *hipocrisia*, se ela, apesar disso, a retivesse. No entanto, como pura consciência de si moral, ela foge de volta, com horror, para dentro de si a partir desta desigualdade do seu *representar* com aquilo que é sua essência, a partir desta não verdade que exprime como verdadeiro o que, para ela, vale como não verdadeiro. É *pura boa consciência* que despreza uma tal representação moral do mundo"[19].

---

[19] *fl-38*
Então, Hegel termina o capítulo sobre a *Verstellung*, deslocamento equívoco, dizendo: "[...] a diferença [...] entre um tal que tem de ser necessariamente posto e pensado e [um tal que] é, no entanto, simultaneamente inessencial, torna-se uma diferença que nem mesmo nas palavras reside mais. O que, ao fim, é posto como distinto, tanto como o nulo quanto como o real, é um e justamente o mesmo, [a saber,] o ser-aí e a efetividade. E o que deve ser absolutamente somente como *além* do ser efetivo e da consciência e o que deve estar também apenas nela [consciência] e, como um além, deve ser o nulo, é o dever puro e o saber dele [do dever] como [o saber] da essência. A consciência que faz esta diferença, a qual [, no entanto,] não é nenhuma — e que assevera que a efetividade é simultaneamente o nada e o real, que a moralidade pura é tanto a essência verdadeira quanto o privado de essência — expressa conjuntamente os pensamentos que ela antes separou. Ela mesma expressa [com isto] que, para ela, não há seriedade nesta determinação e separação dos momentos do *Si* e do *Em-si*, mas que, antes, ela mantém encerrado no Si da consciência de si aquilo que ela exprime como o *essente* absoluto fora da consciência. [...] Torna-se [evidente] para a consciência que o dissociar destes momentos é uma dissimulação. E seria uma *hipocrisia*, se ela, apesar disso, a retivesse. No entanto, como pura consciência de si moral, ela foge de volta, com horror, para dentro de si a partir

A consciência não consegue separar os termos e acaba exprimindo-os juntamente: a efetividade, ora como algo real e inarredável na realização moral do indivíduo, ora como algo nulo, pois o legislador divino se encontra fora da natureza; o dever puro, ora como estabelecido no Si da consciência de si, ora como existindo no Em-si, fora da consciência de si, a saber, no legislador divino. Essa é a contradição que a envolve[20].

> desta desigualdade do seu *representar* com aquilo que é sua *essência*, a partir desta não verdade que exprime como verdadeiro o que, para ela, vale como não verdadeiro. É *pura boa consciência* que despreza uma tal representação moral do mundo".] TT: Então, Hegel termina o texto dizendo: página 167, parágrafo 2.
> [AE: o TT refere-se ao texto francês do último parágrafo do capítulo *Le déplacement (équivoque)* — *Die Verstellung*; Hegel, *La Phénoménologie de l'Esprit*, p. 167, t. II. Ao invés de traduzir a totalidade do último parágrafo do capítulo, foram traduzidas aquelas passagens mais relevantes que registram a passagem da dissimulação (*Verstellung*) para a boa consciência (*Gewissen*), a qual se propõe como meta vencer a hipocrisia da visão moral do mundo. "...der Unterschied, [...] von solchem, das notwendig gedacht und gesetzt werden müsse, und doch zugleich unwesentlich sei, zu einem Unterschiede wird, der nicht einmal mehr in den Worten liegt. Was am Ende als ein Verschiedenes gesetzt wird, sowohl als das Nichtige wie als das Reelle, ist ein und eben dasselbe, das Dasein und die Wirklichkeit; und was absolut nur als das *Jenseits* des wirklichen Seins und Bewußtseins, und ebensowohl nur in ihm und als ein Jenseits das Nichtige sein soll, ist die reine Pflicht, und das Wissen derselben als des Wesens. Das Bewußtsein, das diesen Unterschied macht, der keiner ist, die Wirklichkeit, für das Nichtige und das Reale zugleich, - die reine Moralität ebenso für das wahre Wesen so wie für das Wesenlose aussagt, spricht die Gedanken, die es vorher trennte, zusammen aus, spricht es selbst aus, daß es ihm mit dieser Bestimmung und der Auseinanderstellung der Momente des *Selbsts* und des *An-sichs* nicht Ernst ist, sondern daß es das, was es als das absolute außer dem Bewußtsein *Seiende* aussagt, vielmehr in dem Selbst des Selbstbewußtseins eingeschlossen behält [...] Es wird für das Bewußtsein, daß das Auseinanderstellen dieser Momente eine Verstellung ist, und es wäre *Heuchelei*, wenn es sie doch beibehielte. Aber als moralisches reines Selbstbewußtsein flieht es aus dieser Ungleichheit seines *Vorstellens* mit dem, was sein *Wesen* ist, aus dieser Unwahrheit, welche das für wahr aussagt, was ihm für unwahr gilt, mit Abscheu in sich zurück. Es ist *reines Gewissen*, welches eine solche moralische Weltvorstellung verschmäht"; PhG, 414/12-415/1; FE 631/429-430.]
> 20 *fl*-38
> A consciência não consegue separar os termos e acaba exprimindo-os juntamente: a efetividade, ora como algo real e inarredável na realização moral do indivíduo, ora como algo nulo, pois o legislador divino se encontra fora da natureza; o dever puro, ora como estabelecido no Si da consciência de si, ora como existindo no Em-si, fora da consciência de si, a saber, no legislador divino. Essa é a contradição

Ela enuncia que não toma a sério a separação do Si (consciência) e do Em-si (o legislador divino), pois ela está no permanente deslocar-se do ponto de vista da consciência para o ponto de vista do legislador divino. Ora, nessa permanente oscilação nota-se a sua dissimulação[21]. A consciência oscila entre o que na sua representação seria a verdade e o que na realidade concreta dela não é verdade, entre o ideal do culto ao dever e a contingência da sua ação que nunca realiza este ideal, entre ela como fonte do dever e o recurso ao Deus como fonte do Dever por causa da impossibilidade de observar aquela lei enunciada pelo legislador divino. Daí a consciência foge de si mesma. Este fenômeno no existencialismo se chamará em Sartre *"la mauvaise conscience"*: a consciência que foge de si mesma, mas sem poder fugir de si mesma. Ela está envolvida em si mesma em uma contradição que a torna dilacerada em si mesma, mas, ao mesmo tempo, prisioneira de si mesma. Como negação dessa dilaceração e dissimulação/oscilação acima descritas, começa, agora, a aparecer a *Gewissen*[22].

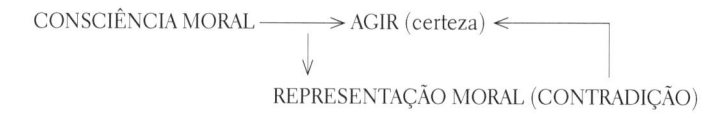

CONSCIÊNCIA MORAL ⟶ AGIR (certeza) ⟵
⟶ REPRESENTAÇÃO MORAL (CONTRADIÇÃO)

---

que a envolve.] TT: A consciência não consegue separar os termos. Acaba exprimindo-os juntamente. Daí é que está — a contradição que o envolve:
21 *fl-38*
Em-si (o legislador divino), pois ela está] TT: Em-si (a realidade). A consciência está divino. Ora, nessa permanente] TT: divino. Nesta permanente
sua dissimulação] TT: sua displicência
22 *fl-38*
verdade, entre o ideal] TT: verdade. O ideal
ideal, entre ela como fonte do dever e o recurso ao Deus] TT: ideal. O recurso ao Deus
Este fenômeno no existencialismo se chamará em Sartre *"la mauvaise conscience"*: a consciência que foge de si mesma] TT: Este fenômeno que no existencialismo se chamará em Sartre *"ia Mauvais Conscience"*: a consciência que foge de si-mesmo
[AE: vide Sartre, *L'être et le néant: essai d'ontologie phénoménologique* e *L'existencialisme est un humanisme* já citados acima nos comentários registrados nas *fl-21* e *fl-17*, respectivamente.]
mesma. Ela está envolvida] TT: mesma. Está envolvida
Como negação dessa dilaceração e dissimulação/oscilação acima descritas, começa, agora, a aparecer a *Gewissen*.] TT: Agora já começa a aparecer a GEWISSEN.

Por um lado, a consciência moral age e tem uma certeza ligada ao próprio agir. Mas, por outro lado, a consciência interpõe entre o agir e ela mesma a representação moral. A visão moral do mundo quer justificar o agir pela representação e, então, aparece a dissimulação (*Verstellung*). Portanto, ela não consegue traduzir o agir concreto em um sistema coerente de ideias. Hegel vai ter em mente os grandes homens da história que agiram com uma intuição certeira do que tinham que fazer. Ilustração disto é Napoleão que não precisou antes de uma teoria para edificar o seu Estado. Só depois que edificou o seu império é que ele chamou os seus escritores e legisladores para teorizar o que já estava feito. Se fosse fazer primeiro teoria, ele não faria o que fez. A consciência em concreto *age*, mas quando quer traduzir esta ação em representação, então aparecem as contradições[23].

[fl-39]Esta representação moral do mundo é o desenvolvimento dos momentos da consciência moral (os três postulados). Agora Hegel diz: como esta representação moral terminou em uma contradição, a consciência na forma que vamos estudar agora vai voltar para o seu agir concreto e assumir a forma de *Gewissen*, de uma certeza imediata da sua operação moral. Mas esta certeza não é diferente do que ela pretendia ao desenvolver seus momentos na forma da representação. Como a forma da representação não foi suficiente para justificar o seu agir, então vai buscar esta justificação na certeza intuitiva do agir. Hegel está acompanhando o idealismo alemão no que diz respeito à moralidade. Primeiro, nós temos o idealismo abstrato de Kant e Fichte e, depois, aparece a forma do idealismo moral concreto dos assim chamados românticos: Jacobi, Schiller (1759-

---

[23] *fl-38*
Por um lado, a consciência moral age e tem uma certeza ligada ao próprio agir. Mas] TT: É como nós tivéssemos a consciência moral, que age. Depois este agir tendo uma certeza que está ligada ao próprio agir. Mas
A visão moral do mundo quer justificar o agir pela representação e, então, aparece a dissimulação (*Verstellung*). Portanto, ela] TT: A visão moral do mundo, como que se ela quisesse justificar o agir pela representação. Ai que aparece o Vertellung. Ela
ideias. Hegel] TT: ideias. Ela age concretamente (Hegel
fazer. Ilustração disto é Napoleão] TT: fazer. Ex: Napoleão
teorizar o que já estava feito] TT: teorizar pelo que estava feito
primeiro teoria, ele não faria o que fez. A] TT: primeiro — teoria, ele não faria o que fez.) A

1805), Novalis (1772-1801), Schleiermacher (1768-1834) e Schelling (1775-1854). Eles tentaram superar a contradição entre o dever abstrato e o agir concreto dizendo que o dever está no próprio agir, encarnado no agir. Não se pode separar o dever do agir. No momento em que projetamos o dever em uma essência transcendente, o legislador divino, então já se tornará impossível agir. É preciso, portanto, que o dever se encarne no próprio agir. Isto se chamará mais tarde a Ética da Situação: a situação concreta do sujeito é que vai definir o conteúdo do dever. O indivíduo tem a certeza moral, porque o instinto (dizia Jacobi) moral numa determinada situação concreta é a solução desta contradição. A solução da contradição entre a essência abstrata do dever e a ação concreta está no instinto certeiro pelo qual a pessoa numa determinada conjuntura sabe onde está o agir correto. Não é o instinto no sentido biológico, nem mesmo psicológico, mas um instinto mais gnoseológico. É o que Hegel vai chamar *Gewissen*. Esta consciência completa, *Gewissen*, verifica que a verdade que a consciência moral tentou infringir na visão moral do mundo é uma verdade fingida. Em outras palavras: justificar o agir concreto por meio de um sistema de postulados (Kant e Fichte) aparece como uma *hipocrisia* (uma situação de *mauvaise conscience*). O indivíduo estaria projetando a justificação da ação para além da própria ação. É a má consciência[24].

É o que Hegel quer superar agora.

---

24 *fl*-39
concreto e assumir] TT: concreto. Vai assumir
pretendia ao desenvolver] TT: pretendia como desenvolver
representação. Como] TT: representação. Só que
agir, então vai buscar esta justificação na certeza intuitiva do agir. Hegel] TT: agir.
Então vai buscar esta justificação no agir, na certeza intuitiva, no agir. (Hegel
alemão no que diz respeito à moralidade.] TT: alenim no que diz respeito a moralidade.
dos assim chamados românticos: Jacobi (1743-1819), Schiller (1759-1805), Novalis (1772-1801), Schleiermacher (1768-1834) e Schelling (1775-1854). Eles tentaram] TT: das chamadas românticas, Jacobi, Schier, Novalis. Schileneir (?) e Schelling — são o que tentaram
próprio agir, encarnado no agir] TT: próprio agir. Está encarnado no agir
momento em que] TT: momento que
preciso, portanto, que] TT: preciso que
agir. Isto se chamará mais tarde a Ética da Situação: a situação] TT: agir. É o que mais tarde se chamará a Ética da Situação. A situação
O indivíduo tem a certeza moral, porque] TT: Ter a certeza moral porque

[AE: Ações que surgem *imediatamente* e *voluntariamente* não do sentimento do dever, que se fundamentam não neste sentimento não são ações verdadeiramente conformes ao dever, verdadeiramente boas e virtuosas. Todos seres humanos conhecem este sentimento sob o nome de *boa consciência*, que é [...] a única fonte da moral, a origem de todos direitos; "Handlungen, die nicht aus dem Gefühl der Pflicht *unmittelbar* und *freywillig* hervorgehen, die nicht auf dies Gefühl allein sich gründen, sind keine wahrhaft pflichtmäßige, keine wahrhaft gute und tugendhafte Handlungen. Alle Menschen kennen dies Gefühl unter dem Nahmen des *Gewissens*, welches die einzige Quelle der Moral, der Ursprung aller Rechte"; Jacobi, Friedrich Jacobi. *Woldemar. Erster Theil.* Königsberg: Friedrich Nicolovius, 1796, S. 100.]
essência abstrata] TT: essência, destrata
psicológico, mas] TT: psicológico. Mas
Gewissen] TT: GEWWISESEN
Gewissen] TT: gewwissen
Em outras palavras:] TT: CTT(2)
(*mauvaise conscience*)] TT: (Mauvais consciência)

PARTE C – BOA CONSCIÊNCIA[1]

A BOA CONSCIÊNCIA (GEWISSEN) — A BELA ALMA
(singularidade)[2]   (universalidade)

O MAL e o SEU PERDÃO
(SÍNTESE)

1 — INTRODUÇÃO

Boa consciência traduz *Gewissen*, a consciência concreta do agir moral (esta tradução seria um título grande). Não é no sentido de simples consciência. Em alemão, *Gewissen* é diferente de *moralisches Bewußtsein* (consciência moral), a consciência abstrata que conhece, estudou ou aprendeu a lei. *Gewissen* é a consciência que de modo imediato age concretamente, moralmente, embora não tenha conhecido a lei[3].

---

[1] **PARTE C — BOA CONNSCIÊNCIA]** TT: PARTE C
[2] *fl*-39
A BOA CONSCIÊNCIA (*GEWISSEN*)] TT: A "BOA CONSCIÊNCIA" (GEWISSEN)
(singularidade)] TT: singularidade
[3] *fl*-39
Boa consciência traduz *Gewissen*, a consciência] TT: Boa consciência traduz [EB] a consciência
moral (esta tradução seria um título grande)] TT: moral (seria um título, um homem grande)
sentido de simples consciência] TT: sentido de consciência. satisfeita.

|||| 169

O sujeito pode ter o instinto de fazer o bem e não saber o que faz. Outro pode ser informado sobre a lei, mas não age concretamente, porque a consciência, em coerência com o seu saber abstrato, não vai ter a certeza de que no caso concreto está aplicando aquele saber, porque aquele saber se revelou contraditório. É o caso do indivíduo que diz: neste caso, estou ou não obedecendo a vontade do legislador divino que manda fazer o bem e evitar o mal? Por meio do saber teórico nunca vai resolver o problema. Não há mediação pela qual passar do postulado universal que Deus é o legislador do bem e condenador do mal para estados concretos. Teoricamente não pode haver tal mediação, aí surge a *Gewissen* que é a intuição concreta onde se verifica que neste lado está o bem e, neste outro, o mal. Isto é o que se chama boa consciência[4].

No idealismo alemão, os sucessores de Fichte — Jacobi e Schelling, todo o romantismo (sentimento moral da liberdade) — tentaram superar o conflito kantiano da lei moral e do caso concreto, o moralismo kantiano (que Hegel[fl-40] estudou na visão moral do mundo) por meio da *Gewissen*. Cada um deu a sua interpretação da *Gewissen*. Segundo Schelling, ela tendia a ser mais um sentimento, enquanto, para *Jacobi*, era um instinto concreto. Schelling considerava-a mais em consonância com a natureza e fundou a *Gewissen* numa realização concreta do primeiro postulado: harmonia entre a moralidade e a natureza. Cada um orientou a *Gewissen* em um sentido diferente, mas a *Fenomenologia do Espírito* não vai analisar cada um destes pensadores e vai tomar a *Gewissen* como superação da contradição da visão moral do mundo. Esta não será, todavia, a solução de Hegel, porque ele vai mostrar que, no fim, ela terá também os seus obstáculos, as suas *aporias*. Hegel, então, retomará o problema e mostrará a sua própria visão, o saber absoluto nas duas formas: forma da representação que é a

---

Em alemão, *Gewissen* é diferente de *moralisches Bewuβtsein* (consciência moral), a consciência abstrata que conhece, estudou ou aprendeu a lei.] TT: Em alemão Gewissen é diferente da Bewußtsein (consciência moral) → a consciência abstrata — conhece a lei: estudou ou aprendeu alei).
modo imediato age] TT: modo concreto age
[4] *fl*-39
pela qual] TT: pelo qual
Teoricamente não pode haver tal mediação, aí] TT: Teoricamente não pode. Ai
neste outro, o mal] TT: neste o mal

religião e a forma conceitual que é a forma da filosofia dialética: "O que, portanto, na religião, era *conteúdo* ou forma do representar de um *outro* é o mesmo que aqui [no saber absoluto] é *operar* próprio do *Si*; o conceito compele a que o *conteúdo* seja *operar* próprio do *Si*. [...] Esta última figura do espírito, o espírito que dá simultaneamente a seu conteúdo completo e verdadeiro a forma do Si e, mediante isto, tanto realiza seu conceito quanto permanece em seu conceito nesta realização, é o saber absoluto. Ele é o espírito que se sabe na figura do espírito ou o *saber conceituante*"[5].

---

5 *fl-39 > fl-40*
Jacobi e Schelling, todo o romantismo (sentimento moral da liberdade)] TT: Jacobi Schellung, todo o romantismo (sentimento moral liberdade)
o moralismo] TT: do moralismo
mundo) por] TT: mundo) superar por
meio da *Gewissen*] TT: meio da Gewissen
Gewissen. Segundo Schelling,] TT: *Gewissen*. Schelling
[AE: sobre a harmonia entre a o impulso natural (Naturtrieb) e a lei moral (Sittengesetz), vide Schelling. *System des transzendentalen Idealismus*. Darmstadt: Wissenschaftliche Buchgesellschaft, 1990, p. 570-581. (Schriften von 1799-1801).]
sentimento, enquanto, para *Jacobi*, era] TT: sentimento. Jacobi era
Schelling considerava-a mais em consonância com a natureza e fundou a *Gewissen* numa realização concreta do primeiro postulado: harmonia entre a moralidade e a natureza] TT: Schelling ela estava mais em consonância com a natureza. Schelling fundou a Gewissen numa realização concreta do 1º postulado (Harmonia entre a moralidade e a natureza)
Cada um orientou a *Gewissen* em um sentido diferente, mas a Fenomenologia do Espírito não vai analisar cada um destes pensadores e vai tomar a *Gewissen* como superação da contradição da visão moral do mundo] TT: A natureza para Schelling é a parte de toda verdade. Cada um orientou num sentido diferente. Mas, a consciência não vai analisar cada um destes pensadores. Ele vai
não será, todavia, a solução de Hegel, porque ele vai mostrar que, no fim, ela terá também os seus obstáculos, as suas aporias.] TT: não será a solução de Hegel, porque Hegel vai mostrar que no fim, que ela terá os seus obstáculos. As suas aporias.
Hegel, então, retomará o problema e mostrará a sua própria visão, o saber absoluto nas duas formas: forma da representação que é a religião e a forma conceitual que é a forma da filosofia dialética: "O que, portanto, na religião, era *conteúdo* ou forma do representar de um *outro* é o mesmo que aqui [no saber absoluto] é *operar* próprio do *Si*; o conceito compele a que o *conteúdo* seja *operar* próprio do *Si*. [...] Esta última figura do espírito, o espírito que dá simultaneamente a seu conteúdo completo e verdadeiro a forma do Si e, mediante isto, tanto realiza seu conceito quanto permanece em seu conceito nesta realização, é o saber absoluto. Ele é o espírito que se sabe na figura do espírito ou o *saber conceituante*".] TT: Aí Hegel vai retomar o problema e mostrar a sua própria

A *Gewissen* não é a solução hegeliana, mas é um passo à frente, porque supera o conflito abstrato de Kant. Há três momentos:
1 — Boa consciência.
2 — Bela alma — isto é, a alma (sujeito, indivíduo) que estava certa da sua pureza moral, não abstratamente como era na consciência moral de Kant, mas como *Gewissen*, porém, de tal maneira que se encerrando dentro da sua certeza moral que, no fim, não tinha mais coragem de agir, voltando-se para dentro de si mesma, dentro da universalidade do Bem. Então, todos os românticos trataram do problema da Bela Alma que é uma expressão que chamaríamos hoje de *moralista*, mas não no sentido de censor, mas, no sentido de moralista puro que não quer agir para não macular-se[6].
3 — O mal e o seu perdão: será a dialética que introduzirá a solução hegeliana. Hegel vai mostrar que o problema, de fato, é que ninguém pode realizar, em concreto, uma ação moral pura. A ação moral é sempre inexplicavelmente misturada com o mal. A dialética da moralidade não será uma dialética do que é imaculado, do que é puro, mas uma do superar o mal por aquilo que Hegel simbolicamente vai chamar o *perdão*[7].
 Com isso, então, temos as três partes do capítulo: a boa consciência é a singularidade da *Gewissen*, a certeza concreta do agir moral; a bela alma

---

visão — o Saber absoluto — nas duas formas. Forma da representação que é a Religião e forma de classiva (?) que é a filosofia dialética.
[AE: "Was also in der Religion Inhalt oder Form des Vorstellens eines *andern* war, dasselbe ist hier eignes *Tun des Selbsts*; der Begriff verbindet es, daß der *Inhalt* eignes *Tun des Selbsts* ist; ...Diese letzte Gestalt des Geistes, der Geist, der seinem vollständigen und wahren Inhalte zugleich die Form des Selbsts gibt, und dadurch seinen Begriff ebenso realisiert, als er in dieser Realisierung in seinem Begriffe bleibt, ist das absolute Wissen; es ist der sich in Geistsgestalt wissende Geist oder das *begreifende Wissen*". PhG, 522/28-31; PhG 523/1-5; FE 797/536; FE 798/537.]

6 *fl-40*
estava certa] TT: estava certo
não abstratamente] TT: não abtratamente
dentro de si mesma, dentro] TT: dentro de si mesmo. Dentro
trataram do] TT: tratavam o

7 *fl-40*
moralidade não será] TT: moralidade será]
do que é puro, mas uma do superar] TT: do que é puro, mas, do que superar

é a universalidade da *Gewissen* fechada em si; o mal e o seu perdão são a síntese dos dois⁸.

Ao iniciar este terceiro momento, Hegel faz uma recapitulação do problema da consciência moral ou moralidade como terceiro momento do mundo da cultura.

↓

2 — RECAPITULAÇÃO: ANTINOMIA DA VISÃO MORAL DO MUNDO

Existe a antinomia da visão moral do mundo. Isto não quer dizer que a moralidade é algo contraditório no homem, pois, neste caso, isto seria mostrar que o homem não é ser moral. O que ele quer dizer é que a visão moral do mundo tal como é expressa, em Kant, em que a forma da moralidade prevalece sobre o conteúdo, esta é que se debate na antinomia⁹.
Em primeiro lugar, esta antinomia é uma antinomia do conteúdo.

---

⁸ *fl-40*
Com isso, então, temos as três partes do capítulo: a boa consciência é a singularidade da *Gewissen*, a certeza concreta do agir moral; a Bela Alma é a universalidade da *Gewissen* fechada em si; o Mal e o seu perdão são a síntese dos dois.]
TT: Será a última parte do capítulo. Isto está dividido em três partes.
A boa consciência é a singularidade da *Gewissen* → a certeza concreta do agir moral.
A Bela Alma é a universalidade da *Gewissen* fechada em si.
O Mal e o seu perdão é a síntese dos dois.

⁹ *fl-40*
Existe a antinomia da visão moral do mundo. Isto não quer dizer que a moralidade é algo contraditório no homem, pois, neste caso, isto seria mostrar que o homem não é ser moral.] TT: Existe a antinomia da visão moral (não quer dizer que a moralidade é algo contraditório no homem, seria mostrar que o homem não é ser moral).
O que ele quer dizer é que a visão] TT: O que ele quer dizer é que a visão em que] TT: onde

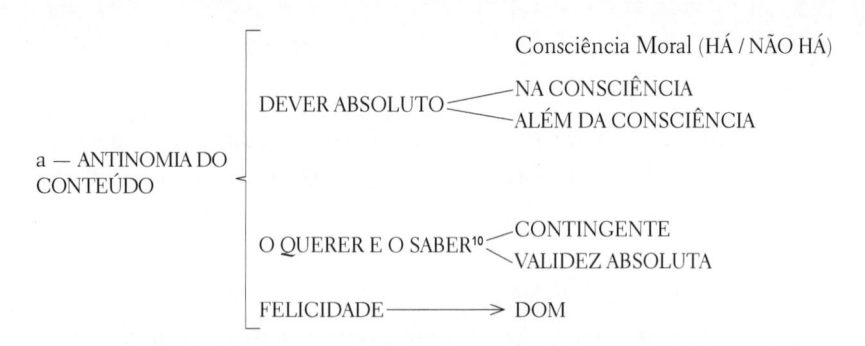

a — ANTINOMIA DO
CONTEÚDO

⎡ Consciência Moral (HÁ / NÃO HÁ)
⎢ DEVER ABSOLUTO ⟨ NA CONSCIÊNCIA
⎢   ALÉM DA CONSCIÊNCIA
⎢ O QUERER E O SABER[10] ⟨ CONTINGENTE
⎢   VALIDEZ ABSOLUTA
⎣ FELICIDADE ⟶ DOM

[fl-41] Ela se exprime da seguinte maneira. Primeiro: há uma consciência moral e não há uma consciência moral. Há a consciência moral como ponto de partida. Depois, esta se confunde com a natureza. Ela, como ponto de partida, deveria ser símbolo da natureza. Mas moralidade e natureza se opõem para Kant. Portanto, há e não há uma consciência moral[11].

---

10 *fl-40*
O QUERER E O SABER] TT: QUERER E O SABER
[AE: "A antinomia da visão moral do mundo — de que há uma consciência moral e de que não há [consciência moral], de que a validade do dever é um além da consciência e, inversamente, encontra-se somente nela — foi resumida na representação na qual a consciência não moral vale como [consciência] moral, seu saber e querer contingentes são aceitos como plenamente relevantes e a felicidade se torne a parte que lhe cabe como resultado de [uma] graça. A consciência de si moral não tomava sobre si esta representação que se contradiz a si mesma, mas a transferia para uma essência diferente dela. No entanto, este transpor daquilo que ela tem de pensar como necessário para fora de si mesma é tanto a contradição, segundo a forma, quanto aquela é [a contradição], segundo o conteúdo".
"Die Antinomie der moralischen Weltanschauung, daß es ein moralisches Bewußtsein gibt, und daß es keines gibt, — oder daß das Gelten der Pflicht ein Jenseits des Bewußtseins ist, und umgekehrt nur in ihm stattfindet, war in die Vorstellung zusammengefaßt worden, worin das nichtmoralische Bewußtsein für moralisch gelte, sein zufälliges Wissen und Wollen für vollwichtig angenommen, und die Glückseligkeit ihm aus Gnade zuteil werde. Diese sich selbst widersprechende Vorstellung nahm das moralische Selbstbewußtsein nicht über sich, sondern verlegte sie in ein ihm andres Wesen. Aber dies Hinaussetzen dessen, was es als notwendig denken muß, außer sich selbst ist ebenso der Widerspruch der Form nach, wie jener es dem Inhalte nach ist". PhG, 415/20-32; FE 632/431.]
11 *fl-41*
Ela se exprime da seguinte maneira. Primeiro: há uma] TT: Ela se exprime: A uma

Segundo: o dever absoluto está na consciência moral singular, porque, desde o ponto de partida, nós dizemos que ela se define pelo dever absoluto. Mas ele é posto como algo transcendente a esta consciência, posto além dela[12].

Terceiro: o querer e o saber da consciência moral são, ao mesmo tempo, contingentes e têm uma validez universal. Devem ter uma validez absoluta, porque, senão, não poderíamos fundar o agir moral. O ato é bom ou não, não há mais ou menos, e isto é estabelecido pela validez universal do dever moral. São contingentes, porque são do indivíduo singular[13].

Quarto: a felicidade que devia ser uma consequência necessária do agir moral é, entretanto, um acaso, um dom, uma boa sorte do indivíduo. O sujeito age bem e é feliz por um lance de sorte. Assim, o que deveria ser consequência necessária do agir moral acaba sendo uma simples boa sorte. Essas são antinomias segundo o conteúdo[14].

Agora vêm as antinomias segundo a forma.

---

natureza. Mas moralidade] TT: natureza. E moralidade
se opõem para Kant.] TT: se opõe para Kant

12 *fl-41*
o dever absoluto está na consciência moral singular, porque, desde o ponto] TT: o dever absoluto — Ele está na consciência, porque do ponto
nós dizemos que ela se define] TT: nós dizemos que a consciência moral se define
Mas ele é posto como algo transcendente a esta consciência, posto além dela] TT: Ele é transcendente a consciência, está no além da consciência

13 *fl-41*
são, ao mesmo tempo, contingentes] TT: ao mesmo tempo são contingentes
Devem ter] TT: Deve ter
porque, senão, não poderíamos] TT: porque senão poderíamos
O ato é bom ou não, não há mais ou menos, e isto é estabelecido pela validez universal do dever moral. São] TT: O ato é bom ou não. Não há mais ou menos. São

14 *fl-41*
agir moral é, entretanto, um acaso, um dom, uma boa sorte do indivíduo] TT: agir moral, ela é entretanto um acaso, é um Dom, é uma boa sorte do indivíduo
O sujeito age bem e é feliz por um lance de sorte. Assim, o que] TT: O sujeito age bem e é feliz. O que
consequência necessária do agir] TT: consequência do agir
Essas são antinomias] TT: São antinomias

b — FORMA ⎰ CONSCIÊNCIA → REPRESENTAÇÃO — ESSÊNCIA TRANSCENDENTE
         ⎱ PENSAMENTO → DA CONTRADIÇÃO DA REPRESENTAÇÃO

Temos a consciência que vai fazer uma representação do mundo real e esta representação deve ser dela, pois ela é que deve ter a visão moral do mundo. No entanto, ela acaba transpondo esta visão para a essência transcendente, isto é, Deus. Com isso, todavia, sua justificação encontra-se fora dela e, deste modo, o pensamento desta visão se torna o pensamento da contradição da representação. Essas são as antinomias, segundo a forma, a saber, a consciência que transporta a *sua visão* para Deus e que deveria pensar esta visão como coerente, mas pensa-a como contraditória[15].

Depois de ter recapitulado a antinomia da visão moral do mundo, podemos dizer que a antinomia da visão moral do mundo (segundo forma e conteúdo) é[16]:

c — Si → PURO DEVER → REALIDADE EFETIVA CONTINGENTE (NECESSIDADE)

⎡ ABSTRATO ⎤
⎣ CONCRETO ⎦

(CONTINGÊNCIA)

Temos, de um lado, o Si da consciência, o Si do sujeito, como puro dever e, de outro lado, temos o Si da consciência como dualidade efetiva contingente (o agir). Esta contradição pode ser expressa em termos de uma

---

[15] *fl-41*
mundo real e esta representação] TT: mundo real. Esta representação deve ser dela, pois ela é que deve ter a visão moral do mundo.] TT: deve ser dela. Ela é que deve ter a visão moral.
acaba transpondo esta visão] TT: acaba colocando esta visão
Com isso, todavia, sua justificação encontra-se fora dela e, deste modo, o pensamento] TT: Sua justificação fica sendo fora dela. O pensamento
Essas são as antinomias, segundo a forma, a saber, a consciência] TT: Isto são as antinomias segundo a forma. Quer dizer que a forma que é a consciência
Deus e que deveria] TT: Deus. Deveria

[16] *fl-41*
visão moral do mundo (segundo forma e conteúdo)] TT: visão moral (mundo forma e conteúdo)

contradição do abstrato e do concreto dentro da própria consciência. Ao se postular como consciência do puro dever, a consciência moral se torna uma consciência abstrata. Como abstrata, ela está no domínio da necessidade. Como concreta, ela está no domínio da contingência. O Si (sujeito moral) se encontra nesta contradição que será resolvida pela Gewissen[17].

Gewissen será a supressão dos dois termos e a forma concreta necessária que é, ao mesmo tempo, universal e individual, necessidade na contingência. Pois, a contingência não pode ser suprimida (pois, isto, significaria eliminar[fl-42] o caso concreto). Mas, ao mesmo tempo, na contingência aparecerá a necessidade de agir. Não como algo de fora, mas de uma necessidade que nasce da própria consciência. Vai ter o *instinto* de agir dentro do caso concreto, vai ter ação moral, a saber, a Gewissen[18].

O primeiro aspecto da Gewissen será a singularidade que corresponde mais ou menos ao sistema moral de Jacobi, que Hegel já tinha estudado no seu *Glauben und Wissen* (*Fé e saber*). Ela é a boa consciência na medida que é intuição do agir correto[19].

Para introduzir o problema, Hegel define a boa consciência como liberdade do Si no interior do Si[20].

---

[17] fl-41
Temos, de um lado, o Si] TT: Temos o si
Esta contradição pode ser expressa em termos de uma contradição do abstrato] TT: Se quisermos exprimir esta contradição dizendo que é uma contradição do abstrato
consciência abstrata] TT: consciência concreta
Como concreta] TT: Como concreto
contradição que será] TT: contradição. Esta contradição vai ser

[18] fl-41 > fl-42
Gewissen será a supressão dos dois termos e a forma] TT: Gewissen → será a supressão dos dois termos. Vai ser a forma
universal e individual] TT: universal individual
(pois, isto, significaria eliminar] TT: (acabaria
agir dentro] TT: agir. Dentro
ação moral, a saber, a Gewissen] TT: ação moral. Será a Gewissen

[19] fl-42
Glauben und Wissen (*Fé e saber*). Ela é a boa consciência] TT: Glaubeu und Wissen. A boa consciência
[AE: Hegel, Georg Wilhelm Friedrich. *Jenaer Schriften (1801-1807)*. Frankfurt: Suhrkamp,1970. v. 2, p. 287-433. (Werke, 2; Theorie-Werkausgabe).]

[20] fl-42
consciência como liberdade] TT: Consciência como: Liberdade

I – A boa consciência como liberdade do Si no interior de si mesma[1]

A boa consciência como liberdade do Si quer dizer que o Si não vai mais estabelecer aquela comparação entre a lei abstrata e o caso concreto, mas ela já vai agir concretamente. Este Si da *Gewissen*, Hegel chama de terceiro tipo de Si, de sujeito espiritual do moral da consciência. Daí que ele introduz este texto fazendo uma espécie de recapitulação[2].

O terceiro Si, porque temos:

```
                    ↓
                ┌ ESPÍRITO ÉTICO → MUNDO ÉTICO — Si DA PESSOA — ABSTRAÇÃO
MUNDO DO        │
ESPÍRITO        ┤ ESPÍRITO ALIENADO → MUNDO DA CULTURA — Si DA LIBERDADE ABSOLUTA³
(HISTÓRIA)      │                                              ╱ UNIVERSALIDADE
                │ ESPÍRITO MORAL → MUNDO MORAL — Si ‹
                └                                              ╲ LIBERDADE
```

---

1 *fl*-42
  si mesma] TT: si
2 *fl*-42
  Si, de sujeito] TT: Si, do sujeito
  [AE: "Esse *Si da boa consciência*, o espírito imediatamente certo de si mesmo como [sendo certo] da verdade absoluta e do ser, é o *terceiro Si*". "Dies *Selbst des Gewissens*, der seiner unmittelbar als der absoluten Wahrheit und des Seins gewisse Geist, ist das *dritte Selbst*". PhG, 416/10-13; FE 633/431.]
3 *fl*-42
  Si DA LIBERDADE ABSOLUTA] TT: Si LIBERDADE ABSOLUTA

O mundo do espírito, ou seja, a história do mundo ocidental, começando pela cidade grega, tem três *"esprits"* fundamentais: espíritos ético, alienado e moral. O homem greco-romano, o cidadão (o burguês cristão) e o homem pós-revolucionário são os três espíritos[4].

Hegel diz que, no mundo ético que corresponde ao Espírito Ético, o Si deste mundo é o Si da *pessoa*. Com efeito, o sujeito é aquela pessoa do direito que foi postulada do direito romano, a pessoa abstrata. Trata-se, portanto, do universal abstrato em que a pessoa tem direito, mas não podia exercê-lo. Na verdade, o que se falava dela acabou confluindo na pessoa do imperador[5].

Ao Espírito Alienado corresponde o mundo da cultura. O Si deste mundo é o Si que se exprimiu na liberdade absoluta. A liberdade foi o oposto da pessoa abstrata em que tudo confluía no imperador. Na liberdade absoluta, ao contrário, tudo conflui no cidadão, pois cada cidadão podia fazer o que bem entendesse e isto acabou no terror[6].

---

4 *fl*-42
O mundo do espírito, ou seja, a história do mundo ocidental, começando pela cidade grega, tem três "esprits" fundamentais: espíritos ético, alienado e moral.]
TT: O mundo do Espírito, ou seja, a história (história do mundo ocidental começando pela cidade grega) tem três "esprits" = fundamentais. Espírito Ético, Alienado e Moral.
23 pós-revolucionário são] TT: pós-revolucionário. São

5 *fl*-42
Hegel diz que, no mundo ético que corresponde ao Espírito Ético, o Si deste mundo é o Si da *pessoa*. Com efeito, o sujeito é aquela pessoa do direito que foi postulada do direito romano, a pessoa abstrata. Trata-se, portanto, do universal abstrato em que a pessoa tem direito, mas não podia exercê-lo. Na verdade, o que se falava dela acabou confluindo na pessoa do imperador.] TT: Hegel diz que, no mundo] TT: Hegel diz: No Mundo que corresponde Mundo Ético. O si deste mundo é Si da PESSOA. O sujeito é aquela pessoa do direito que foi postulada do direito romano. É uma pessoa abstrata. É abstração. É o universal abstrato. Ela tem direito mas não podia exercer. O que se falava dela acabou confluindo na pessoa do imperador.

6 *fl*-42
Ao Espírito Alienado corresponde o mundo] TT: Ao Espírito A, corresponde ao mundo
absoluta. A liberdade] TT: absoluta. O Espírito A. A liberdade
abstrata em que tudo confluía no imperador] TT: abstrata onde tudo confluía ao imperador
absoluta, ao contrário, tudo]TT: absoluta tudo
cidadão, pois cada] TT: cidadão. Cada
entendesse e isto acabou] TT: entendesse. Acabou

Ao espírito moral corresponde o mundo moral (o mundo pós-revolucionário) e o Si deste mundo moral é o que está sendo procurado agora. Ele não foi encontrado na filosofia de Kant, nem na de Fichte, mas no Romantismo alemão. Este Si será aquele em que vamos ver o universal da pessoa e o concreto da liberdade, a universalidade e o indivíduo, o Si da *Gewissen*[7]. Este terceiro Si é o que faz a síntese entre o universal e o concreto e que Hegel exprime assim:

[fl-43]
↓
CERTEZA MORAL IMEDIATA ⟶ CERTEZA DE SI

IMEDIATICIDADE DO EXISTIR ⟶ CONTEÚDO DO DEVER
(VAZIO)[8]

⎤ BOA CONSCIÊNCIA

A certeza moral imediata é uma certeza de si, a saber, ela é aquele conteúdo do dever que aparecia vazio do ponto de vista da ética kantiana, pois, segundo Kant, nós temos a forma e não o conteúdo. Agora, ele adquire uma imediaticidade do existir e Hegel vai comparar esta imediaticidade com a imediaticidade da certeza sensível. Assim como a certeza sensível é assumida no universal da percepção, assim também a certeza imediata da ação, do agir moral é assumida na certeza de si da boa consciência. É um movimento análogo, pois esta imediaticidade do existir passa para a certeza moral da *Gewissen*[9].

---

[7] *fl-42*
pós-revolucionário) e o Si] TT: pós-revolucionário). O Si
nem na de Fichte, mas no Romantismo] TT: nem de Fichte. Ele está sendo encontrado no Romantismo
liberdade, a universalidade e o indivíduo, o Si da Gewissen.] TT: liberdade. A universalidade e o indivíduo. É o si da Gewissen. cfr. página 170, parágrafo 1.
[AE: o TT faz referência à página da tradução da FE por parte de Hyppolite em que se fala de *"le trosième type de Si spiritual"*, "o terceiro tipo de Si espiritual", Hegel, *La Phénoménologie de l'Esprit*, p. 170, tome II.]
[8] *fl-43*
BOA CONSCIÊNCIA] TT: "BOA CONSCIÊNCIA"
DEVER (VAZIO) TT: DEVER (VAZIO
[9] *fl-43*
certeza de si, a saber, ela é aquele] TT: certeza de si. Aquele
existir e Hegel] TT: existir aí, Hegel
movimento análogo, pois esta] TT: mesmo movimento. Esta

Temos aqui uma espécie de círculo vicioso concreto que Hegel chama de *Gewissen, a boa consciência*.

Então, ele vai explicar como esta boa consciência torna-se a realidade efetiva do dever e, com isto, supera o problema colocado por Kant da necessidade do legislador divino. Jacobi e todos os românticos alemães eram de tendência panteísta e, para eles, Deus não era uma realidade transcendente, mas uma realidade imanente, ou na própria consciência do homem ou na própria natureza (Schelling), de modo que o problema de Deus legislador já estava superado. O indivíduo tinha em si mesmo, na certeza da *Gewissen*, o conteúdo concreto do dever e, portanto, não precisava recorrer à forma abstrata do legislador para poder saber o que deveria fazer[10].

Hyppolite, no seu comentário à *Fenomenologia do Espírito*, interpreta a boa consciência como forma explícita do que será a *consciência histórica*. Até agora, em todo o desenvolvimento do mundo do espírito, não tivemos a história no sentido plenamente humano, tal como será interpretado por Hegel. Aqui no mundo ético, tínhamos a unidade imediata do indivíduo com a substância da sociedade, pois o indivíduo era assumido pela substância concreta, seja da família, seja do Estado e, com isso, o indivíduo não era construtor, autor da história. No segundo momento, no mundo do espírito alienado, o indivíduo projetava sua obra histórica fora de si. Ele não era construtor da história como se fosse uma obra da qual ele participasse plenamente e se tornava, assim, estranho àquela cultura que ele mesmo fazia. Toda sua luta, pois, foi recuperar aquilo que parecia estranho como sendo algo dele mesmo. Daí, então, veio a experiência da liberdade absoluta[11].

---

10 *fl-43*
necessidade do legislador divino. Jacobi] TT: necessidade o legislador divino. Para Jacobi
panteísta e, para eles, Deus] TT: panteísta. Para eles, Deus
(Schelling), de modo que o problema] TT: (Schelling). De modo que, problema
legislador já estava superado] TT: legislador era superado
[AE: sobre Schelling e a questão da Gewissen como articulação entre natureza e lei moral, vide acima comentário à *fl-40*.]
dever e, portanto, não precisava recorrer à forma] TT: dever. Ele não precisava recorrer a forma

11 *fl-43*
Hyppolite, no seu comentário à Fenomenologia do Espírito, interpreta a boa] TT: Hipolitte, no seu comentário da Fenomenologia do Espírito (e esta é plausível) a Boa

No terceiro momento, no espírito moral, é que vamos ter o seguinte: o indivíduo realizando já o ato histórico por excelência. Para Hegel, a história tem uma dimensão moral, senão, ela seria uma história animal e não teria especificidade[12].

No terceiro momento, temos o indivíduo realizando a sua obra histórica nas suas situações concretas, nas conjunturas que no primeiro apareciam como independentes dele, contingentes em relação à necessidade do seu dever, mas, agora, integradas neste dever[13]. Temos aqui, segundo a interpretação do Hyppolite, pela primeira vez em concreto, uma síntese do universal e do particular. E a história para Hegel não é mais do que uma síntese em movimento, que vai avançando sempre, do universal e do particular.

Como aparece esta boa consciência como consciência histórica? Aqui o indivíduo se torna plenamente sujeito da história. Ele não é mais substituto, ou melhor, a sociedade não aparece como algo fora do indivíduo, como no caso dos mundos ético e alienado, mas ela aparece como algo *plasmado pelo indivíduo*. Daí é que Hyppolite diz que, quando os românticos alemães desenvolveram este tema da *Gewissen*, tinham em mente as grandes personagens históricas. Sobretudo, as de seu tempo. Os grandes chefes da Revolução Francesa modificaram o curso da história, sobretudo, Napoleão, um exemplo vivo. O indivíduo que era criador da história estava fazendo história e tinha *Gewissen* no sentido mais concreto. Não[fl-44]precisava recorrer a uma justificação abstrata exterior a ele, pois

---

agora, em todo o desenvolvimento] TT: agora, nós tivemos em todo o desenvolvimento
sociedade, pois o] TT: sociedade. O
Estado e, com isso, o indivíduo] TT: Estado. O indivíduo
plenamente e se tornava, assim, estranho] TT: plenamente. Ele se tornava estranho
luta, pois, foi] TT: luta foi
mesmo. Daí, então, veio] TT: mesmo. Veio
12 *fl-43*
moral, senão, ela seria uma história animal e não] TT: moral. Senão ela seria uma história animal. Não
13 *fl-43*
nas conjunturas] TT: nas conjenturas
dele] TT: deles
relação à necessidade do seu dever, mas, agora, integradas] TT: relação a necessidade do seu dever, integradas

ele era a história. Por isto, na carta de Hegel a seu amigo Niethammer descrevendo a entrada de Napoleão em Jena dizia: "eu vi passar o imperador, *die Weltseele*" (a alma do mundo). O caso de Napoleão, este indivíduo que plasma o mundo, é excepcional. Mas Hegel quer mostrar para o indivíduo a síntese do universal e do singular. Não é tanto o problema de unir o mundo de ideias com a existência contingente, mas é uma existência concreta em que o indivíduo, primeiro, age e, depois, pensa. Esta forma de expressão não é exata, pois o pensamento não é mais do que o próprio desenvolvimento da ação[14].

A ação se pensa a si mesma, pois, nesta *Gewissen*, a consciência está pensando na ação ou está pensando agindo. Não está pensando para agir, já que, então, neste caso, cairíamos nas contradições da visão moral do mundo. Mas, está pensando agindo. Isto é o que é a *Gewissen*[15].

14 *fl-43* > *fl-44*
indivíduo, como no caso] TT: indivíduo, no caso
algo *plasmado pelo indivíduo*] TT: algo plasmada pelo indivíduo
Hyppolite] TT: Hipolitte
Napoleão, um exemplo vivo. O indivíduo] TT: Napoleão. Eles tinham o exemplo vivo de Napoleão. O indivíduo
história e tinha] TT: história. Tinha
a ele, pois ele] TT: a ele. Ele
Niethamer] TT: LP
imperador, *die Weltseele*" (a alma do mundo). O caso de Napoleão, este indivíduo que plasma o mundo, é excepcional] TT: imperador. Die Weltselle". Esta Alma do Mundo. Este indivíduo que plasma o mundo, o caso de Napoleão, é excepcional
[AE: O imperador, a alma do mundo, eu vi cavalgar pela cidade adentro com a finalidade de reconhecimento. De fato, é uma sensação maravilhosa ver um tal indivíduo, que, aqui, concentrado em um ponto, sentando em um cavalo, invade o mundo e o domina [...]; Den Kaiser - diese Weltseele - sah ich durch die Stadt zum Rekognoszieren hinausreiten; es ist in der Tat eine wunderbare Empfindung, ein solches Individuum zu sehen, das hier auf einen Punkt konzentriert, auf einem Pferde sitzend, über die Welt übergreift und sie beherrscht [...]. Carta de Hegel a F. J. Niethammer de 13.10.1806 (Brief Hegels an F. J. Niethammer von 13.10.1806), in: Hoffmeister, J. (Hrsg.). *Briefe von und an Hegel*. 3. durchgesehene Auflage. Hamburg: Felix Meiner, 1969, S. 119-120. (Bd. 1: 1785-1812).]
23 forma de expressão não] TT: forma não
15 *fl-44*
si mesma, pois, nesta *Gewissen*, a consciência está pensando] TT: si mesma. Nesta Gewissen, a consciência pensando

Na *Gewissen*, temos a liberdade do Si (Si é sujeito, indivíduo) no interior de si mesmo, a liberdade do sujeito como liberdade que está situada nele mesmo e *não* como uma liberdade na qual a boa consciência vai buscar uma justificação fora de si[16]. Hegel exprime isto ao fim do primeiro parágrafo deste capítulo, quando introduz o problema da *Gewissen*: "Ela mesma [...*para nós* ou em si [*an sich*], a consciência de si retorna para dentro de si mesma [*in sich*], sabe, como sendo um saber de si mesma, aquela essência, na qual o *efetivo* é simultaneamente *saber puro* e *dever puro*...] é, para si, o plenamente válido em sua contingência, o qual conhece sua singularidade imediata como o saber e o agir puros, como a efetividade e a harmonia verdadeiras"[17].

A harmonia postulada por Kant é agora "agida", não mais a harmonia pensada. Podemos dizer que entramos no que será para Hegel o que é a

---

ou está pensando agindo] TT: ou pensando agindo
Não está pensando para agir, já que, então, neste caso, cairíamos] TT: Não pensando para agir. Então cairíamos
Mas, está pensando agindo] TT: Mas, pensando agindo

16 *fl-44*
mesmo, a liberdade] TT: mesmo. A liberdade
mesmo e *não* como uma liberdade na qual a boa consciência vai] TT: mesmo. Não como uma liberdade na qual vai

17 *fl-44*
Hegel exprime isto ao fim do primeiro parágrafo deste capítulo, quando introduz o problema da *Gewissen*: "Ela mesma [...*para nós* ou em si [*an sich*], a consciência de si retorna para dentro de si mesma [*in sich*], sabe, como sendo um saber de si mesma, aquela essência, na qual o *efetivo* é simultaneamente *saber puro* e *dever puro*...] é, para si, o plenamente válido em sua contingência, o qual conhece sua singularidade imediata como o saber e o agir puros, como a efetividade e a harmonia verdadeiras".] TT: Hegel exprime isto no fim do primeiro período, quando introduz o problema da Gewissen dizendo: página 169 4 últimas linhas.
[AE: "Elle [...*pour nous* ou *en soi* la conscience de soi retourne en soi-même et sait comme soi-même cette essence dans laquelle l'*effectif* est en même temps *pur savoir* et *pur devoir*...] se prend elle-même comme ce que dans sa contingence est pleinement valide, ce qui sait sa singularité immédiate comme le pur savoir et le pur agir, comme l'effectivité et l'harmonie véritables". "Es selbst [...*geht für uns* oder *an sich* das Selbstbewußtsein in sich zurück, und weiß dasjenige Wesen als sich selbst, worin das *Wirkliche* zugleich *reines Wissen* und *reine Pflicht* ist...] ist sich das in seiner Zufälligkeit Vollgültige, das seine unmittelbare Einzelnheit als das reine Wissen und Handeln, als die wahre Wirklichkeit und Harmonie weiß". FE 632/431; Hegel, *La Phénoménologie de l'Esprit*, p. 169, tome II; PhG, 416/3-9.]

contextura da história, tal como ela é vivida pelo homem do nosso tempo, homem pós-revolucionário, aquele que fez a experiência da Revolução Francesa. Mais adiante, Hegel tratará da convicção e do reconhecimento[18]. Por que a ação de Napoleão era uma ação concretamente moral na concepção hegeliana? Porque ela foi reconhecida e não foi uma ação de um indivíduo solitário, mas feita num âmbito do universal e, assim, ela teve que ser reconhecida como ação da história universal, mesmo sendo ação de um indivíduo. Assim, surge o indivíduo histórico-universal na figura de Napoleão. Na medida em que participam desta ação histórico-universal, os soldados de Napoleão também entram no horizonte desta ação. Com isso, as ações destes soldados são morais no sentido da *Gewissen*, justificadas concretamente e não de forma abstrata, tal como ainda era o caso na visão moral do mundo[19].

[fl-45]Vamos ao segundo momento da consciência moral, ou seja, o momento em que se supera a oposição entre o dever abstrato e a individua-

---

18 *fl-44*
A harmonia postulada por Kant é agora "agida", não mais a harmonia pensada. Podemos dizer] TT:
OBSERVAÇÃO — a harmonia postulada por Kant é agora "agida". Não mais a harmonia pensada.
→ Podemos dizer
homem pós-revolucionário, aquele que fez] TT: homem pós-revolucionário.
Pelo homem que fez
Revolução Francesa. Mais adiante, Hegel tratará da convicção] TT: revolução francesa. Daqui a pouco vai falar da convicção

19 *fl-44*
Por que a ação] TT: Porque a ação
reconhecida e não] TT: reconhecida. Não
universal e, assim, ela teve] TT: universal. Teve
universal, mesmo sendo ação de um indivíduo. Assim, surge o indivíduo histórico-universal na figura de Napoleão. Na medida em que participam desta ação histórico-universal, os soldados de Napoleão também entram no horizonte desta ação. Com isso, as ações destes soldados são morais no sentido da *Gewissen*, justificadas concretamente e não de forma abstrata, tal como ainda era o caso na visão moral do mundo.] TT: universal. Nesta medida que é ação da história universal, sendo de um indivíduo. Este indivíduo torna-se um indivíduo histórico. Os soldados de Napoleão também entram. Na medida que participam da ação, ela se torna universal. Ela é moral no sentido da Gewissen. Justificação concreta e não abstrata.
OBSERVAÇÃO — Spinoza, o verdadeiro saber é contemplativa. — A moral Spinoza é demonstrada geometricamente. Spinoza é racionalista. Há uma influência muito grande de Spinoza sobre os românticos.

lidade moral concreta. Na última aula, foi explicado o que é a *Gewissen* e como Hegel introduz isto dentro de uma visão geral do mundo do Espírito. Ela é a terceira forma do Si. A primeira é o Si da pessoa que conclui o Mundo Ético, enquanto a segunda é a liberdade absoluta que consuma o Mundo da Alienação e a terceira, por fim, é a consciência moral concreta que conclui a moralidade[20].

O esquema da terceira forma do Si é o seguinte: a certeza moral imediata é a certeza de si, e toda a dialética que vai se desenvolver agora está contida nesta equação. Essa certeza é denominada por Hegel *convicção própria*, o agir é convictamente ao mesmo tempo uma certeza moral e imediata[21].

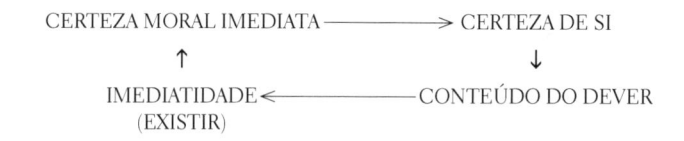

CERTEZA MORAL IMEDIATA ⟶ CERTEZA DE SI
↑ ↓
IMEDIATIDADE ⟵ CONTEÚDO DO DEVER
(EXISTIR)

---

20 *fl-45*
Ela é a terceira forma do Si] TT: É a terceira forma é o Gewissen
Ético, enquanto a segunda é a liberdade absoluta que consuma] TT: ético. A 2ª
a segunda é a liberdade absoluta que conclui
Alienação e a terceira, por fim, é] TT: Alienação. O 3º é
conclui] TT: conclue
[AE: Trata-se do segundo momento da consciência moral (a boa consciência), já que Vaz considera os dois primeiros capítulos "A visão moral do mundo" e "A dissimulação" como formando o primeiro momento, ao mesmo tempo em que a boa consciência é a terceira forma do Si.]
21 *fl-45*
O esquema da terceira forma do Si é o seguinte: a certeza moral imediata é a certeza de si, e toda a dialética que vai se desenvolver agora está contida nesta equação. Essa certeza é denominada por Hegel *convicção própria*] TT: Nós terminamos na articulação onde Hegel mostra a Gewissen como a terceira forma. O esquema da 3ª forma do Si é: a certeza moral imediata é a certeza de si. Toda a dialética que vai se desenvolver agora está contida nesta equação. A certeza de si que Hegel vai chamar a <u>convicção</u> interior
[AE: O texto da FE fala de *convicção própria, eigne Überzeugung* (PhG, 419/20; FE 637/434), ao invés de convicção interior, tal como expresso no TT. Mais adiante, a FE registra *intenção interior, innere Absicht* (PhG, 429/28; FE 654/445), como algo distinto da intenção manifesta, *vorgegbne Absicht* (PhG, 429/29; FE 654/445), de tal forma que aquela primeira fosse tomada como "o verdadeiro móbil da ação", *die wahre Triebfeder der Handlung*" (PhG, 429/32-33; FE 654/445), embora não efetivamente presente na ação concreta e manifestamente realizada. Ora, a boa consciência é justamente o suprassumir,

A boa consciência não é a certeza abstrata do dever, mas, em concreto, a intuição ou aquilo que Jacobi chamava a genialidade moral. O sujeito, ao agir moralmente, tem a certeza de si, ele não é a consciência oscilante entre o concreto e o abstrato, mas ele é certo, tem a convicção de estar agindo concretamente. Então, esta certeza de si torna-se conteúdo do dever, antes vazio, porque a consciência moral não conseguia adequar a forma abstrata do dever a um conteúdo de deveres determinados e tinha que recorrer ao legislador existindo fora de si mesma — adquire, agora, existência efetiva, concreta e imediata chamada por Hegel *ser-aí, Dasein*[22].
Este esquema inclui toda a dialética que vai se seguir até o fim. Hegel mostra que esta dialética tem três momentos fundamentais:

> *Aufheben* (PhG, 429/35; FE 654/445), da distinção acima mencionada. Por isto, então, foi feita a opção por convicção própria, a convicção vigente no interior da subjetividade, mas *também efetivamente realizada.*]
> 22 *fl-45*
> dever, mas, em concreto,] TT: dever, ou melhor, mas em concreta
> genialidade moral] TT: generalidade moral
> [AE: O gosto pelo bem é... formatado mediante excelentes modelos; e os originais proeminentes são sempre obras do gênio [...] Ela [a virtude] é o *instinto* próprio e particular *do homem*, e atua, como todo instinto, *antes* da experiência, e, caso se queira chamá-la assim, *cegamente*; Der Geschmack am Guten wird [...] durch vortreffliche Muster ausgebildet; und die hohen Originale sind immer Werke des Genies [...] Sie [die Tugend] ist der eigentümliche besondere *Instinkt des Menschen*, und wirk, wie jeder Instinkt, *vor* der Erfharung, und, will man es so nennen, *blind*; Jacobi, Friedrich Jacobi. *Woldemar. Erster Theil.* Königsberg: Friedrich Nicolovius, 1796, S. 90/91.]
> dever, antes vazio, porque a consciência moral não conseguia adequar a forma abstrata do dever a um conteúdo] TT: dever. O dever que antes era vazio, porque não conseguia adequar a forma abstrata com um conteúdo
> legislador existindo fora de si mesma — adquire, agora, existência efetiva, concreta e imediata chamada por Hegel *ser-aí, Dasein*] TT: legislador. O conteúdo do dever é a certeza de si. Portanto, o dever vai adquirir uma imediaticidade, um existir. Hegel vai dizer um <u>ser-aí</u>. Deve vai passar a existir imediatamente.
> [AE: "Somente como boa consciência, ela [a consciência de si moral] tem, em sua *certeza de si mesma*, o *conteúdo* para o dever anteriormente vazio, assim como para o direito vazio e [para] a vontade universal vazia; e porque esta certeza de si mesma é igualmente o *imediato*, [a consciência de si moral tem, na certeza imediata de si mesma,] o ser-aí mesmo".
> "Als Gewissen erst hat es in seiner *Selbstgewißheit* den *Inhalt* für die vorhin leere Pflicht sowie für das leere Recht und den leeren allgemeinen Willen; und weil diese Selbstgewißheit ebenso das *Unmittelbare* ist, das Dasein selbst". FE 633/432; PhG, 416/38 — 417/2.]

1 — MOMENTO DA SINGULARIDADE DA BOA CONSCIÊNCIA (A)
2 — MOMENTO DA UNIVERSALIDADE DA BELA ALMA (B)[23]
3 — MOMENTO DO MAL E PERDÃO (C)

Primeiro, prevalece o indivíduo singular, a convicção singular do indivíduo que age com certeza de si que se torna o conteúdo do seu dever e age como uma espécie de instinto moral[24]. O segundo momento vê que sua singularidade é uma singularidade que adquire uma universalidade pelo fato de ser uma convicção reconhecida pelos outros, de ser uma singularidade que não se opõe a um universal abstrato, já que a singularidade se define em oposição ao universal concreto das outras consciências. Portanto, ela não vai ser oposição ao universal abstrato, mas vai tornar-se uma singularidade histórica, uma consciência histórica. Todavia, sendo singularidade, ela verá a necessidade de agir sempre em casos determinados contingentes. Então, a história, as suas circunstâncias lhe aparecerão como uma perda desta certeza de si imediata. Consequentemente, ela se tornará consciência universal, e isto será o segundo momento: momento da universalidade. Não é mais a universalidade abstrata do dever, mas o que Hegel e os românticos vão chamar a bela alma, a alma que tem a certeza de si, a moralidade como certeza íntima que recua diante da ação concreta, pois a ação concreta lhe aparecerá como a perda desta certeza. Então, ela insiste na [fl-46]universalidade do dever, enquanto é convicção e certeza íntima dela, mas recua diante do agir concreto[25].

---

23 *fl-45*
esquema inclui toda] TT: esquema inclue toda
Hegel mostra] TT: Hegel mostrar
UNIVERSALIDADE DA BELA ALMA (B)] TT: UNIVERSALIDADE (B)
24 *fl-45*
certeza de si que se torna o conteúdo do seu dever e age como uma espécie de instinto moral.] TT: certeza de si. Esta certeza é o conteúdo do seu dever. O indivíduo age com uma espécie de instinto moral. É o momento da singularidade da boa consciência.
25 *fl-45 > fl-46*
outros, de ser uma singularidade] TT: outros. Pelo fato de não ser uma singularidade
abstrato, já que a singularidade] TT: abstrato. A singularidade
ser oposição] TT: ter oposição

O terceiro será o momento da síntese dos dois que Hegel vai chamar a dialética do mal e do perdão, usando conceituação religiosa. Esta dialética vem a ser o seguinte: a bela alma tem que sair da moralidade, pois tem que agir. Porém, se convence que a ação não perdura, e o homem na história nunca pode ter uma ação que seja imaculadamente pura do ponto de vista moral, pois a ação é um entrelaçamento do mal e do bem. O mal será superado pelo que Hegel vai chamar o *perdão*. O perdão aqui não é no sentido jurídico da palavra, mas no sentido histórico. A ação mesma se absolve pela ação. Em outras palavras: o mal estaria mais em não agir, em permanecer fechado na universalidade da bela alma do que na ação histórica. A ação histórica é impura, mas, por ser ação, ela traz na sua impureza a raiz da superação desta impureza, a raiz do seu perdão[26].

Portanto, o primeiro momento é uma tese. O segundo momento é uma antítese e o terceiro momento é uma síntese, porque vamos ter aí o universal e o singular sintetizados na ação histórica[27].

Esta é a problemática que Hegel vai desenvolver agora.

Vamos ver o momento da singularidade. Hegel começa mostrando a boa consciência como realidade efetiva do dever.

---

histórica. Todavia, sendo singularidade] TT: histórica. Mas, acontece que de fato como sendo singularidade
imediata. Consequentemente, ela se] TT: imediata. Ela se
universal, e isto será o segundo momento: momento] TT: universal, será o segundo momento, que é o Momento
universalidade. Não é mais a universalidade abstrata do dever, mas o que Hegel e os românticos vão chamar a bela alma, a alma que tem a certeza de si, a moralidade como certeza íntima que recua] TT: Universalidade. Não é a universalidade abstrata do dever. Será o que Hegel e os românticos, vão chamar a Bela Alma. A alma que tem a certeza de si, isto é, a moralidade como certeza íntima, mas, recua
enquanto é convicção] TT: enquanto convicção
26 *fl-46*
perdão, usando] TT: Perdão. Ele vai usar
imaculadamente pura do ponto de vista moral, pois a ação] TT: imaculadamente do ponto de vista moral. Então, a ação
entrelaçamento] TT: entrlaçamento
absolve] TT: absorve
impureza, a raiz] TT: impureza. A raiz
27 *fl-46*
o universal] TT: universal

a) A boa consciência como efetividade (Wirklichkeit) do dever[28]

Na dialética anterior (Kant), o dever não tinha realidade, porque ele era abstrato e a realidade dele tinha que pedir a legislação do legislador divino. Como não poderia realizar em concreto a lei do legislador, então o dever permanecia sempre em oposição à realidade efetiva. No entanto, nunca se conseguia uma síntese entre a realidade efetiva e o dever, mas, agora, a própria consciência torna-se a realidade efetiva do dever. O dever, agora, vai sair da convicção interna da boa consciência e ela se torna o conteúdo do dever[29].

Esta realidade efetiva se apresenta, em primeiro lugar, da seguinte maneira:

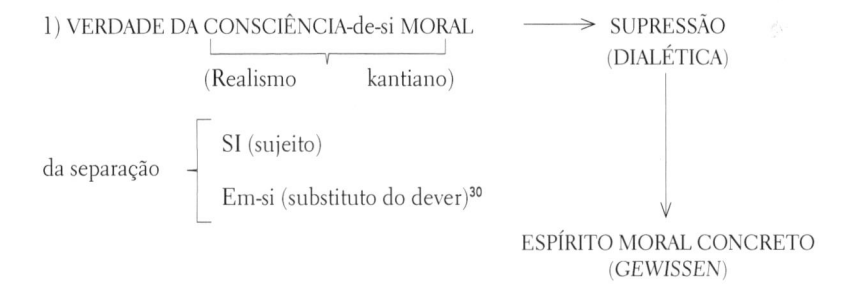

1) VERDADE DA CONSCIÊNCIA-de-si MORAL ⟶ SUPRESSÃO (DIALÉTICA)
   (Realismo   kantiano)

da separação ⎡ SI (sujeito)
             ⎣ Em-si (substituto do dever)[30]
                                              ↓
                                    ESPÍRITO MORAL CONCRETO
                                         (GEWISSEN)

---

[28] fl-46
A BOA CONSCIÊNCIA COMO EFETIVIDADE (WIRKLICHKEIT) DO DEVER] TT: A BOA CONSCIÊNCIA (GEWISSEN) COMO REALIDADE EFETIVA DO DEVER]
(Werklichkeit)
[AE: no TT, a palavra Werklichkeit está escrita logo abaixo das palavras realidade efetiva.]

[29] fl-46
(Kant), o dever] TT: (Kant) que
era abstrato e a realidade] TT: era abstrato. A realidade
poderia] TT: podeia
efetiva. No entanto, nunca] TT: efetiva. Nunca
entre a realidade efetiva e o dever, mas, agora, a própria] TT: entre realidade efetiva e o dever. Agora a própria
consciência e ela se torna o conteúdo do dever] TT: consciência. Ela é que é o conteúdo do dever

[30] fl-46
[AE: o texto dentro do colchete "SI (sujeito)" e "Em-si (substituto do dever)" é resultado de ECB, já que o TT o registra fora do colchete.]

Como sabemos, na Fenomenologia do Espírito, cada figura da consciência é a verdade da figura anterior e a solução desta última. A boa consciência é a verdade da cons[fl-47]ciência de si moral, tal como foi exposta nos capítulos *a visão moral do mundo* e *a dissimulação*. Assim sendo, a convicção própria de agir bem é a verdade da moralidade abstrata representada pelo moralismo kantiano e é, portanto, a suprassunção dialética (*Aufhebung*) da separação entre o Si (sujeito) e o em-si (substituição do dever). Este em-si como substância do dever, do ponto de vista de Kant, está sempre fora da consciência, porque não se pode realizá-lo concretamente. Portanto, qual é a verdade da consciência de si moral? É aquela suprassunção que é o espírito moral concreto, a *boa consciência*, *Gewissen*, a terceira figura do espírito[31].

Jacobi dizia: só há uma maneira de conciliar o dever abstrato e a consciência do dever: *é agir*, mas não buscando a justificação teórica antes do agir e sim autojustificando-se no agir, pois a ação será a autojustificação mesma. Do ponto de vista da concepção kantiana, todavia, o agente moral tem de ponderar e optar entre os dois lados da alternativa. Ao con-

---

[31] *fl-46 > fl-47*
Como sabemos, na Fenomenologia do Espírito, cada figura da consciência é a verdade da figura anterior e a solução desta última. A boa consciência é a verdade da cons[fl-47]ciência de si moral, tal como foi exposta nos capítulos *a visão moral do mundo* e *a dissimulação*. Assim sendo, a convicção própria de agir bem é a verdade da moralidade abstrata representada pelo moralismo kantiano e é, portanto, a suprassunção dialética (Aufhebung) da separação entre o Si (sujeito) e do em-si (substituição do dever). Este em-si como substância do dever, do ponto de vista de Kant, está sempre fora da consciência, porque não se pode realizá-lo concretamente. Portanto, qual é a verdade da consciência de si moral? É aquela suprassunção que é o espírito moral concreto, a *boa consciência*, *Gewissen*, a terceira figura do espírito.] TT: Como a verdade da consciência-de-si moral. A consciência-de-si moral é a consciência moral no sentido de Kant. Aquela que tratamos até agora. Sabemos que na Felicidade Espiritual cada figura é a verdade da figura anterior. Cada figura é uma solução da figura anterior. O Gewissen é a verdade da cons-[fl-47]consciência-de-si moral. A convicção interna de agir bem é a verdade da moralidade abstrata. O moralismo Kantiano. A verdade da consciência-em-si moral é a supressão dialética (Aufhebung) da superação do Si (sujeito) e do em-si (da substituição de dever). Esta substância do dever do ponto de vista de Kant está sempre fora da consciência, porque não se pode realizar concretamente. Portanto, qual é a verdade da consciência-de-si moral? É esta supressão. E o que é esta supressão? É o espírito moral concreto. É o Gewissen. É a terceira figura do espírito.

trário, a boa consciência não faz isto, porque é uma intuição acerca de que lado está o bem. Com efeito, o agir vem antes da justificação do agir, ao passo que, na moral kantiana, a ordem é inversa e, por isto, o resultado é uma contradição[32].
Vem agora o processo da atualização desta consciência.

2) PROCESSO de *atualização* → FIGURA MORAL CONCRETA

O processo de atualização (*Verwirklichung*) da consciência moral, a saber, o processo de dar a esta consciência a moralidade efetiva é o que nos faz subir a uma figura moral concreta. Por exemplo: a literatura romântica tem como um dos temas fundamentais este problema do agir moral e da justificação do agir moral. É o que os românticos chamavam *romance de formação*, *Bildungsroman*. Também a *Fenomenologia do Espírito* foi chamada uma filosofia de *Bildungsroman*, isto é, um romance da consciência se autoformando. No fundo, a *Fenomenologia do Espírito* não é mais que um romance de educação da consciência. Eles estudavam como o indivíduo ia se tornando uma determinada figura moral concreta através das experiências concretas da vida, como, por exemplo, Goethe, *Os anos de aprendizado de Wilhelm Meister*, *Wilhelm Meisters Lehrjahre*, 1795/96. O

---

[32] *fl*-47
dever: é *agir*] TT: dever. É AGIR
agir e, sim, agindo e autojustificando-se no agir, pois a ação será a autojustificação mesma. Do ponto de vista da concepção kantiana, todavia, o agente moral tem de ponderar e optar entre os dois lados da alternativa. Ao contrário, a boa consciência não faz isto, porque é uma intuição acerca de que lado está o bem. Com efeito, o agir vem antes da justificação do agir, ao passo que, na moral kantiana, a ordem é inversa e, por isto, o resultado é uma contradição.] TT: agir. Será agindo e autojustificando-se no agir. A ação será a auto-justificação. O sujeito tem que optar e no ponto de vista da concepção Kantiana ele ficaria ponderando os dois lados da alternativa. Gewissen não faz isto porque é uma intuição. Intui de que lado está o bem. Ele age. O agir vem antes da justificação do agir. Na moral Kantiana a justificação varia antes do agir. por isto termina numa contradição.
[AE: A única coisa moralmente danosa é abolir o uso da boa consciência [...] Imediatamente e somente seu *coração* diz ao ser humano o que é *bom*; Den Gebrauch des Gewissen abzuschaffen ist allein verderblich [...] Was *gut* ist, sagt dem Menschen unmittelbar und allein sein *Herz*; Jacobi, Friedrich Jacobi. *Woldemar. Erster Theil*. Königsberg: Friedrich Nicolovius, 1796, S. 133/134; sobre a boa consciência, vide comentário à *fl*-39.]

problema dos românticos era como o indivíduo chegava a se formar: pelo que ele aprendia ou pelo que ele agia, estudando ou agindo? De acordo com a solução romântica (Goethe, Schiller, Novalis), a figura moral do indivíduo é um processo de atualização. É no momento em que este processo começa a se desenvolver é que vai surgindo, pouco a pouco, a figura moral concreta do indivíduo. Aprender a moral (que seria a parte da moral kantiana) não basta para que o sujeito se torne ser moral, pois ser moral é agir moralmente. Aprender moral não basta para agir moralmente, porque só a aprendizagem, isto é, só a formulação abstrata do dever conduz a uma contradição. É necessário, portanto, que o dever se torne uma convicção íntima, se torne uma certeza de si. Nestes romances de formação, as personagens vão no fundo, são *tipos* de figuras concretas do agir moral que agem moralmente segundo uma determinada convicção delas. Com efeito, toda a significação e riqueza das personagens do romance era a convicção com que elas agiam. Isto fazia parte da psicologia romântica. Portanto, elas se apresentavam como heróis, porque viviam a sua verdade através de uma convicção subjetiva, enquanto a questão da universalização era um problema secundário, pois o importante era a convicção. Este será o problema, aqui, de Hegel. Porém, Hegel, vai mostrar que a convicção, enquanto pura convicção, conduz à bela alma, à universalidade puramente interior. Por isto, ela deverá ser superada mediante a dialética do mal e seu perdão, isto é, da ação histórica concreta que não pode ser pura, porque estas personagens queriam realizar tipos apenas de humanidade no sentido moral da palavra. Na *Fenomenologia do Espírito*, Hegel já evocou Karl Moor, personagem central do drama de Schiller, "*os Bandidos*", o qual, no fim, tornou-se um tal de salvador da moral, pois cometia os seus crimes para poder salvar. Era um Dom Quixote mais evoluído no tempo. Era, pois, um herói romântico, pois o que valia, para ele, era sua convicção interior. Mas, no fim, se convenceu que esta convicção interior não transformava o mundo. Daí, o drama[33].

---

33 *fl-47*
O processo de atualização (Verwirklichung) da consciência moral, a saber, o processo de dar a esta consciência a moralidade efetiva é o que nos faz subir a uma figura moral concreta.] TT: O processo de atualização (Verginlichging) de dar a moralidade efetiva a esta consciência é o que nos faz subir a uma figura moral concreta.

[fl-48] Estes heróis românticos representam figuras morais que vão surgindo neste processo de atualização da boa consciência. O importante aqui é mostrar que este processo de atualização não é uma justificação, mas uma ação³⁴.

---

romance de formação, Bildungsroman] TT: "Bildung Romanun". Cfr. Goethe. Fenomenologia do Espírito foi chamada uma filosofia de Bildungsroman] TT: fenomenologia espiritual foi chamada uma filosofia do Beldung romanun autoformando. No fundo, a Fenomenologia do Espírito] TT: auto-formando. É uma filosofia. No fundo, a fenomenologia espiritual
concreta através das experiências concretas da vida, como, por exemplo, Goethe, Os anos de aprendizado de Wilhelm Meister, Wilhelm Meisters Lehrjahre, 1795/96.] TT: concreta, isto é, como é que através das experiências concretas da vida (cfr. Goethe) para se formar.
chegava a se formar: pelo que ele aprendia ou pelo que ele agia, estudando ou agindo? De acordo com a solução romântica (Goethe, Schiller, Novalis)] TT: chegava a se formar? Era pelo que ele aprendia ou pelo que ele agia. Era estudando ou agindo? A solução romântica (Goethe, Scheller, Navalis)
momento em que] TT: momento que
moral, pois ser moral é agir moralmente. Aprender moral] TT: ser-moral. Aprender a moral não é ser moral. Ser moral é agir moralmente. Aprender moral
É necessário, portanto, que o dever] TT: Precisa que o dever
delas. Com efeito, toda] TT: delas. Toda
riqueza das personagens] TT: riqueza da personagem
romântica. Portanto, elas se apresentavam] TT: romântica. Eles se apresentavam subjetiva, enquanto a questão da universalização era um problema secundário, pois o] TT: subjetiva, da universalização, era um problema secundário. O conduz à bela alma, à universalidade] TT: conduz a Bela Alma; conduz a universalidade
interior. Por isto, ela deverá ser superada mediante a dialética do mal] TT: interior. Deverá ser superada. Aí virá a dialética do mal
Fenomenologia do Espírito] TT: fenomenologia espiritual
Karl Moor, personagem central do drama de Schiller, "os Bandidos"] TT: Kar Moor de Schiller (personagem central do drama de Schiller) dos Bandidos [AE: Schiller, Friedrich. Die Räuber. Basel: Birkhäuser, 1945 (Schillers Werke, 2).]
tempo. Era, pois, um herói] TT: tempo. Era um Herói
era sua convicção interior] TT: era a convicção dele interior
Daí, o drama] TT: CTT(2)

34 fl-48
boa consciência. O importante] TT: Boa Consciência, da Gewissen. O importante
não é] TT: não e

3) *Caso concreto da ação*

Aqui Hyppolite lembra uma série de análises existencialistas para ilustrar o que Hegel chama aqui *caso concreto da ação*. Caso concreto da ação significa o indivíduo situado. Toda esta problemática da situação do indivíduo, tratada anos atrás pela literatura existencialista (Karl Jaspers [1883-1969] na Alemanha e G. Marcel [1889-1973] na França), pode ser comparada com o que Hegel quer dizer aqui. Evidentemente, as problemáticas globais são diferentes. Pode-se ilustrar este problema com o problema existencialista da situação. O indivíduo é sempre um indivíduo em situação e, portanto, não existe indivíduo abstrato. Portanto, não existe norma abstrata para o agir do indivíduo. Em concreto, as circunstâncias nas quais o indivíduo se encontra são as circunstâncias pensadas pelo indivíduo, captadas e vividas pelo indivíduo. Por isto, Karl Jaspers diz: chegando a determinado momento, o indivíduo está no que chama *Grenzsituation*, *situação-limite*: situações inescapáveis das quais o indivíduo não pode escapar sem negar-se a si mesmo, sem destruir a própria individualidade. Então, o caso da boa consciência não é mais que uma resposta do indivíduo a uma situação concreta, já que cada situação, para cada indivíduo, é diferente. Se não fosse diferente, se todos ficassem na mesma situação, não se colocaria o problema, uma vez que a norma geral valeria para todos igualmente. Assim sendo, o caso concreto da situação é que faz surgir esta boa consciência. Temos[35]:

---

35 *fl-48*
Hyppolite] TT: Hipolite
[AE: Hyppolite, Jean. *Gênese e estrutura da fenomenologia do espírito de Hegel*. Trad. Sílvio Rosa Filho; prefácio Bento Prado Júnior. 2a. ed. São Paulo, Discurso Editorial, 2003, p. 524/525; 547.]
o indivíduo] TT: i indivíduo
indivíduo, tratada anos atrás] TT: indivíduo a anos atrás
(Karl Jaspers [1883-1969] na Alemanha e G. Marcel [1889-1973] na França), pode ser comparada] TT: (Karl Jaspers na Alemanha e G. Marcel na França) pode ser comparado
são diferentes] TT: sejam diferentes
situação e, portanto, não] TT: situação. Não
Karl] TT: Kar
Grenzsituation, *situação-limite*: situações inescapáveis das quais o indivíduo] TT: Grens situations- "*Situação limite*". Situações inescapáveis, o indivíduo
si mesmo, sem destruir] TT: si mesmo. Sem destruir

3a) BOA CONSCIÊNCIA → SABER IMEDIATO E CONCRETO
↓
CASO: EM-SI DO SABER

A boa consciência é um saber imediato que tem como objeto o caso da situação concreta, o em-si do saber. Então, o saber não se dirige mais, como no caso da moral kantiana, a uma norma abstrata, mas ao caso concreto. Por isto, a boa consciência se distingue da consciência moral vista nos dois capítulos imediatamente anteriores, pois ela é a consciência moral mais a situação do caso concreto[36].

↓
3b) AGIR → PURA FORMA DO QUERER

O agir da boa consciência (é o saber do caso) será a pura forma do querer. No caso da consciência moral, o querer e o saber eram anteriores ao agir. Aqui não, o agir é a forma do querer. O sujeito é na medida em que ele age. É o contrário da moral da intenção, pois aqui nós estamos numa moral da execução, ao passo que, no moralismo kantiano, nós estávamos numa moral da intenção. O conteúdo deste saber imediato é[37]:

---

caso da boa consciência] TT: caso do Gewissen
concreta, já que] TT: concreta. Já que
TT: Se não fosse diferente, se todos ficassem na mesma situação, não se colocaria o problema, uma vez que a norma geral valeria para todos igualmente.] TT: Se não fosse diferente não se colocaria o problema, uma vez que a norma geral valeria para todos igualmente. Se todos ficassem na mesma situação.
esta boa consciência] TT: este Gewissen
36 fl-48
A boa consciência é um saber imediato que tem como objeto o caso da situação concreta, o em-si do saber.] TT: A boa consciência (Gewissen) que é um saber imediato concreto. E esse (a situação) é que é o objeto deste saber ou o em-si do saber.
abstrata, mas ao caso] TT: abstrata. Ele se dirige ao caso
Por isto, a boa consciência se distingue da consciência moral vista nos dois capítulos imediatamente anteriores, pois ela é a consciência] TT: Por isto que o Gewissen se distingue da consciência moral. Ele é a consciência
37 fl-48
o agir é a forma] TT: o agir é que é a forma
intenção, pois aqui] TT: intenção. Aqui
execução, ao passo que, no moralismo] TT: execução. Ao passo que não Moralismo

```
        ┌── A forma é o agir
────────┤
        └── O conteúdo é a passagem imediata ao dever
```

3c) CONTEÚDO:
PASSAGEM IMEDIATA AO DEVER

LEI PARA O SI
SER PARA O OUTRO —
SER RECONHECIDO HISTÓRIA

[fl-49] Então, não diremos: ajo porque devo, mas devo porque estou agindo. Não é uma negação de toda ética com a negação da universalização do dever (seria uma ética subjetiva), porque, por hipótese, a boa consciência é uma intuição concreta do aspecto moral do caso e porque o conteúdo moral está incluído dentro do caso de situação. Portanto, não é que a situação seja totalmente indiferente a um valor moral, porque o indivíduo age, confere um valor moral à situação, mas a situação tem um valor moral em si, ela é a situação objetiva de um saber imediato. Este saber imediato não é um saber da situação, enquanto uma situação puramente indiferente, sem dimensão moral. Por isto, o agir não é um agir arbitrário, mas é um agir de acordo com esta dimensão moral da situação. É isto que confere à boa consciência a certeza de agir corretamente. É claro que o problema assim colocado não vai encontrar uma solução puramente satisfatória. É por isto que Hegel não vai se satisfazer com esta solução dada pelos românticos. A sua solução procurará uma síntese entre o aspecto universal da norma, ou seja, da consciência moral, segundo Kant, e o aspecto concreto da intuição, do agir, segundo os românticos. A solução dos românticos, portanto, é um passo adiante na evolução do espírito em relação ao moralismo abstrato de Kant. De qualquer maneira, é melhor agir do que ficar pensando e, por isso, a boa consciência é uma figura superior à consciência moral tal como exposta nos capítulos *a visão moral do mundo* e *a dissimulação*, embora a solução dada pelos românticos não seja aquela de Hegel[38].

---

38 *fl-49*
diremos] TT: dirámos
dever (seria uma ética subjetiva)] TT: dever (seria subjetiva)
a boa consciência] TT: o Gewissen

Entra agora o elemento central de toda esta dialética. Esta dialética até este momento ficou presa na certeza moral imediata do indivíduo, a qual, por sua vez, confere conteúdo ao seu dever: o indivíduo sabe agora que deve agir e não precisa justificar a correção do agir neste caso concreto[39]. No entanto, se ficássemos aí, nos perderíamos no mais total individualismo moral. Entra um outro elemento: o dever é, ao mesmo tempo, concretamente uma lei (não a lei abstrata do legislador) para o sujeito, para o Si e é também um ser para o outro sujeito, que é o problema do reconhecimento, do ser para o outro: o ser reconhecido que tem uma dimensão histórica. Para isto que a figura da boa consciência entra aqui, porque, se não fosse isto, esta boa consciência voltaria lá para trás da Fenomenologia do Espírito, no momento da figura da individualidade no fim do quinto capítulo sobre a Razão. Com efeito, a boa consciência não é a consciência individual, mas uma consciência histórica, porque o que dá ao indivíduo a certeza de estar agindo bem é o fato de ele postular, pedir o reconhecimento dos outros para esta ação. Sem este reconhecimento, esta ação não seria uma ação moral. Em outras palavras: o que dá ao indivíduo a certeza de

---

caso e porque] TT: caso, porque
moral está incluído] TT: moral incluído
moral à situação] TT: moral a situação
a situação objetiva de um saber imediato] TT: objetiva de um saber imediato
que confere à boa consciência a certeza de agir corretamente] TT: que dá certeza do Gewissen
assim colocado não vai] TT: assim não vai
procurará uma] TT: é a que vai procurar uma
românticos. A solução] TT: românticos. Vai tentar uma síntese dos dois. Esta solução
espírito em relação ao moralismo] TT: espírito no Moralismo
pensando e, por isso, a boa consciência é uma figura superior à consciência moral tal como exposta nos capítulos *a visão moral do mundo* e *a dissimulação*, embora a solução dada pelos românticos não seja aquela de Hegel.] TT: pensando. Esta é uma figura superior a consciência moral. Está na frente, não é a solução que Hegel vai dar.

[39] *fl-49*
presa na certeza moral imediata do indivíduo, a qual, por sua vez, confere conteúdo ao seu dever: o indivíduo sabe agora que deve agir e não precisa justificar a correção do agir neste caso concreto.] TT: presa na certeza moral imediata do indivíduo tem que agir certamente. Certeza moral que dá conteúdo ao seu dever. O indivíduo que sabe que agora deve agir e não precisa justificar que estou agindo corretamente neste caso concreto.

estar agindo bem é o ser reconhecido pelo outro. A partir daqui, *Hegel trata do reconhecimento da convicção* ou do problema do ser reconhecido[40].

b) Reconhecimento da convicção[41]

Esta dialética do reconhecimento apareceu pela primeira vez na *Fenomenologia do Espírito* na questão do senhor e do escravo. Porém, lá não se colocava o problema da consciência moral, pois senhor e escravo estavam apenas emergindo sobre a animalidade. A primeira relação dialética que eles tiveram foi a relação de luta de vida ou morte (*Kampf auf Leben und Tod*): a luta animal para poder sobreviver, porque a luta pela vida é a lei do mundo animal. Mas, nesta luta, o escravo implorou ao senhor a vida, recebeu-a e reconheceu o senhor, constituindo, com isto, portanto, a relação unilateral do reconhecimento, uma relação de dependência. O vencido, assim, reconheceu o vencedor como o senhor e começou a trabalhar para o vencedor. Houve, contudo, uma inversão daquela relação unilateral, porque o trabalho formou o escravo e fez com que ele dominasse a natureza. Com isso, então, o ser reconhecido do senhor por parte do escravo está ancorado na dependência daquele em relação a este, já que o senhor, como ser natural, não mais sobreviveria sem o trabalho do escravo.

---

40 *fl-49*
No entanto, se ficássemos aí,] TT: Agora, mas se ficássemos aí
(não a lei abstrata do legislador)] TT: (não abstrata ao legislador)
para o sujeito] TT: para o sujeito
reconhecimento] TT: desconhecimento
figura boa consciência] TT: figura da Gewissen
esta boa consciência] TT: esta Gewissen
Fenomenologia do Espírito, no momento da figura individualidade] TT: espiritual. No momento, da individualidade
Razão.] TT: Razão onde aparecem a individualidade.
Com efeito, a boa consciência não é a consciência individual, mas uma histórica, porque o que dá ao indivíduo a certeza de estar agindo bem é o fato dele postular, pedir o reconhecimento dos outros para esta ação.] TT: A Gewissen não é a consciência individual, ela é uma consciência histórica, porque o que dá o indivíduo a certeza de estar agindo bem, mas, o fato dele postular, de pedir o reconhecimento dos outros para esta ação.
41 *fl-49*
b) RECONHECIMENTO DA CONVICÇÃO] TT: O RECONHECIMENTO DA CONVICÇÃO

Então, nesta primeira forma de reconhecimento temos uma alternância entre o reconhecimento que parte do escravo para o senhor e o reconhecimento que retorna do senhor ao escravo[42]. Isto foi o começo da história, sua área inaugural. Mas aqui já se avançou muito. A história já passou pelo espírito concreto e pelo mundo da alienação. Agora, já está no estádio pós-revolucionário, pois, já foi feita a experiência da liberdade absoluta, de todos serem ao mesmo tempo reconhecidos e reconhecentes. A história se reconstrói após o caos do terror revolucionário e surge, então, daí um novo reconhecimento. De que forma? É na forma do agir moral, pois não há mais senhor e escravo. Hegel está falando da Revolução Francesa, [fl-50] enquanto ela liberou todas aquelas obras sociais da sociedade antiga. É, porém, também um problema de reconhecimento, porque cada indivíduo age segundo uma convicção interior. O que tem valor agora para o indivíduo neste estado da evolução não é ele obedecer a uma lei exterior, mas por ter uma convicção íntima de estar agindo bem. Mas, se ficássemos aqui, a história se converteria numa

---

[42] fl-49
Fenomenologia do Espírito] TT: fenomenologia espiritual
moral, pois senhor] TT: moral, Senhor
a relação de luta de vida ou morte (Kampf auf Leben und Tod): a luta] TT: a relação da luta da morte. A luta
[AE: PhG 130/36; FE 187/145.]
sobreviver, porque a luta] TT: sobreviver. A seleção natural, entre a luta
nesta luta] TT: esta luta
a vida, recebeu-a e reconheceu o senhor, constituindo, com isto, portanto, a relação unilateral do reconhecimento, uma relação de dependência. O vencido, assim, reconheceu o vencedor como o senhor e começou a trabalhar para o vencedor. Houve, contudo, uma inversão daquela relação unilateral, porque o trabalhou formou o escravo e fez com que ele dominasse a natureza. Com isso, então, o ser reconhecido do senhor por parte do escravo está ancorado na dependência daquele em relação a este, já que o senhor, como ser natural, não mais sobreviveria sem o trabalho do escravo.] TT: a vida. Recebeu a vida. Reconheceu o Senhor. Houve a relação unilateral do reconhecimento. O vencido reconheceu o vencedor como o senhor. O vencido começou a trabalhar para o vencedor. Houve o contrário da relação, porque o trabalhou formou o escravo e fez com que ele dominasse a natureza. A relação de reconhecimento foi se invertendo lentamente, passando a ser uma relação que tinha como objeto agora não já o senhor que era reconhecido pelo Escravo e Senhor morreria de fome.
nesta primeira forma de reconhecimento temos] TT: a primeira forma de reconhecimento é a que temos

inutilidade de atos. É necessário ligar estes atos e isto se faz pelo reconhecimento. Cada um tem que agir bem, mas projeta a sua convicção interior no reconhecimento dos outros, na aceitação dos outros, senão a história não fica bem. É isto que Hegel chama o reconhecimento da convicção. É o momento central desta dialética, porque é isto que vai dar à *boa consciência* um alcance histórico. Como se articula este reconhecimento[43]:

1 — Ser-para-um-outro → Substância — (Em-si)
↓
(Universalidade CONCRETA)[44]

O ser para um outro forma agora a substância ou o em-si. Aquele em-si que estava separado, aquela substância do dever que estava separada do Si no moralismo kantiano, foi projetada em uma dimensão transcendente, a saber, no legislador divino. Agora, esta substância do em-si está sintetizada na convicção íntima do Si e este projeta esta convicção íntima em direção aos outros, querendo agir para o bem dos outros para que a sua ação seja reconhecida pelos outros. É a realização concreta daquilo que

---

43 *fl-49*
sua área inaugural] TT: A área inaugural da história
avançou muito] TT: avançou Mundo
passou] TT: pusso
A história se reconstrói após o caos do terror revolucionário e surge, então, daí um novo reconhecimento.] TT: Então surgiu o terror, o caos. Agora a história se reconstrói. Surge um novo reconhecimento.
[AE: Ele [este ser para outro] é o elemento comum das consciências de si, este é a substância, na qual o ato tem *subsistência* e *efetividade*: o momento do *ser reconhecido* pelos outros; Es [Dies *Sein für anderes*] ist das gemeinschaftliche Element der Selbstbewußtsein, und dieses die Substanz, worin die Tat *Bestehen* und *Wirklichkeit* hat; das Moment des *Anerkanntwerdens* von den andern. PhG, 420/22-25; FE 640/436.]
moral, pois não] TT: moral. Não
sociedade antiga] TT: sociologia antiga
obedecer a uma lei] TT: obedecer uma lei
se converteria] TT: se faria
atos e isto se faz] TT: atos. Isto se faz
projeta] TT: projetar
dar à *boa consciência*] TT: dar a <u>Gewissen</u>
44 *s1fl-50*
Ser- para - um-outro] TT: Ser- para um- outro

Kant formulou abstratamente como imperativo categórico: procede de tal maneira que a sua ação possa servir de exemplo a todos os outros; procede de tal maneira que a sua ação tenha um valor universal ou procede de tal maneira para que a sua ação não tenha motivos egoísticos. Se o sujeito procede assim, ele está agindo moralmente[45].

Hegel diz: o imperativo categórico em concreto se realiza, quando há esta convicção íntima projetada na busca do reconhecimento do outro, ou seja, quando a substância do dever coincide ou está colocada no nosso ser para o outro e não só *na convicção íntima*[46].

O dever puro, portanto, esta substância do dever adquire aqui a sua universalidade que ela tinha perdido quando entrou no âmbito ou na esfera do ser em-si abstrato. É um momento importante na *Fenomenologia do Espírito* e de toda a visão moral do mundo de Hegel, porque há passagem da universalidade abstrata para a universalidade concreta. Isto se faz quando nós entramos na história, o ponto universal concreto. O dever adquire de novo universalidade, quando ele se torna dever em relação ao outro, um ser para o outro. Não se perde, porém, a convicção íntima. O indivíduo que tem a certeza moral, a boa consciência, o herói romântico age concretamente tendo a certeza de que, naquela sua ação, está contida também o bem dos outros. No fim, ele pode até se sacrificar pelos outros. Concretamente, e não através de uma justificação abstrata. Reaparece aqui

---

[45] *fl-50*
kantiano, foi projetada em uma] TT: Kantiano e, portanto, ele acabava projetando uma
transcendente, a saber, no legislador] TT: transcendente no legislador
divino. Agora, esta substância do em-si está sintetizada na convicção íntima do Si e este projeta] TT: divino, agora, esta substância do em-si está sintetizada. Faz parte do ser. Ela é a convicção íntima do ser. O sujeito agora projeta
outros, querendo agir para o bem dos outros para que a sua] TT: outros. Ele quer agir para o bem dos outros. Para que a sua
categórico: procede] TT: categórico. Imperativo categórico era: procede
[AE: Em uma de suas formulações, o imperativo categórico reza: "Age de tal modo que a máxima de tua vontade possa sempre valer simultaneamente como princípio de uma legislação universal"; "Handle so, daß die Maxime deines Willens jederzeit zugleich als Prinzip einer allgemeinen Gesetzgebung gelten könne"; KpV, A 54.]

[46] *slfl-50*
quando a substância do dever coincide ou está colocada] TT: quando — substância do dever coincide, está colocado

a universalidade desta substância, ou seja, do dever. Aqui a dialética vai de novo repetir-se, porque o indivíduo, então, vai embaraçar-se de novo: onde encontrar esta universalidade concreta? É o problema da bela alma: como ela saberá, de fato, que está sendo útil aos outros? Nesta perplexidade e nesta interrogação, ela acaba de novo recuando diante da ação, o problema do terceiro momento, da bela alma. Ela perceberá que na história ela nunca poderá agir totalmente de modo altruísta, pois não existe isto na história, que é sempre impura e o egoísmo é algo constituinte da história. No entanto, ela precisa agir e não pode permanecer no âmbito da universalidade abstrata. Daí vem a dialética do mal e do perdão que é a síntese entre esta universalidade concreta e a singularidade concreta, singularidade concreta da consciência e universalidade concreta do ser para o outro histórico. A síntese dos dois é a dialética do mal e do perdão que Hegel vai desenvolver no fim deste capítulo sobre a moralidade[47].

Então, o problema do reconhecimento da convicção é central, porque, senão, voltaríamos ao individualismo moral.

Primeiro, a substância adquire a universalidade concreta.

---

[47] *fl-50*
entrou no âmbito ou na esfera do ser em-si abstrato] TT: entrou do âmbito ou da esfera do ser
Fenomenologia do Espírito] TT: fenomenologia espiritual
visão moral do mundo] TT: visão do mundo
na história, o ponto universal] TT: na história. A história é o ponto universal
íntima. O indivíduo] TT: íntima. Não se falta a problemática abstrata de saber o que convém aos outros. O indivíduo
a boa consciência] TT: a Gewissen
até se sacrificar] TT: até a se sacrificar
substância, ou seja, do dever.] TT: substância; substância aqui é igual ao dever.
novo: onde encontrar esta universalidade concreta?] TT: novo onde encontrar esta universalidade concreta.
alma: como ela saberá, de fato, que está sendo útil aos outros?] TT: Alma. Como ela saberá de fato que está sendo útil aos outros.
ação, o problema do terceiro momento, da bela alma. Ela perceberá] TT: ação. Virá o problema da Bela Alma, vem o terceiro momento. Perceberá
altruísta, pois não existe isto na história, que é sempre impura e o egoísmo] TT: alrtuísta. Não existe esta na história. A história é sempre impura. O egoísmo
história. No entanto, ela precisa agir e não pode permanecer no âmbito da universalidade abstrata. Daí] TT: história. Ela precisa agir. Daí,
concreta, singularidade] TT: concreta. Singularidade

↓
[fl-51] 2 — ESSÊNCIA DA AÇÃO → CONVICÇÃO → DEVER

CONVICÇÃO → CONSCIÊNCIA de si → EM-si UNIVERSAL
↓
SER RECONHECIDO

A essência da ação ao nível da boa consciência é a convicção com respeito ao dever que surge como essência do agir[48]. Por sua vez, a convicção tem que ter ou pertencer à consciência de si tornada o em-si universal. Este em-si universal é o que Hegel chama o ser reconhecido[49]. De modo que o processo total se faz da seguinte maneira:

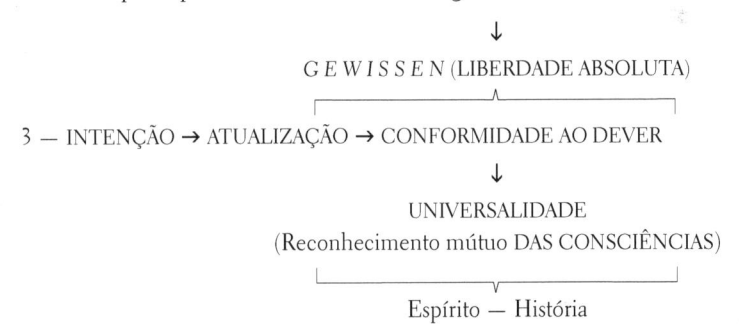

↓
G E W I S S E N (LIBERDADE ABSOLUTA)
┌─────────────────⋏─────────────────┐
3 — INTENÇÃO → ATUALIZAÇÃO → CONFORMIDADE AO DEVER
↓
UNIVERSALIDADE
(Reconhecimento mútuo DAS CONSCIÊNCIAS)
└─────────────────⋎─────────────────┘
Espírito — História

Na intenção da boa consciência está incluído o *agir*, a atualização desta intenção. Consequentemente, a conformidade ao dever adquire a sua universalidade, ou melhor, adquire o seu caráter histórico no reconhecimento mútuo das consciências. Este reconhecimento mútuo das consciências é, agora, o espírito, a história. Enfim, o problema da boa consciência é encontrar as formas concretas deste reconhecimento, porque cada indivíduo age segundo a sua convicção íntima. Contudo, esta convicção não pode ser justificada teoricamente, porque se prova na ação

---

[48] *fl-51*
dever que surge como essência do agir] TT: dever. O dever surge como essência do agir. Surge no próximo agir.

[49] *fl-51*
que ter ou pertencer à consciência de si tornada] TT: que ter — consciência-de-si — (pertence à consciência-de-si) tornada

mesma. Por um lado, o próprio agir é a justificação desta convicção. Mas, por outro lado, para que ela tenha uma validez universal, ela tem que recorrer não à justificação teórica que está excluída por hipótese, mas ao reconhecimento dos outros. Isto, cada um faz de modo que se torne um reconhecimento mútuo universal. A primeira hipótese de uma dialética histórica aparece aqui: a história seria este reconhecimento mútuo, mas não justificado teoricamente, só se realizando, portanto, na ação concreta. Esta solução, Hegel vai mostrar como inviável. Por isto, ele vai rejeitar o romantismo. Hegel vai tentar passar além do romantismo, porque, para os românticos, o sentimento, a intuição, o instinto, a genialidade moral, bastariam para fazer que os homens se entendessem entre si e, com isto, construíssem a história. Assim como a constituição dos seres humanos tem uma predisposição instintiva para a defesa da sua individualidade biológica, de modo semelhante, eles teriam uma espécie de complexo instintivo para agir de acordo com o dever: agir de tal maneira que a sua ação seja aceita pelos outros e a ação do outro seja aceita por ele. A histó[fl-52]ria seria feita por este reconhecimento mútuo, mas este reconhecimento na base da boa consciência, isto é, na base da intuição[50].

A partir de agora, Hegel vai mostrar que isto não é possível, porque esta convicção, sendo mais sentida que a boa consciência, goza de uma

---

50 fl-51
Na intenção da boa consciência está incluído o *agir*, a atualização desta intenção.] TT: A intenção da boa consciência, na qual está incluído o AGIR. A atualização desta intenção.
Consequentemente, a conformidade] TT: A conformidade
boa consciência] TT: Gewissen
Contudo, esta convicção] TT: Esta convicção
prova] TT: provar
Por um lado, o próprio] TT: O próprio
não à justificação] TT: não a justificação
excluída] TT: incluída
aparece aqui: a história] TT: aparecendo aqui; a história
intuição, o instinto, a genialidade] TT: intuição. O instinto, a genialidade
Assim como a constituição dos seres humanos têm uma predisposição instintiva para a defesa da sua individualidade biológica, de modo semelhante, eles] TT: A construção tivesse uma predisposição instintiva, assim, como eles tinham a predisposição para a defesa da sua individualidade biológica, eles
dever: agir de tal maneira] TT: dever. De agir de tal maneira
boa consciência] TT: Gewissen

liberdade absoluta. No entanto, não é a liberdade absoluta da revolução, mas no sentido de que só a própria consciência (*Gewissen*) é que pode ter conhecimento das circunstâncias concretas nas quais ela deve agir, pois ela dará conteúdo à sua ação. Não há objetivamente nesta perspectiva um conteúdo para o dever, já que o conteúdo nasce no conhecimento das circunstâncias, mas quem conhece as circunstâncias é o indivíduo na sua boa consciência (*Gewissen*). Daí, como poderá haver o reconhecimento mútuo? Os indivíduos, de certo modo, tenderiam a postular este universo moral e tenderiam a postular este universo moral como reconhecido pelos outros. Mas, como o outro também tem o seu universo moral, então, ficamos no impasse. Daí que surge a *bela alma*. Bela alma significa que o indivíduo tem o seu universo moral, sabe que não vai ser reconhecido pelos outros, não quer abrir mão deste universo moral e, então, se fecha dentro de si mesmo. Ele torna-se, portanto, imediatismo contemplativo. Ele não vai conseguir o reconhecimento dos outros, porque os outros vão reivindicar para si o mesmo que ele reivindica para ele mesmo. Ele pede aos outros o aceitar que ele está agindo bem. Os outros também vão pedir o mesmo[51].

Exemplo: um diz que é covardia, o outro diz que é prudência. Um diz que é coragem, o outro diz que é temeridade. No universo moral do primeiro trata-se de covardia, ao passo que no universo moral do segundo trata-se de prudência. Quem vai decidir entre os dois, pois não existe lei objetiva transcendente? Daí que cada um se fecha em si mesmo. É o que se chama a bela alma[52].

---

51 *fl-52*
No entanto, não é a liberdade] TT: Não é a liberdade
agir, pois ela dará conteúdo à sua ação. Não há] TT: agir. Ela é que vai dar conteúdo a sua ação. Portanto, ela pode dar a sua ação conteúdo
para o dever, já que o conteúdo] TT: par o dever. O conteúdo
boa consciência (*Gewissen*)] TT: Gewissen
Ele torna-se, portanto, imediatismo] TT: Torna-se imediatismo
o mesmo que ele reivindica para ele mesmo] TT: mesmo que ele é para ele
Ele pede aos outros o aceitar que ele está agindo bem. Os outros também vão pedir o mesmo.] TT: Ele pede para ele o aceitar, que ele está agindo bem. Os outros também vão pedir.

52 *fl-52*
Exemplo: um] TT: Ex: Um
covardia, ao passo que no universo] TT: covardia, no universo
transcendente? Daí] TT: transcendente, daí

Então, a dialética da boa consciência termina neste impasse que é a bela alma. A superação deste impasse vai ser a dialética do mal e do perdão. Hegel renuncia ao romantismo ao mostrar que o *herói romântico não existe*. Ele afirma: "não existe herói para um criado de quarto". Todo indivíduo se *macula* na história. Este macular-se na história, isto é, este admitir o mal como constitutivo da própria história é que vai ser a saída para o passo da boa consciência tornada bela alma, tomada como uma espécie de moralismo interior[53].

[fl-53]Falamos sobre a boa consciência na sua singularidade e, depois, passaremos para a universalidade. Posteriormente, singularidade e universalidade se oporão e se sintetizarão no que Hegel chamará o mal e seu perdão[54].

---

[53] *fl-52*
boa consciência] TT: Gewissen
Hegel renuncia ao romantismo ao mostrar que o *herói romântico não existe*. Ele afirma: "não existe herói para um criado de quarto". Todo indivíduo] TT: Hegel vai renunciar ao romantismo. Ele vai mostrar que o *herói romântico nunca existe*. Vai estar a frase famosa: "não existe herói para um criado de quarto". Patrão pode ser herói. *O herói romântico não existe*.
[AE: "Não há herói para o criado de quarto, todavia, não porque aquele [o herói, LAV] não seja um herói, mas porque este [o criado de quarto, LAV] é o criado de quarto, com o qual aquele tem que lidar não como herói, mas como o que come, o que bebe, o que se veste, em geral na singularidade da carência e da representação". "Es gibt keinen Helden für den Kammerdiener; nicht aber weil jener nicht ein Held, sondern weil dieser — der Kammerdiener ist, mit welchem jener nicht als Held, sondern als Essender, Trinkender, sich Kleidender, überhaupt in der Einzelnheit des Bedürfnisses und der Vorstellung zu tun hat". PhG 437-438 /37-3; FE 665/452s.]
boa consciência] TT: Gewissen
tomada como] TT: tomada
[54] *fl-53*
Falamos sobre a boa consciência na sua singularidade e, depois, passaremos para a universalidade. Posteriormente, singularidade e universalidade se oporão e se sintetizarão no que Hegel chamará o mal e seu perdão.] TT: Falamos sobre a Gewissen. Falamos da Gewissen na sua singularidade. Depois passaremos para a universalidade. Depois as duas vão se opor e se sintetizarão no que Hegel vai chamar o Mal e o seu perdão.

c) Liberdade absoluta da convicção[55]

A parte da singularidade da boa consciência se sintetiza:

$$\text{BOA CONSCIÊNCIA (GEWISSEN)} \rightarrow \text{UNIDADE} \begin{cases} \text{Em-si} \\ \text{Para-si} \end{cases}$$

CONTEÚDO-FORMA DO DEVER Si → Saber das circunstâncias

AUTARQUIA → AUTODETERMINAÇÃO
(αυτάρκεια)

A boa consciência se apresenta como unidade do em-si e do para-si. Quer dizer: ela é, ao mesmo tempo, conteúdo e forma do dever, isto é, certeza de si mesma. Este conteúdo e esta forma do dever se explicam no fato do sujeito que Hegel chama aqui saber das circunstâncias da particularidade da ação. Nós vemos que a consciência neste aspecto de singularidade equivale ao ser em situação, pois ela é o ser que se decide na sua situação concreta. É o que Hegel, deslocando uma expressão estoica, diz que o ser tem a sua autarquia, que, em grego, quer dizer a sua independência, a sua autodeterminação[56].

Finalmente, a consciência forma a sua autodeterminação desta síntese do em-si e do para-si, superando, com isso, a oposição entre o concreto e o abstrato característica da visão moral do mundo. Na sua singularidade, ela se realiza como consciência moral. Esta solução do problema do concreto e do abstrato aparece sob este primeiro aspecto chamado pelos contemporâneos de Hegel a genialidade moral: o instinto moral, o sujeito moral para o qual a moralidade não era um saber das circunstâncias, mas uma certeza íntima de estar agindo bem. É o que Hegel chama a "con-

---

[55] fl-53
c) LIBERDADE ABSOLUTA DA CONVICÇÃO] TT: A absoluta liberdade da convicção
[56] fl-53
e esta forma] TT: e forma
dever se explicam] TT: dever se explica
situação, pois ela] TT: situação. Ela
concreta] TT: concreto
estoica, diz] TT: esfóico, ele diz

vicção do agir bem". Aqui não se coloca o problema de saber se essa convicção é algo puramente subjetivo, ou se a ela corresponde algo objetivo, justamente porque a colocação deste problema nos faria retornar à problemática kantiana do concreto e do abstrato. Aqui, por hipótese, o saber das circunstâncias é um saber objetivo, isto é, o indivíduo sabe concretamente onde está o bem e o mal, onde ele deve atuar o seu agir moral. E por isto mesmo ele tem esta *autarquia*, domínio de si mesmo[57].

Autarquia, no caso da boa consciência, significa precisamente que o indivíduo moral tem a certeza íntima de estar agindo bem e esta certeza lhe dá a autodeterminação, o domínio de si mesmo. Ele não precisa mais oscilar entre a lei externa do legislador divino e as circunstâncias concretas nas quais ele não vê a aplicação da lei. O problema de saber se a lei se aplica às circunstâncias desaparece para ele, porque, de certo modo, ele intui nas circunstâncias onde está a exigência de moralidade[58].

Isto Hegel descreve da seguinte maneira: "...a boa consciência age e mantém-se... na unidade do *ser-em-si* e do *ser-para-si*, na unidade do pensar puro e da individualidade e é o espírito certo de si mesmo que tem sua verdade nele mesmo, em seu Si, em seu saber e nisto aí está o saber do dever... No dever, como o *ser-em-si* universal, ele [o Si] insere o conteúdo que ele toma de sua individualidade natural, pois ele [o conteúdo] é o conteúdo existente nele mesmo. Este torna-se, mediante o meio universal em

---

[57] *fl-53*
Finalmente, a consciência forma a sua autodeterminação desta síntese do em-si e do para-si, superando, com isso, a oposição entre o concreto e o abstrato característica da visão moral do mundo.] TT: Finalmente — a consciência se forma a sua autodeterminação desta síntese do em-si e do para-si. Ela supera aquela oposição entre o concreto e o abstrato característico da moral do mundo.
aspecto chamado pelos contemporâneos de Hegel a genialidade moral: o instinto moral, o sujeito] TT: aspecto sob o chamado pelos contemporâneos de Hegel, a generalidade moral. O instinto moral. O sujeito
subjetivo] TT: subjetiva
problema nos faria retornar à problemática] TT: problema faríamos retornar a problemática
esta *autarquia*, domínio de si mesmo] TT: a esta <u>autarquia</u> (significa domínio de si mesmo)

[58] *fl-53*
às circunstâncias] TT: as circunstâncias
para] TT: por
intui] TT: <u>intue</u>

que ele está, o *dever* que ele exerce, e o dever puro, vazio é posto, por isso mesmo, como algo suprassumido ou como momento; este conteúdo é sua [do dever puro, vazio] vacuidade suprassumida ou a prática [deste dever]. Mas, de igual modo, a boa consciência está liberta de todo conteúdo em geral. Ela se desapega de todo dever determinado que deve valer como lei. Na força da certeza de si mesma, ela tem a majestade da autarquia absoluta de ligar e desligar. Em virtude disto, esta *autodeterminação* é imediatamente o que é pura e simplesmente conforme ao dever"[59].

---

[59] *fl*-53
Isto Hegel descreve da seguinte maneira: "...a boa consciência age e mantém-se... na unidade do *ser-em-si* e do *ser-para-si*, na unidade do pensar puro e da individualidade e é o espírito certo de si mesmo que tem sua verdade nele mesmo, em seu Si, em seu saber e nisto aí está o saber do dever... No dever, como *ser-em-si* universal, ele [o Si] insere o conteúdo que ele toma de sua individualidade natural, pois ele [o conteúdo] é o conteúdo existente nele mesmo. Este torna-se, mediante o meio universal em que ele está, o *dever* que ele exerce, e o dever puro, vazio é posto, por isso mesmo, como algo suprassumido ou como momento; este conteúdo é sua [do dever puro, vazio] vacuidade suprassumida ou a prática [deste dever]. Mas, de igual modo, a boa consciência está liberta de todo conteúdo em geral. Ela se desapega de todo dever determinado que deve valer como lei. Na força da certeza de si mesma, ela tem a majestade da autarquia absoluta de ligar e desligar. Em virtude disto, esta *autodeterminação* é imediatamente o que é pura e simplesmente conforme ao dever".] TT: Isto Hegel descreve da seguinte maneira: no fim deste parágrafo: Cfr. página 181 parágrafo 2 à página 182. Nota 81 não é o saber abstrato, mas, o saber do dever.
[AE: As páginas 181 e 182 e a nota de pé de página 81 referidas no texto de TT acima registradas pertencem à tradução de Hyppolite da FE: Hegel, G. W. F. *La Phénoménologie de l'Ésprit*. Traduction par Jean Hyppolite. Aubier, Paris, 1941, p. 181-182, t. 2: "...la bonne conscience agit et se maintient... dans l'unité de l'*être-en-soi* et de l'*être-pour-soi*, dans l'unité de la pure pensée et de l'individualité; elle est l'esprit certain de soi même qui a sa verité en lui-même, dans son Soi, dans son savoir entendu comme le savoir de devoir... Le Soi incruste dans le devoir, comme l'*être-en-soi* universel, le contenu qu'il tire de son individualité naturelle, car ce contenu est le contenu présent en lui-même; ce contenu devient, à travers le milieu universel dans lequel il est, le devoir [sem itálico] qu'il pratique; et ainsi le devoir pur et vide est posé comme entité supprimée, ou comme moment; ce contenu est sa vacuité supprimée ou en est le remplissement. — Mais ainsi la bonne conscience est aussi bien libre de tout contenu possible; elle s'absout de tout devoir déterminé qui doit valoir comme loi. Dans la force de la certitude de soi-même elle a la majesté de l'absolue 'αυτάρκεια', la toute puissance de lier et de délier. — Cette *auto-détermination* est donc immédiatement ce qui ist absolument conforme au devoir". "...handelt und erhält sich... das Gewissen in der Einheit des *An-sich*-und des *Für-sich-seins*, in

Portanto, o conteúdo e a forma da boa consciência fazem parte do saber de si enquanto este saber é o saber das circunstâncias concretas da ação. Com isso, então, desaparece o objeto como não moral formando obstáculo à aplicação da lei[60]. [fl-54] O dever puro, o dever sem conteúdo é suprassumido. Agora, o conteúdo do dever é a circunstância que não é algo que surge de fora, não existindo uma separação entre o dever e a situação. A situação é o conteúdo concreto do dever, o dever enquanto é suprassumido na sua vacuidade, pois não há mais oposição entre dever e situação, porque o dever está encarnado na situação, está concretamente presente nela[61].

Hegel está utilizando fórmulas históricas que foram utilizadas por São Paulo, quando dizia o que era autarquia: aquele que está sob a graça

> der Einheit des reinen Denkens und der Individualität, [falta texto] und ist der seiner gewisse Geist, der seine Wahrheit an ihm selbst, in seinem Selbst, in seinem Wissen, und darin als dem Wissen von der Pflicht hat... In die Pflicht, als das allgemeine *An-sich-sein*, legt es [das Selbst] den Inhalt ein, den es aus seiner natürlichen Individualität nimmt; denn er ist der an ihm selbst vorhandne; dieser wird durch das allgemeine Medium, worin er ist, die *Pflicht*, die es ausübt, und die leere reine Pflicht ist eben hierdurch als Aufgehobnes oder als Moment gesetzt; dieser Inhalt ist ihre aufgehobne Leerheit oder die Erfüllung. — Aber ebenso ist das Gewissen von jedem Inhalt überhaupt frei; es absolviert sich von jeder bestimmten Pflicht, die als Gesetz gelten soll; in der Kraft der Gewißheit seiner selbst hat es die Majestät der absoluten Autarkie, zu binden und zu lösen. — Diese *Selbstbestimmung* ist darum unmittelbar das schlechthin Pflichtmäßige". PhG 425-426/38-22; FE 646/441s.]

60 *fl-53*
Portanto, o conteúdo e a forma da boa consciência fazem parte do saber de si enquanto este saber é o saber das circunstâncias concretas da ação. Com isso, então, desaparece o objeto como não moral formando obstáculo à aplicação da lei.] TT: Portanto, o conteúdo e a forma fazem parte do saber de si enquanto, saber são circunstâncias concretas da ação. O objeto enquanto não-moral formando obstáculo à aplicação da lei desaparece.

61 *fl-54*
O dever puro, o dever sem conteúdo é suprassumido. Agora, o conteúdo do dever é a circunstância que não é algo que surge de fora, não existindo uma separação entre o dever e a situação. A situação é o conteúdo concreto do dever, o dever enquanto é suprassumido na sua vacuidade, pois não há mais] TT: Dever puro, do dever sem conteúdo é suprimido. O conteúdo, a circunstância não é algo que surge de fora. Não existe uma separação entre o dever e situação. A situação é o conteúdo concreto do dever. Situação é o dever enquanto suprassumido na sua vacuidade. Não há mais

não precisa da lei. O estoico dizia que quem chegar a esta autodeterminação não precisa da lei, pois a lei é feita para o escravo, para o que não tem domínio de si[62].

A boa consciência significa, portanto, suprassumir a lei, não no sentido de eliminá-la, mas formando a circunstância, a plenitude da lei. São Paulo vai dizer que o *amor* é a plenitude da lei. Autarquia significava ser a si mesmo o seu próprio legislador. O que não significava que ela estivesse independente da lei exterior, mas que a lei se interiorizou totalmente nela[63].

Com isto, termina o aspecto da boa consciência como consciência singular, como instinto moral, como presença numa situação concreta, como superação do formalismo moral de Kant, como superação do conflito da lei abstrata e da circunstância concreta. É a boa consciência no idealismo alemão posterior a Fichte.

---

[62] *fl-54*
lei. O estoico] TT: lei. Esfóico
lei, pois a lei] TT: lei. A lei
[AE: A ideia é desenvolvida por São Paulo em Carta aos Gálatas 2,21; 3,1–5,18; Carta aos Romanos 6,1-8, 15-17; os versículos mais próximos do TT: Carta aos Gálatas 3,24-25; 5,18; Carta aos Romanos 7,6.]

[63] *fl-54*
A boa consciência significa, portanto, suprassumir a lei] TT: Gewissen, significa que suprimiu a lei
ela estivesse] TT: ele estivesse
totalmente nela] TT: totalmente nele

II – A universalidade da boa consciência[1]

Agora, Hegel dá um passo à frente. Ele mostra como esta boa consciência se universaliza, porque não nos serviria nada a certeza íntima, convicção, se não fosse reconhecida pelos outros e não tivesse uma dimensão social. Senão, a moralidade tornar-se-ia um individualismo moral ou radical. Então, uma sociedade onde a moralidade é um problema exclusivo do individualismo é uma sociedade onde não existe vínculo comunitário moral, onde a moralidade é problema de cada um. Aí, se retornaria a um estágio pré-moral. Tem que se mostrar como os românticos que desenvolveram esta teoria da boa consciência (é o que Hegel vai fazer) se encontraram face ao problema da universalização da boa consciência. E, para eles, é problema indissolúvel, pois, por definição, este instinto moral é um instinto do indivíduo, é um instinto puramente singular. Ele se define nas circunstâncias concretas em que o indivíduo se encontra. Ora, as circunstâncias variam infinitamente. Não só variam no próprio indivíduo, mas de um indivíduo ao outro. Como podemos passar da boa consciência (do instinto moral da certeza moral imediata) para a universalidade da lei moral? Como reconhecer a universalidade sem recair de novo no aspecto abstrato que provocou todo este processo até a certeza íntima, isto é, ao problema da boa consciência[2].

---

1 *fl-54*
II — A universalidade da boa consciência] TT: II- Universalização da boa consciência (GEWISSEN)
2 *fl-54*
boa consciência] TT: BOA CONSCIÊNCIA (GEWISSEN)

Como conseguir a universalidade concreta? É o que Hegel vai enfrentar mostrando que a única maneira de universalizar a certeza moral íntima é através da linguagem. A linguagem aparece de novo aqui na *Fenomenologia do Espírito* como algo essencial[3]. Linguagem não é mais do que a consciência na sua face exterior. É a exteriorização da consciência. Hegel vai mostrar que a única maneira é construir uma linguagem da convicção íntima, assim como a lei é uma linguagem concreta. Não se trata, pois, de uma linguagem que seria imposta como lei, senão retornaríamos ao problema da lei abstrata, mas uma linguagem que seja reconhecida em concreto como linguagem da convicção íntima de cada um. Uma linguagem, portanto, da boa consciência[4].

Portanto, no segundo momento da universalização da boa consciência, veremos que, no desenvolvimento desta dialética da universalização da consciência, ressurgirá o problema que deu origem à própria boa consciência: o problema da impossibilidade do agir. Assim como, na visão moral do mundo, o sujeito não agia, porque nunca podia ter certeza de estar agindo de acordo com a lei absoluta do legislador divino. No fim, a boa consciência, apesar da certeza concreta do conteúdo moral de sua ação, não vai agir, porque ela nunca vai ter a possibilidade de comunicar objetivamente esta certeza a todos através da[fl-55] linguagem. A linguagem da convicção

---

    esta boa consciência] TT: esta Gewissen
    convicção, se] TT: convicção não
    outros e não] TT: outros. Se ela não
    face ao] TT: face do
    boa consciência] TT: Gewissen
    um instinto puramente] TT: im instinto puramente
    boa consciência] TT: Gewissen
    moral da certeza] TT: moral certeza
    boa consciência] TT: Gewissen
3 *fl-54*
    do] TT: CTT(2)
    Espírito] TT: espiritu
4 *fl-54*
    uma linguagem da convicção íntima, assim como a lei] TT: uma linguagem da *rebella*, isto é, uma linguagem da convicção íntima. Assim como a lei concreta. Não se trata, pois, de uma linguagem] TT: concreta. Não uma linguagem concreto] TT: concreta

íntima, afinal de contas, não é algo que demonstra, que prova. Não podemos provar aos outros a nossa convicção íntima. Podemos pedir ao outro que acredite. Por isso, a boa consciência não vai conseguir uma linguagem universal e, em virtude disto, retornará para dentro de si mesma. Ela vai tornar-se uma nova forma de boa consciência chamada pelos românticos bela alma: aquela que prefere não agir e não gozar inteiramente da sua pureza moral, mas recusando agir pela impossibilidade de convencer os outros de que ela é inteiramente boa. Temos[5]:

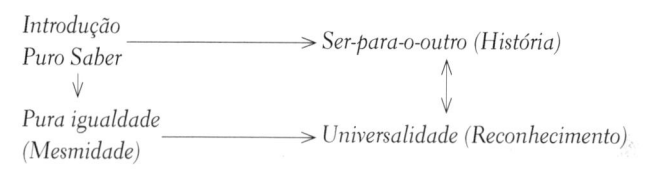

$$\begin{array}{c} \textit{Introdução} \\ \textit{Puro Saber} \\ \downarrow \\ \textit{Pura igualdade} \\ \textit{(Mesmidade)} \end{array} \longrightarrow \begin{array}{c} \textit{Ser-para-o-outro (História)} \\ \uparrow \\ \downarrow \\ \textit{Universalidade (Reconhecimento)} \end{array}$$

Temos o puro saber da consciência (*Gewissen*) que como tal é um ser para o outro e é a circunstância histórica em que ela se encontra. Nós vemos que a boa consciência é, por excelência, uma consciência histórica, porque renunciou a buscar no legislador divino a fonte da moralidade, procurando-a apenas na história. O *puro saber* aqui não é um saber de uma lei transcendente, mas um saber que se dirige a convencer os outros, saber de convicção e histórico. Este saber é uma pura igualdade consigo mesmo que faz com que o indivíduo se universalize através do reconhecimento. Por isto que, nesta altura da *Fenomenologia do Espírito*, história e reconhecimento são dois conceitos correlativos. Há história porque há reconhecimento. É o que Hegel exprime com a palavra alemã *Selbstheit*, mesmidade, o que

---

[5] *fl-54 > fl-55*
no segundo momento da universalização da boa consciência, veremos que] TT: segundo Momento a Universalização da boa consciência. Vamos ver
consciência, ressurgirá] TT: consciência, vai ressurgir
origem à própria boa consciência: o problema] TT: origem a própria Gewissen, o problema
boa consciência] TT: Gewissen
Por isso, a boa consciência não vai conseguir uma linguagem universal e, em virtude disto, retornará para dentro de si mesma.] TT: A Gewissen não vai conseguir uma linguagem universal. Ela vai retornar para dentro de si mesmo.
boa consciência chamada pelos românticos bela alma:] TT: Gewissen, que os pelos românticos vai chamar bela alma,
prefere não agir e não gozar] TT: prefere não agir, gozar

é sempre o mesmo. Isto aqui quer dizer que a boa consciência não é um puro sentimento, pura intelecção do momento que muda continuamente. Não é um *capricho* do indivíduo que muda a cada momento. Ao contrário, é a intuição concreta de agir o Bem, em circunstâncias que variam, mas ela é sempre igual a si mesma dentro destas realidades e deve ser igual a si mesma, por hipótese, dentro da variedade destas circunstâncias. Por isto, ela pode se individualizar e postular o reconhecimento dos outros. Ela postula o reconhecimento, porque ela tem certeza íntima de que está agindo sempre de acordo com as exigências morais dos casos que se apresentam. Em outras palavras: ela quer dar um conteúdo histórico às suas ações[6].

Acontece, porém, que, no segundo momento, vemos que esta mesmidade (esta pura igualdade) apresenta um aspecto onde aparece que ela não é plenamente determinada. Se fosse plenamente determinada, não haveria problema do reconhecimento, pois ela se tornaria uma evidência para os outros[7].

---

6 *fl-55*
outro e é a circunstância histórica em que ela se encontra.] TT: outro. É a circunstância em que ela se encontra, são circunstâncias históricas.
boa consciência é, por excelência, uma consciência histórica, porque renunciou a buscar no legislador divino a fonte da moralidade, procurando-a apenas na história.] TT: Gewissen por excelência é uma histórica, porque renunciou buscar no legislador divino a fonte da moralidade. Só pode buscar a fonte na história.
outros, saber de convicção e histórico] TT: outros. É um saber da convicção. É um saber histórico
Fenomenologia do Espírito] TT: fenomenologia espiritual
reconhecimento. É o que] TT: reconhecimento, o saber do indivíduo é uma pura igualdade consigo mesmo. É o que
Selbstheit, mesmidade] TT: Weltheist = mesmidade
boa consciência] TT: boa consciência (Gewissen)
[AE: *Selbtheit*, vide PhG 646/23; 647/29; FE 646/442; 647/442.]
Ao contrário, é a intuição] TT: É a intuição
realidades e deve] TT: realidades. Deve
Por isto ela pode se individualizar e postular] TT: Por isto é que ela pode se individualizar. Por isto que ela pode postular
às suas ações] TT: as suas ações
7 *fl-55*
mesmidade] TT: mesmecidade

a) Indeterminação da convicção

Portanto, se houvesse uma determinação total deste puro saber para o outro, seria a mesma coisa que eu provasse ao outro, irredutivelmente, que eu estou agindo bem. Vai se produzir aqui uma indeterminação[8]?

O que é justo ⟶ ser-para-o-outro

Determinado ⟶ Ordem de existir (reconhecimento não necessário)
(Si da consciência)

[fl-56] O que é justo, o que é bem feito, isto é, o resultado da boa ação deve, por hipótese, ser para o outro, e deve ser dirigido a outra consciência que o aceite, o reconheça como tal. Mas acontece que este justo deve ser determinado. Não pode ser alguma coisa de indeterminado, pois, nunca passaríamos à ação. Devo ou não devo fazer tal opção? Devo ou não dar a tal indivíduo o que lhe é devido? O justo, uma vez que se torna objeto da ação, deve ser determinado. Devo responder esta pergunta: *devo ou não devo*[9]?

Enquanto não responder esta pergunta, não posso agir moralmente. O dever é a forma da moralidade. Mas quem dará esta determinação? Esta determinação só pode ser dada pelo fim da consciência, pela tal certeza moral da boa consciência, porque, se eu fosse pedir esta determinação a alguma coisa fora da consciência moral, eu sairia fora da hipótese que Hegel está desenvolvendo, isto é, fora da certeza de si mesmo da genialidade moral. Se eu dissesse que iria consultar um código, uma lei, deveria eu sair da hipótese que estou tratando[10].

---

8 *fl-55*
  irredutivelmente, que eu estou] TT: irredutivelmente, eu estou
9 *fl-56*
  outro, e deve ser dirigido] TT: outro. Deve ser dirigido
10 *fl-56*
  O dever é a forma da moralidade] TT: O dever é que é a forma da moralidade
  Mas quem dará esta] TT: Quem é que vai dar esta
  pela tal certeza moral da boa consciência] TT: Pela tal certeza moral da Gewissen
  fora da consciência moral, eu] TT: fora, eu

Em última análise, quem tem que determinar é o Si da consciência, é o sujeito. Por isto que ele tem esta autarquia, autodeterminação, autonomia no seu agir[11].

Portanto, uma vez determinado isto que é justo, se passa para a ordem do ser, do existir. Passando a existir, acontece que o seu reconhecimento pelos outros já não é problema da necessidade, mas, em última análise, da liberdade da outra consciência de aceitar aquela determinação, porque, se esta determinação fosse feita não em função do instinto moral, mas em função de uma lei abstrata que se opusesse, demonstrativamente aplicada, ao caso concreto, então o outro indivíduo tinha que aceitar. É o que acontece quando um juiz profere uma sentença. Supõe que haja um código. Daí o indivíduo é culpado ou não. Aqui quem, em última análise, decide é o teor objetivo da lei e a correção do raciocínio: o conteúdo universal da lei aplicado ao caso particular do indivíduo. Se houvesse uma falha neste raciocínio, evidentemente a sentença seria injusta. Ou absolveria o criminoso ou condenaria o inocente. Supõe-se, fazem-se todas as investigações. Coloca-se mais de um jurado, etc., até que se tenham todas as garantias para que a sentença seja correta — redução do prêmio da lei universal ao caso concreto. Aqui não acontece assim porque aqui supõe-se que o indivíduo, pela intuição moral, acerte intuitivamente o que é reto, o que é bom. Acertando, ele introduz o que é justo na ordem do ser, do existir. Ele pede aos outros o reconhecimento. Este reconhecimento não pode ser necessário, porque não há um elemento de necessidade que ligue a consciência dele à consciência do outro. Qual é o único elemento de necessidade que pode ligar uma consciência à consciência do outro? É um princípio abstrato universal. É uma exigência universal. A única maneira de convencer o outro é racionalmente. Como por hipótese está excluído este tipo de convicção. Como por hipótese trata-se aqui da convicção concreta, intuitiva, então esta determinação da ordem no existir é um reconhecimento não necessário. Então a boa consciência vai tentar criar uma forma humana, uma

---

isto é, fora da certeza de si mesmo da genialidade moral] TT: isto é, da certeza de si mesmo da generalidade moral
11 fl-56
esta autarquia, autodeterminação, autonomia no seu agir.] TT: esta autarquia. Esta autodeterminação. Esta autonomia no seu agir.

expressão humana para a sua convicção que, de certo modo, conquiste o reconhecimento do outro. Não podendo obrigar, qual a única maneira de fazer isto? É pela linguagem da convicção. Ela vai tentar criar uma forma de expressão de linguagem de si mesma que convença o outro. Evidentemente, esta linguagem não poderá ser a da forma abstrata da lei, pois esta já está excluída. Ela vai tentar outra forma de linguagem. É a linguagem da sinceridade, da convicção. Então, Hegel está recordando toda a literatura que floresceu no século XVIII e também no século XIX: a literatura dos diários íntimos, das confissões, na qual a mais famosa são *As confissões* (1782) de Rousseau, nas quais ele conta a vida com suprema sinceridade. Tendo encontrado uma linguagem da convicção, ele supunha que ninguém iria resistir à sinceridade da sua linguagem. Ele não demonstra e não exprime em termos abstratos que seu proceder foi correto, agiu de acordo com a lei. Ele põe a vida diante dos olhos de todos e pergunta se foi ou não foi um homem justo. E, assim como esta, muitas outras. Até na época de Hegel, a confissão de uma bela alma é introduzida por Goethe no seu *romance de formação: Os anos de aprendizado de Wilhelm Meister (Bildungsroman: Wilhelm Meisters Lehrjahre*, 1795/1796). Neste romance, Goethe coloca um trecho que se chama a confissão de uma bela alma (sexto livro de *Os anos de aprendizado de Wilhelm Meister*: As confissões de uma bela alma; Sechstes Buch von *Wilhelm Meisters Lehrjahre: Bekenntnisse einer schönen Seele*) e faz uma espécie de adaptação de Rousseau. Que faz esta bela alma? Ela expõe sua vida, conta com toda sinceridade, pensando que a sinceridade é a única linguagem compatível com a dignidade[fl-57] moral do homem. Querer provar ao outro por meio da lei que eu estou agindo bem é inútil, pois seria provar por meio de um raciocínio que desce do universal ao concreto. Portanto, a única maneira de provar é pela sinceridade. É o que a bela alma vai tentar agora[12].

---

12 *fl-56 > fl-57*
que se opusesse] TT: que opusesse
profere uma sentença] TT: profere de uma sentença
Supõe que] TT: Supóe que
Daí, o indivíduo] TT: Daí, ele
raciocínio: o conteúdo universal da lei aplicado ao] TT: raciocínio. O conteúdo universal da lei ao
fazem-se] TT: faz-se

De modo que ela se encontra diante desta oposição.

Terceiro: a oposição:
↓
OPOSIÇÃO: oposição entre a boa consciência agente e a consciência do dever que deve universalizar-se, deve encontrar uma forma de expressão universal.

---

tenham] TT: tenha
que a sentença seja] TT: que seja
indivíduo, pela intuição moral, acerte intuitivamente] TT: indivíduo que pela intuição moral ele acerte intuitivamente
A única maneira de convencer o outro é racionalmente.] TT: É a única maneira de convencer o outro. Única maneira de convencer o outro é racionalmente.
excluído] TT: excluída
humana, uma] TT: humana. Uma
Conquiste] TT: conquista
Não podendo obrigar, qual a única maneira de fazer isto?] TT: Não pode obrigar. Vai tentar conquistar o reconhecimento do outro. Qual a única maneira de fazer isto?
Evidentemente, esta linguagem] TT: Evidentemente, que esta linguagem
lei, pois esta] TT: lei. Esta
XIX: a] TT: XIX. A
são *As confissões* (1782) de Rousseau, nas quais] TT: é as confissões de Rousseau, onde
sinceridade, tinha] TT: sinceridade tenha
à sinceridade] TT: a sinceridade
demonstra e não exprime] TT: demonstra. Não exprime
justo.] TT: justo?
é introduzida] TT: que é introduzida
romance de formação: Os anos de aprendizado de Wilhelm Meister (*Bildungsroman: Wilhelm Meisters Lehrjahre*, 1795/96)] TT: "A formação"
Neste romance, Goethe coloca um trecho que se chama a confissão de uma bela alma (sexto livro de *Os anos de aprendizado de Wilhelm Meister*: As confissões de uma bela alma; Sechstes Buch von *Wilhelm Meisters Lehrjahre*: *Bekenntnisse einer schönen Seele*) e faz uma espécie de adaptação de Rousseau.] TT: Neste Hegel Goethe, coloca um trecho que se chama a confissão de uma Bela Alma. Daríamos uma espécie de adaptação por Goethe de Rousseau neste seu romance.
vida, conta com] TT: vida; conta con
inútil, pois seria] TT: inútil, pois seria
concreto. Portanto, a] TT: concreto. A

BOA CONSCIÊNCIA AGENTE → CONSCIÊNCIA DO DEVER
(Universal)
CERTEZA DE SI ← → Expressão OBJETIVA
DO DEVER
OPERAÇÃO

Estas duas coisas (a boa consciência e a expressão universal do dever) se encontram na própria operação, no agir, na própria operação concreta do indivíduo (Gewissen). Nesta ação do indivíduo que age por ação moral devem se encontrar o instinto moral e a ação universal do dever para que a ação seja realmente moral. De um lado desta operação, está a certeza de si, a boa consciência. De outro lado, está a expressão objetiva do dever, através da qual o agente quer convencer os outros de sua verdade moral. Isto tudo deve estar na oposição, de modo que a sociedade aceite este procedimento. Esta é a tarefa da genialidade moral: harmonizar os dois lados. Hegel, como todos os seus contemporâneos (Novalis, Schiller, Goethe), estava pensando nas grandes individualidades. Por exemplo, Napoleão, personalidade reinante, com seu agir devia ao mesmo tempo demonstrar a certeza que ela tinha de si, de estar ali corretamente e convencer os outros de estar agindo corretamente, descendo destas individualidades maiores para o homem comum[13].

---

13 *fl-57*
agir, na própria] TT: agir. Na própria
Nesta ação do indivíduo que age por ação moral devem] TT: O indivíduo que age por ação moral. Nesta ação dele deve
dever, através da qual o agente quer convencer os outros de sua verdade moral. Isto tudo deve estar na oposição, de modo que a sociedade aceite este procedimento. Esta é a tarefa da genialidade moral: harmonizar os dois lados.] TT: dever. Expressão que o agente quer convencer. Esta é a genialidade moral. Isto tudo deve estar na oposição. De modo que a sociedade aceite este procedimento. Esta a generalidade moral.
Napoleão, personalidade reinante, com seu agir] TT: Napoleão — personalidade reinante. Aquela individualidade com o seu agir
corretamente, descendo] TT: corretamente. Descendo

Então esta oposição se resume nisto:

↓

[fl-58]*Si* SINGULAR ⟶ OPERAÇÃO ⟶ *Si* UNIVERSAL
↓ └─────────────────────────────────▲

Si que é SABER DE Si   RECONHECIDO

Temos o Si singular (o sujeito singular), a operação e o Si universal: o Si singular deve ser idêntico ao Si universal. É esta a hipótese da boa consciência. Mas na hora de agir existe o intermediário entre os dois, a saber, uma mediação dialética que é a própria ação, porque a ação não pode ser ela mesma universal. Ação se dá aqui e agora nestas circunstâncias, particularizada por uma infinidade de circunstâncias. Portanto, existe entre o Si singular e o Si universal uma mediação da ação[14].

Como vamos realizar a síntese dos dois? O Si singular tem que ser um Si sujeito que é saber de si mesmo e o Si universal tem que ser um Si reconhecido. Ele postula ser reconhecido, porque ele é um saber e não age por capricho. Ele postula. E a forma concreta deste postulado é o que Hegel chama a linguagem da convicção[15].

b) A linguagem da convicção[16]

Esta linguagem de certo modo poderá criar para o Si singular uma situação de reconhecimento. Esta é a função da linguagem e temos que comparar a linguagem da convicção com a ideia do legislador divino da visão moral do mundo. Pois, sendo impossível criar a linguagem da convicção, nós criamos a linguagem da lei divina, universal. No entanto, a

---

14 *fl*-58
Temos o Si singular (o sujeito singular), a operação e o Si universal: o Si] TT: Temos o si singular (o sujeito singular) — a operação e o Si universal. O si
boa consciência] TT: Gewissen
dois, a saber, uma] TT; dois. Uma
circunstâncias, particularizada] TT: circunstâncias. Ela é uma ação particularizada
15 *fl*-58
saber e não age] TT: saber. Não age
16 *fl*-58
b) A *linguagem da convicção*] TT: - LINGUAGEM DA CONVICÇÃO

personalidade moral no sentido hegeliano não pode apelar para algo exterior, Deus. Hegel vai dizer: *ela encontra Deus dentro de si mesma*. Esta boa consciência é usada pelos protestantes e é herdeira do pietismo protestante, da convicção íntima. Ela será aproveitada por Schleiermacher, grande teólogo protestante do tempo de Hegel, para desenvolver a sua teologia fundada precisamente neste sentimento da presença íntima de Deus, sentimento religioso como certeza da presença da Graça de Deus. Toda esta problemática está subjacente ao que Hegel desenvolve[17].

Nesta linguagem da convicção Hegel faz uma espécie de reflexão sobre a função da linguagem na *Fenomenologia do Espírito*. Aliás, a importância da linguagem como tema filosófico começa a se delinear na obra de Hegel. Hegel, sob certo aspecto, pode ser considerado como o primeiro filósofo da linguagem no sentido moderno, embora a filosofia da linguagem tenha tomado um sentido diferente daquele que foi colocado por Hegel. Ele define, em primeiro lugar, a linguagem[18].

1 — LINGUAGEM → CONSCIÊNCIA-de-si   COMO   SER-PARA-O-OUTRO

↓

ESTA CONSCIÊNCIA-de-si → Consciência UNIVERSAL

IGUALDADE EU = EU TORNADO UNIVERSAL[19]

A linguagem é a consciência de si (sujeito) na forma do ser para o outro. É a famosa definição de Hegel da linguagem humana. A linguagem

---

17 *fl*-58
Esta é a função da linguagem e temos] TT: Esta é que é a função da linguagem. Temos
universal. No entanto, a] TT: universal. A
boa consciência] TT: Gewissen
protestantes e é herdeira do pietismo protestante, da convicção íntima.] TT: protestantes. É herdeira pelo pietismo protestante, convicção íntima.
Ela será aproveitada por Schleiermacher, grande teólogo protestante do tempo de Hegel, para] TT: Vai ser aproveitada por Schleibach (grande teólogo protestante do tempo de Hegel) para
Deus, sentimento] TT: Deus. Sentimento
18 *fl*-58
Fenomenologia do Espírito] TT: fenomenologia espiritual
19 *fl*-58
EU TORNADO] TT: EU TORNADA

animal não transmite, pois ela é só permutação de sinais. A linguagem humana não é só permutação de sinais, mas permutação dos sentidos dos sinais. O que é comunicado no sentido da permutação dos sinais é a consciência do sujeito que transmite. E evidentemente a consciência do receptor é necessária para a recepção da linguagem, pois a linguagem humana não é só uma emissão e recepção de sinais, mas ela é uma verdadeira comunicação de consciências. Ela é *[fl-59]* um verdadeiro reconhecimento, um conhecimento duplicado[20].

Pela linguagem, temos esta consciência de si singular que se torna consciência universal. A única maneira que temos de universalizar a nossa consciência é pela linguagem ou nos inserirmos no universo dos sinais[21].

O sinal por definição é para ser captado por muitos, já que não existe uma linguagem que não seja proferida para ser captada por muitos. A única maneira pela qual esta consciência singular pode se universalizar é precisamente pela linguagem, ou seja, pela consciência de si como ser para o outro[22].

Pela linguagem nós temos igualdade do eu consigo mesmo tornada universal. É o que nós falamos, de forma um pouco paradoxal, eu social. Paradoxal, porque, por definição, o eu é o eu. Mas, eu falo o *eu social*. O que socializa o eu? É a linguagem. O que torna o eu igual a eu, uma igualdade universal? É a linguagem, porque nela é a minha própria consciência que se exterioriza, isto é, eu torno a minha consciência ser para o outro[23].

---

    20 *fl-58 > fl-59*
        transmite, pois ela] TT: transmite. Ela
        [AE: "...a *linguagem* como Ser-aí do espírito. Ela é a consciência de si sendo *para outros*". "...die *Sprache* als das Dasein des Geistes. Sie ist das *für andre seiende Selbstbewußtsein*". PhG 428/20-21; FE 652/443.]
        que é comunicado] TT: que vai comunicado
        linguagem, pois a] TT: linguagem. A
        um verdadeiro reconhecimento, um conhecimento duplicado] TT: um verdadeiro reconhecimento. É uma einertelung. Um conhecimento duplicado
    21 *fl-59*
        inserirmos] TT: inseridos
    22 *fl-59*
        muitos, já que não] TT: muitos. Não
        pela qual esta] TT: que está
        pela linguagem, ou seja, pela] TT: da linguagem, ou seja, da
    23 *fl-59*
        temos igualdade do eu] TT: temos — igualdade o eu

Eu posso fazer o seguinte raciocínio que está implícito em toda esta problemática hegeliana. Se existe a linguagem como linguagem humana é porque o homem é um ser essencialmente histórico-moral. Nós não nos comunicaríamos com as coisas. Não há linguagem nossa com as coisas, porque as coisas não podem responder a não ser metaforicamente. O poeta olha para a lua, fala e pede à lua para responder. Realmente, só o homem é que pode responder. Portanto, se a linguagem é proferida é porque supõe a existência do outro. De outra maneira, podemos dizer: não existe em abstrato a palavra isolada. O que existe é a *palavra-resposta*. A palavra sem resposta é uma abstração. Mesmo quando estamos falando sozinhos, estamos falando na expectativa de uma resposta que é dada por nós mesmos. Precisamos de uma resposta. Falar sozinho sem esperar resposta é doido, visto que a linguagem é essencialmente resposta[24].

Hegel, a esta altura faz, uma recapitulação das espécies de linguagem que aparecem na *Fenomenologia do Espírito*, sobretudo, das linguagens do espírito. Deixamos a linguagem que aparece na certeza sensível e ficamos só com as linguagens sociais[25].

2 — LINGUAGEM DO ESPÍRITO (LINGUAGEM HISTÓRICA)
a – Linguagem do Mundo ÉTICO   LEI
b – Linguagem do Mundo Alienado   Linguagem da DILACERAÇÃO
c – Linguagem da Boa Consciência   Linguagem da *convicção*[26]

Linguagens históricas: Hegel distingue três formas fundamentais de linguagem universal.

a — a linguagem do mundo ético que é a lei, enquanto ela está unida imediatamente à unidade. É a lei da família e a lei divina.

---

[24] *fl*-59
expectativa] TT: espectativa
doido, visto que a linguagem] TT: doido. linguagem
[25] *fl*-59
Fenomenologia do Espírito] TT: fenomenologia espiritual
ficamos] TT: ficar
[26] *fl*-59
ESPÍRITO (LINGUAGEM HISTÓRICA)] TT: ESPÍRITO (HISTÓRICA)
Mundo ÉTICO] TT: MÉTICO
[AE: Sobre linguagens históricas vide PhG 428-429/30-23; FE 653/444.]

b — a linguagem do mundo alienado, que é a linguagem da dilaceração que vemos nas diversas formas. Ex.: a linguagem da adulação no mundo alienado.

c — a linguagem da boa consciência de que vamos tratar agora é a linguagem do instinto moral, da moralidade. Esta linguagem é a que Hegel vai chamar de *linguagem da convicção*, da certeza íntima do agir moral correto. Trata-se da linguagem da confissão, do sujeito que confessa a sua própria sinceridade[27].

Hegel vai mostrar o impacto desta linguagem, porque, historicamente, a convicção não basta, não bastam a boa vontade, a sinceridade do indivíduo, a convicção do indivíduo, a linguagem desta convicção. A história é muito mais impiedosa e muito mais cruel do que nós podemos supor e, de acordo com isto, Hegel vai mostrar como a linguagem da convicção vai se chocar contra a dureza e a impiedade da história. O indivíduo vai sentir isto e vai voltar-se sobre si mesmo e fechar-se em si mesmo. É o que se chama a bela alma. É uma solução desesperada que significa renunciar à ação. O problema será a ineficácia da linguagem da convicção, a impossibilidade da bela alma de fechar-se sobre si mesma. Contudo, há necessidade de agir historicamente. Isto será o problema que Hegel vai articular a partir de agora[28].

[fl-60] Estamos analisando o segundo aspecto da boa consciência, o da universalidade, o qual se manifesta na linguagem. Fizemos, anterior-

---

[27] *fl-59*
a linguagem da boa consciência de que vamos tratar agora é a linguagem do instinto moral, da moralidade. Esta linguagem é a que Hegel vai chamar de linguagem da convicção, da certeza íntima do agir moral correto. Trata-se da linguagem da confissão, do sujeito que confessa a sua própria sinceridade.] TT: que é a linguagem da boa consciência — (que vamos tratar agora), esta é a linguagem do instinto moral, da moralidade. Esta linguagem é a que Hegel vai chamar de *linguagem da convicção* (→ significa a expressão da certeza íntima do agir moral correto) é a mesma coisa se disséssemos a linguagem da confissão. O sujeito que confessa a sua própria sinceridade.

[28] *fl-59*
não basta, não bastam] TT: a convicção não basta. Porque na história não basta
supor e, de acordo com isto, Hegel] TT: supor. Hegel
à ação] TT: a ação
convicção, a impossibilidade] TT: convicção. Impossibilidade
mesma. Contudo, há necessidade] TT: mesma. Necessidade
historicamente. Isto será] TT: historicamente. Será

mente, o esquema da manifestação da linguagem como manifestação da universalidade. Agora, vamos ver os momentos da linguagem do mundo do espírito.

Momentos da linguagem no mundo do espírito:
a – LEI (Mundo ético)
b – Linguagem da Dilaceração (Mundo alienado)
c – Linguagem da convicção (Mundo da moralidade)
A linguagem da consciência moral é a que vamos estudar agora[29].

Hegel quer mostrar que, através desta linguagem, a boa consciência, o instinto moral tenta readquirir aquela universalidade que ele perdeu quando tornou-se certeza íntima do sujeito, do indivíduo situado. Vai tentar reconquistar a universalidade através da convicção. A forma específica desta linguagem da convicção é a convicção da sinceridade da boa consciência que deveria ser aceita pelas outras consciências. Assim, pois, a boa consciência espera que sua linguagem seja aceita e, neste aceitar, ela reconquista a universalidade[30].

Qual é o conteúdo da linguagem da convicção?

3 — CONTEÚDO DA LINGUAGEM DA CONVICÇÃO

Si que se SABE como essência → Expressão *na* convicção

DEVER → AÇÃO → expressão *da* convicção → Realidade efetiva na linguagem

O conteúdo só pode ser a certeza íntima da boa consciência. Porém, esta certeza íntima tem que encontrar uma forma de expressão. Ora, o conteúdo é o Si que se sabe a si mesmo como essência, ou seja, se sabe como verdade. Este Si é que vai se exprimir na convicção. Temos que prestar atenção no *sabe*, pois a boa consciência não é um instinto cego, não é um sentimento que não tem possibilidade de se exprimir. Ao contrário, ela é

---

[29] *fl-60*
boa consciência] TT: Gewissen
universalidade, o qual se manifesta] TT: universalidade. Esta universalidade se manifesta
Fizemos, anteriormente, o esquema] TT: Fizemos o esquema
A linguagem] TT: Linguagem
[30] *fl-60*
boa consciência] TT: boa consciência (Gewissen)
consciências. Assim, pois, a] TT: consciências. A

um saber. Só que em vez de ser um saber abstrato é um saber concreto, mas é um saber. Ela se sabe como essência, como verdade. Essência, para Hegel, significa verdade. É este saber como verdade que vai procurar exprimir-se. Por isto que ele tem possibilidade de ser aceito pelos outros, pois, se o conteúdo da linguagem da convicção fosse expressão do puro sentimento, do instinto cego interior, mas que não tem condições de se apresentar como saber, evidentemente seria uma expressão arbitrária e não seria uma expressão dirigida ao outro, porque a convicção se dirige ao outro, por que ela se sabe como verdade, portanto, ela crê que o outro poderá aceitar a sua verdade[31].

O dever que assume uma forma concreta na boa consciência torna-se ação, pois a boa consciência é ativa no seu primeiro momento da singularidade, e esta ação vai em concreto ser a expressão ou a prova da convicção do indivíduo. O indivíduo age por sinceridade. A essência se exprime *na* convicção. Em concreto, a expressão da convicção é o agir do indivíduo que age com sinceridade. Então, esta expressão da convicção se efetua na linguagem, encontra uma realidade efetiva na linguagem. Isto quer dizer que o indivíduo agindo, sem falar a sua ação, não tem condição de se universalizar. Lembremo-nos das *Confissões* de Rousseau. Ele conta as suas ações, o que ele fez, porque ele conferiu uma linguagem àquelas suas ações para dar uma realidade efetiva a elas, atribuindo a elas aquela convicção, sinceridade que ele julgava ser a alma da sua ação. Enquanto estava puramente agindo, aquela sua sinceridade não tinha expressão, era muda. No momento que ele explica sua sinceridade através da linguagem, aquela sinceridade encontra na linguagem uma realidade efetiva. A realidade efetiva é a segurança da boa consciência no cumprimento do dever. De modo que[fl-60-A] o conteúdo da linguagem da convicção é a ação que se diz e, por isto, se universaliza. Enquanto o indivíduo age somente, ele age como indivíduo singular. Quando ele diz a sua ação, ele se universaliza.

---

31 *fl-60*
    boa consciência] TT: consciência, da Gewissen
    expressão. Ora, o] TT: expressão. O
    exprimir. Ao contrário, ela] TT: exprimir. Ela
    pois, se o conteúdo da linguagem da convicção fosse expressão do puro sentimento, do] TT: pois, se fosse expressão, o conteúdo da linguagem da convicção fosse o puro sentimento, o

Portanto, a linguagem é um elemento mediador entre a ação singular e a universalização e, com isso, ele se explica aos outros e alcança uma dimensão universal[32].

BOA CONSCIÊNCIA (SI SINGULAR) ──────── SI UNIVERSAL
CERTEZA MORAL   MEDIAÇÃO DA LINGUAGEM

No terceiro momento temos a boa consciência (o Si singular), o Si universal e, entre os dois, a mediação da linguagem na forma do reconhecimento. Não basta a linguagem do indivíduo que diz a sua ação. É preciso que a linguagem encontre eco na linguagem do outro e que este aceite a linguagem do primeiro. O que a boa consciência pede é uma resposta, já que o indivíduo não fala para as coisas, mas para os outros homens. Ele fala para obter a resposta do outro. Nesta resposta do outro é que a linguagem exerce a sua função mediadora. A boa consciência enquanto certeza singular torna-se o Si universal e é como tal que ela também é certeza moral de estar agindo bem. Por exemplo: os heróis românticos que Hegel tem em vista na passagem sobre a boa consciência são os heróis que tinham necessidade de encontrar no que eles falavam a maneira de exprimir a sua convicção íntima ou de justificar a sua ação e na resposta que recebiam dos outros encontrar a certeza moral de que estavam no bom caminho. A certeza moral é encontrada pela mediação da linguagem. Por isto, ela é essencial para os heróis românticos. O falar, o dizer a própria sinceridade, o proclamar os seus sentimentos para provar que é sincero[33].

---

[32] *fl-60*
torna-se] TT: toma
boa consciência] TT: Gewissen
indivíduo que age] TT: indivíduo. Ele age
ação, não] TT: ação, ele não
fez, porque] TT: fez; porque
àquelas suas ações para dar uma realidade efetiva a elas, atribuindo a elas aquela] TT: aquelas suas ações. Para dar uma realidade efetiva. Aquela
expressão, era] TT: expressão. Era
efetiva é] TT: efetiva é que é
universalização e, com isso, ele] TT: universalização. Ele
[33] *fl-60-A*
(o Si singular), o Si universal e, entre os dois, a mediação da linguagem] TT: (o si singular). Temos o Si universal e entre os dois a mediação da linguagem

Vamos ver que no encontro da sinceridade interior com a aceitação dos outros através da linguagem é que o processo de universalização da boa consciência encontra também o seu estado. Hegel vai mostrar que esta proclamação da própria sinceridade é, no fundo, também uma hipocrisia, ou melhor, ela está condenada à hipocrisia. Não é hipocrisia no sentido vulgar, mas no sentido metafísico. Ela é condenada à hipocrisia, porque o indivíduo nunca poderá com a sua linguagem adequar, igualar-se à exigência da linguagem de todos. A linguagem de cada um pela qual digo que sou sincero nunca poderá igualar-se à linguagem de todos os outros. Para isto seria necessário que o meu *eu* se identificasse com o *eu* de todos os outros. O que é impossível. No fundo, eu tenho certeza de que por mais que proclame a minha sinceridade, ela não será aceita por todos os outros. Portanto, estou agindo hipocritamente por causa da minha convicção íntima, mas certo de que não serei compreendido por todos, mas colocando a hipótese de que talvez possa ser compreendido. No fundo, lutando com uma certa hipocrisia[34].

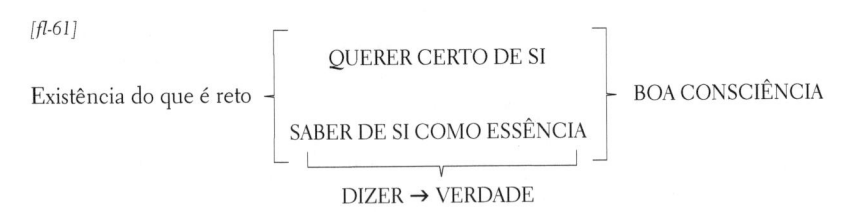

[fl-61]

Existência do que é reto ⟶ ⎡ QUERER CERTO DE SI ⎤ ⟵ BOA CONSCIÊNCIA
⎣ SABER DE SI COMO ESSÊNCIA ⎦
             ↓
       DIZER → VERDADE

Portanto, o que é justo, reto agora, o que é moralmente bom depende do querer que é certo de Si, que tenha a certeza de si e do saber de si como

---

O que a boa consciência pede é uma resposta, já que o indivíduo não fala para as coisas] TT: A Gewissen o que pede é uma resposta. O indivíduo não fala para as coisas
resposta do outro. Nesta] TT: resposta. Nesta
torna-se] TT: trona-se
na passagem sobre a] TT: ao passar da
sinceridade, o] TT: sinceridade. O

34 *fl-60-A*
interior com a aceitação] TT: interior e aceitação
à hipocrisia] TT: a hipocrisia
à exigência] TT: a exigência
à linguagem] TT: a linguagem

essência, ou seja, como verdade. Isto seria a boa consciência, o instinto moral e que encontra a sua dimensão histórica, a sua dimensão social no dizer a verdade, no dizer que é necessariamente um dizer a verdade. Toda a crítica hegeliana da boa consciência será como passamos da verdade como certeza íntima da essência para esta verdade já tornada pública, social pelo dizer, tornada histórica pela palavra, pela linguagem. Como nós podemos fazer isto? Como passar da verdade da certeza íntima para a verdade que é um produto social? Deve ser através do dizer. O agir da linguagem é uma realidade histórica, pois ninguém fala para si mesmo. Monólogo não existe. O que existe é o diálogo. Se não tem ninguém para quem falar, ele inventa dentro de si mesmo o interlocutor. Se não tem nenhum, ele inventa um interlocutor, se desdobra e fala de si mesmo. Exemplo: As confissões (397-398) de Santo Agostinho falando com a alma. A linguagem é essencialmente dialética, isto é, a linguagem é essencialmente social, histórica. Passar da verdade, enquanto ela é uma certeza íntima individual, estritamente pessoal para uma verdade social através do dizer, da linguagem. É este o problema da boa consciência. Não há hipocrisia no sentido moral, mas uma hipocrisia da boa consciência, que aqui vai aparecer, que é uma hipocrisia dialética metafísica, isto é, o indivíduo sabe que ele não pode realizar a sua verdade íntima como uma verdade histórica, social, comunicada ao outro. Então, a culpa do indivíduo é uma associalidade cada vez maior. Ilustração disto são As confissões de Rousseau. Elas mostram que as suas apologias eram uma tentativa de socializar a sua verdade, de fazer que ela fosse aceita pelo povo, de mostrar que ele era um perseguido inocente. No fim, só pode mostrar o itinerário do sonhador solitário: "sonho do caminhante solitário". No fundo, a boa consciência, a certeza íntima de ser sincero caminhou para a associalidade. Esta espécie de sair do social, da história para manter a própria certeza íntima é o que Hegel vai chamar de hipocrisia. Não é hipocrisia no sentido moral, mas dialético, isto é, a impossibilidade de saber que a verdade de cada um um seja a verdade de todos, de universalizar a verdade da boa consciência[35].

---

[35] fl-61
Si, que] TT: Si; que
moral e que] TT: moral. E que

Fica a hipótese de que a boa consciência se universaliza. Vamos verificar se a hipótese é correta. Dialeticamente, chegamos à hipótese de que o dizer socializou a verdade íntima[36].

Vem a terceira figura que Hegel chama a bela alma, tradução literária de expressão alemã: *die schöne Seele*[37].

[fl-62] **c) A bela alma**[38]

É uma expressão criada pelos românticos para exprimir o estado da boa consciência que tem a certeza de que a sua verdade é uma verdade universal, ela está com a razão mesmo que todo o mundo o condene, ele sabe que é inocente. A bela alma tem esta certeza. Mas acontece o seguinte: esta certeza torna-se uma espécie de certeza demasiado pura, imaculada aos olhos da própria bela alma, de modo que ela não se arrisca a maculá-la, a tornar impura esta certeza. E qual é a maneira de tornar impura esta certeza? É agindo, isto é, tentando mostrar aos homens que, de fato, ela é

---

verdade, no dizer que é necessariamente um dizer a verdade] TT: verdade. No dizer que necessariamente que é um dizer a verdade
da boa consciência] TT: do Gewissen
agir da linguagem] TT: agir a linguagem
interlocutor, se desdobra] TT: interlocutor. Se desdobra
Exemplo:] TT: *Ex*:
linguagem. É este o problema da boa consciência] TT: linguagem é este o problema da Gewissen
boa consciência] TT: Gewissen
Ilustração disto são] TT: cfr:
Rousseau. Elas mostram] TT: Rousseau — mostrar
solitário: "sonho"] TT: solitário "Sonho
boa consciência] TT: Gewissen
de cada] TT: se cada
boa consciência] TT: Gewissen

36 *fl-61*
hipótese de que] TT: hipótese, que
chegamos à hipótese] TT: chegamos a hipótese
die schöne Seele] TT: <u>Die Sule Schon</u>

37 *fl-61*
die schöne Seele] TT: <u>Die Sule Schon</u>

38 *fl-62*
c) A *bela alma*] TT: C — A BELA ALMA: CONTEMPLAÇÃO

sincera por meio da ação. Ela, a bela alma, assim se torna a alma que se recusa à ação. Ela se torna só contemplativa. É aqui que Hegel vai mostrar a dialética da hipocrisia, quer dizer, por hipótese a sua verdade é universal (acha que é universal pela convicção que tem), mas, de fato, ela não dá o passo decisivo para provar esta universalidade, ou seja, ela não age, embora a ação seja um elemento essencial para se descobrir o conteúdo da linguagem da convicção. Só pode revelar o seu conteúdo na ação, mas quando nós chegamos à altura da bela alma, ela recua diante da ação, ou seja, ela se torna puramente contemplativa para não se contaminar na ação. Então, por um lado, ela vive uma contradição, pois ela deve provar a sua bondade, a sua retidão, a sua justiça na ação, mas, por outro lado, a ação será a sua perda, a sua corrupção. Será o que Hegel vai dizer daqui a pouco. Será o seu mal. Portanto, a bela alma é, ao mesmo tempo, pura e, de fato, hipócrita, porque não é capaz de demonstrar a sua pureza interior na ação. Então vem a dialética da bela alma. Como se articula[39]?

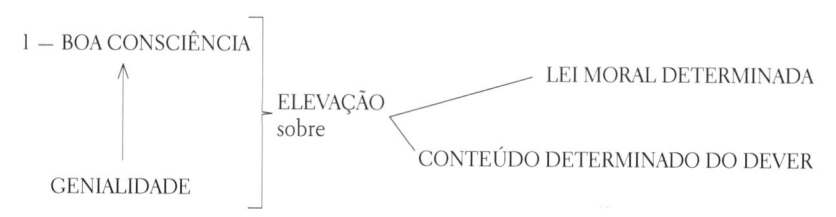

1 — BOA CONSCIÊNCIA
↑
GENIALIDADE

ELEVAÇÃO
sobre

LEI MORAL DETERMINADA

CONTEÚDO DETERMINADO DO DEVER

(VOZ INTERIOR → SABER IMEDIATO → VOZ DIVINA)[40]

---

[39] fl-62
A BELA ALMA: CONTEMPLAÇÃO] TT: A BELA ALMA CONTEMPLAÇÃO
o estado da boa consciência que tem a certeza] TT: estado da boa consciência da Gewissen, que tem certeza
certeza?] TT: certeza.
convicção] TT: sua convicção
age, embora] TT: age. Embora
ação, mas quando nós chegamos à altura] TT: ação, quando nós chegamos a altura
Então, por um lado, ela] TT: Então, ela
fato, hipócrita, porque não é capaz de demonstrar a sua pureza interior na ação] TT: fator hipócrita, porque a sua pureza interior não é capaz de demonstrar na ação
[40] fl-62
VOZ DIVINA) TT: VOZ DIVINA

A boa consciência aqui mais do que nunca parece com aquilo que Jacobi chamava a genialidade moral: ela é o gênio moral, uma elevação sobre a lei determinada e é também uma elevação sobre o conteúdo determinado do dever, porque ela, por hipótese, através do seu dizer sincero, da sua linguagem da convicção, se elevou ao plano da universalidade e, portanto, ela não se prende mais a uma lei determinada ou a um conteúdo determinado do dever. Mesmo aquele que desobedecesse ao rei, por exemplo, Sócrates (470-399 a.C.), ele, porém, trazia em si a certeza de que estava agindo bem. Era a genialidade moral. Ele tinha uma voz interior (que aparece nos heróis românticos). Em Sócrates, a dialética da moral socrática começa com a boa consciência e termina na moral conceitual. Sócrates percorre uma linha diferente, pois, aqui no romantismo, nós temos, primeiro, a moral dos conceitos e, depois, a boa consciência, ao passo que em Sócrates é diferente, pois ele começa com a genialidade e termina com a moral dos conceitos. Sócrates tinha o seu gênio interior que indicava o que tinha que fazer a cada momento. Não hesitava em agir, porque a sua voz interior lhe indicava onde estava o bem. Outro exemplo foi a voz de Joana D'Arc (1412-1431) que a levou a enfrentar todos, pois tinha a voz interior. Portanto, a voz interior é um saber imediato que é interpretado como voz divina e substitui, aqui, o que era a lei divina na visão moral do mundo. Lá nós tínhamos o legislador (Deus) exterior que dava uma lei para todos. Aqui, ao contrário, nós temos Deus no íntimo de cada um, que fala no íntimo de cada um. É o que Schleiermacher chama de *sentimento*, isto é, a certeza de que Deus está falando no indivíduo. É a certeza íntima[41].

---

[41] *fl-62*
boa consciência] TT: boa consciência (Gewissen)
parece] TT: aparece
genialidade moral: ela é o gênio moral, uma] TT: generalidade moral. Ela é o gênio moral. Ela é uma
plano] TT: palno
dever. Mesmo aquele que desobedecesse ao rei, por exemplo, Sócrates (470-399 a.C.), ele,] TT: dever, mesmo que; por ex: Sócrates, aquele que desobedece o rei
[AE: sobre a voz interior e a voz divina em Sócrates, vide Platão, *Apologia*, 31 c-d: "uma voz interior (φωνή) que me vem de um deus ou de um gênio (θεῖόν τι καὶ δαιμόνιον) de que", ao fazer a denúncia, Meleto fez chacota; ὅτι μοι θεῖόν τι καὶ δαιμόνιον γίγνεται φωνή, ὃ δὴ καὶ ἐν τῇ γραφῇ ἐπικωμῳδῶν Μέλητος ἐγράψατο.]

Portanto, a bela alma nesta convicção é tentada a transformar a vida moral no que Hegel chamará o serviço divino (*Gottesdienst*) no interior de si mesmo ou serviço a Deus⁴².

↓

*[fl-63]*SERVIÇO DIVINO NO INTERIOR DE SI MESMA

↓   ↓

COMUNIDADE INVISÍVEL → CONTEMPLAÇÃO DE SI MESMA

Este serviço divino é para ela toda a vida moral e ele encontra o elemento objetivo numa comunidade invisível (igreja invisível) e encontra o seu elemento subjetivo na contemplação de si mesmo. Hegel experimentou com os seus amigos no seminário de Tübingen esta problemática, quando ele se rebelará contra a filosofia oficial que era ensinada na igreja luterana. No seminário onde procuraram realizar uma espécie de comunidade da certeza íntima, não institucionalizada. Com uma carta a Schelling, Hegel diz: a igreja invisível é o nosso ponto de encontro. Comunidade que tem a certeza íntima de que estava obedecendo a uma

---

    genialidade] TT: generalidade
    Em Sócrates] TT: Sócrates:
    socrática] TT: socrático
    boa consciência, ao passo que em Sócrates é diferente, pois ele começa] TT: Gewissen. Em Sócrates é diferente, começa
    bem. Outro exemplo foi a voz] TT: bem. A voz
    todos, pois tinha] TT: todos. Tinha
    divina e substitui] TT: divina. Substitui
    Aqui, ao contrário, nós] TT: Aqui nós
    Schleiermacher] TT: Scheleimado
    [AE: Sua essência [da religião] não é nem pensamento, nem ação, mas intuição e sentimento; Ihr [der Religion] Wesen ist weder Denken noch Handeln, sondern Anschauung und Gefühl. Schleiermacher, Friedrich Daniel Ernst. Über die Religion. Reden an die Gebildeten unter ihren Verächtern (1799), in: *Friedrich Daniel Ernst Schleiermacher. Kritische Gesamtausgabe.* Hg. v. Günter Meckenstock. Berlin/New York: Walter de Gruyter, S. 211. (Bd. I/2: Schriften aus der Berliner Zeit 1769-1799).]
  ⁴² *fl-62*
    divino (Gottesdienst)] TT: divino
    [AE: Sobre a voz interior (inerre Stimme), a voz divina (göttliche Stimme) e o culto ou serviço a Deus ou serviço divino (Gottesdienst), vide PhG, 430/24, 25, 28 e 31; FE 655,656/445-446].

voz interior. Para ele, portanto, esta voz interior é aquela que conduzia à liberdade. A liberdade é nossa palavra, e a igreja é nosso ponto de encontro[43].

Nesta comunidade invisível, nesta contemplação de si mesma, a bela alma faz consistir toda a vida moral. Nós estamos assistindo a uma espécie de retorno do que era o elemento objetivo da linguagem a uma interioridade moral. Só que não é uma interioridade moral formalística, como de Kant, mas uma interioridade concreta, vivida. Portanto, trata-se de um recuo do elemento objetivo que deveria ser dado pela linguagem, enquanto, pela verdade, enquanto se socializasse, se tornasse uma verdade social. Agora, o indivíduo recua diante da socialização da verdade. Faz com que tudo se decida no interior de si mesmo e ali estará sua vida moral. Isto é a bela alma, a expressão da boa consciência, agora, que deve ser dada na linguagem interior[44].

2 — EXPRESSÃO DA BOA CONSCIÊNCIA → CERTEZA DE SI
↓
Si UNIVERSAL ← Si Puro

A expressão da boa consciência volta, agora, de novo, a ser uma certeza de si como um Si puro, sujeito puro que aparece como Si universal. Aquela universalização que foi tentada na linguagem ou que a boa consciência tentou realizar como universalização social histórica passa a ser de novo uma universalização interior, pois só aqui tornamos a existir. Não é uma universalização absoluta como em Kant, mas uma universalização do sentimento. O indivíduo, seu instinto moral, é o seu mundo moral. Portanto, ele recusa contaminar este mundo moral interior nas circunstâncias

---

43 *fl*-63
institucionalizada] TT: instintucionalizada
Schelling] TT: Schellung
ele, portanto, esta] TT: ele esta
44 *fl*-63
formalística] TT: formálistica
um recuo do elemento] TT: uma recuo do elemento
mesmo e ali] TT: mesmo. Ali
Isto é a bela alma, a expressão] TT: Isto é que é a bela alma. A expressão
linguagem interior] TT: linguagem

concretas da ação que só serviram para que ele perca a certeza da pureza de ser bom, deste serviço no interior de si mesmo[45].

Assim como nós tínhamos na visão moral do mundo o moralista ou o moralizante, ou seja, o indivíduo que invoca a lei sempre como lei universal — e se a visão moral do mundo tinha exclusivamente a forma abstrata da lei e se encontrava diante da dificuldade de superá-la, de conformar esta forma abstrata da lei com a infinidade das circunstâncias concretas que vêm especificá-la — agora, nós temos aqui o indivíduo que transformou a sua certeza íntima de ser bom, de que com ele está a verdade no seu próprio mundo que é agora a sua certeza íntima. Assim como o outro não tinha maneira de aplicar as infinitas circunstâncias concretas à forma abstrata do dever, o indivíduo agora não tem maneira de sair deste seu mundo interior puro sem se contaminar, por isso, vai recusar a ação, recusa da ação que é característica da bela alma. Ela é essencialmente contemplativa. A dialética do mal e do perdão é onde Hegel vai mostrar que a contemplação pura é impossível e que o homem existe necessariamente na finitude. Hegel usa na fenomenologia espiritual uma palavra que Heidegger vai tornar célebre: *Geworfenheit*, atiramento. Atirado continuamente, é ser no mundo. Ele não é, primeiro, um ser fechado na sua interioridade pura e, depois, vai enfrentar o mundo, mas ele já é consecutivamente atirado no mundo. Hegel vai exprimir isto numa forma religiosa dizendo que a existência[fl-64] humana é pecado. *Pecado no sentido de finitude*, não no sentido moral. É impossível ao homem esta contemplação pura. O próprio infinito ou o próprio absoluto tem que passar de alguma maneira por aquilo que Hegel vai chamar o calvário da finitude, o caminho da finitude. Então, vem o problema do mal e da sua reconciliação que Hegel vai introduzir na *Fenomenologia do Espírito* na seção da religião. O que Hegel entende por religião nesta altura da *Fenomenologia do Espírito* veremos na próxima aula: como Hegel, depois de percorrer todo este caminho, vai tomar a religião

---

[45] *fl-63*
volta, agora, de novo, a ser] TT: Agora de novo a ser
puro, sujeito puro que aparece] TT: puro. Este sujeito puro é que aparece
boa consciência] TT: Gewissen
interior, pois só aqui] TT: interior. Só aqui
O indivíduo, seu instinto moral, é o seu mundo moral.] TT: O indivíduo agora é o seu mundo moral. O instinto moral do indivíduo é que é o seu mundo moral.

nas suas formas antigas, seguindo a história da humanidade sob o ponto de vista da história das religiões. O que a religião vem fazer nesta altura da *Fenomenologia do Espírito*? A resposta está na dialética do mal e do perdão. Hegel vai mostrar que o homem é um ser na finitude que se exprime na experiência da humanidade que é o pecado como tal. Então, a dialética da história é uma espécie de tentativa. Se quisermos falar abstratamente, o finito se articula incessantemente com o infinito, tentando se sintetizar com o infinito. A história humana é esta espécie de síntese progressiva de finito e infinito. Esta é a concepção hegeliana. Por isto, vai aparecer o problema da religião[46].

---

46 *fl-63 > fl-64*
universal — e se a visão moral do mundo tinha exclusivamente a forma abstrata da lei e se encontrava diante da dificuldade de superá-la, de conformar esta forma abstrata da lei com a infinidade das circunstâncias concretas que vêm especificá-la — agora,] TT: universal, e, se a tinha exclusivamente a forma abstrata da lei e se encontrava diante da dificuldade de superá-la, de conformar esta forma abstrata da lei com a infinidade das circunstâncias concretas que elas vinham especificadas. Agora,
mundo que é agora a sua] TT: mundo, seu mundo agora é a sua
concretas à] TT: concreto a
dever, o indivíduo] TT: dever. O indivíduo
contaminar, por isso, vai] TT: contaminar. Ele vai
ação, recusa] TT; ação. A recusa
Heidegger vai tornar célebre: *Geworfenheit, atiramento*] TT: Heid vai tornar célebre Gewortlmheit. "Atiramento"
continuamente, é] TT: continuamente. É
[AE: Este caráter de ser do Ser-aí, velado em sua proveniência e destinação, mas, nele mesmo, acessível quanto mais desvelado, este "que ele é", chamamos o *estar lançado* [*Geworfenheit*] deste ente em seu aí [*Da*], de tal modo que ele, como Ser-no-mundo, é o aí; Diesen in seinem Woher und Wohin verhüllten, aber an ihm selbst um ein só unverhüllter erschlossenen Seinscharakter des Daseins, dieses "Daß es ist", nennen wir die *Geworfenheit* dieses Seienden in sein Da, so zwar, daß es als In-der-Welt-sein des Da ist." Heidegger, Martin. Sein und Zeit. 11. Auflage. Tübingen: Max Niemeyer, 1967, 135.]
Aquilo] TT: aquele
finitude] TT: fenitude
que Hegel vai introduzir na *Fenomenologia do Espírito* na seção da religião.] TT: que vai introduzir na fenomenologia espiritual na secção da Religião.
Fenomenologia do Espírito veremos na próxima aula: como] TT: fenomenologia espiritual (veremos na próxima aula). Como
vai] TT: Hegel vai
antigas, seguindo] TT: antigas. Vai seguir

Recapitulando, temos que a bela alma se define como a certeza de si mesma, mas voltada para si, um Si puro. No item dois acima vimos que[47]:

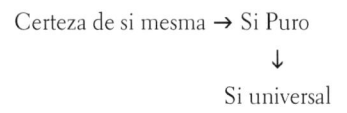

Certeza de si mesma → Si Puro
↓
Si universal

Este Si universal se universalizou pela linguagem da convicção. Agora o que surge é que a universalização pela linguagem torna-se um problema, porque ela deve se concretizar numa relação, ou seja, a linguagem deve tornar-se ação. Esta passagem é o *problema* para a bela alma. Temos[48]:

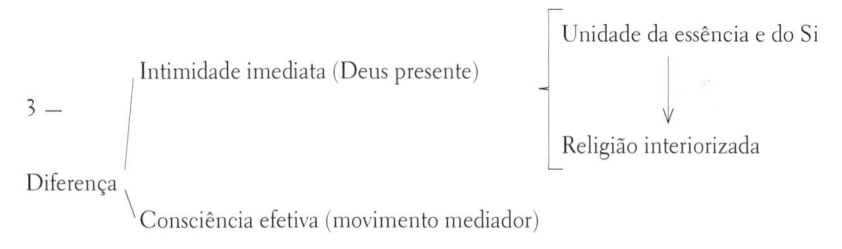

3 — Diferença
 / Intimidade imediata (Deus presente) ⎡ Unidade da essência e do Si
 \   ⎣ ↓
  Consciência efetiva (movimento mediador)   Religião interiorizada

A diferença surge entre a intimidade imediata da boa consciência, daquela certeza moral concreta imediata que é interpretada no tempo de Hegel por aqueles teólogos românticos protestantes como Deus presente na alma, na intimidade da alma, e a consciência efetiva, ou seja, o movimento mediador que deve ser um movimento através da ação. A oposição

---

Fenomenologia do Espírito?] TT: fenomenologia espiritual.
finitude] TT: fenitude
o finito] TT: em que o finito
infinito, tentando] TT: infinito. Tenta
Esta é a] TT: Esta é que é a
vai] TT: que vai
47 *fl-64*
si, um Si] TT: si. Um Si
dois acima vimos] TT: dois vemos
48 *fl-64*
Este Si universal se universalizou] TT: Este si universal. Ele se universalizou
Agora o que surge é que a universalização pela linguagem torna-se um problema] TT: Agora o problema que surge é que este problema da universalização pela linguagem torna-se um problema
relação] TT: universalização relação

vai se estabelecer entre esta intimidade imediata, o Si puro que vai adquirir a universalidade na linguagem da convicção e pede o reconhecimento desta universalidade aos outros e esta universalidade que deve ser provada pela ação. A oposição existe ainda no que Hegel chama a unidade da essência e do Si com a religião interiorizada. A boa consciência é, por essência, uma consciência religiosa, mas uma religião interiorizada, pois transformou a atitude moral numa certeza íntima da presença do divino, numa religião interiorizada. Esta interiorização faz com que na bela alma esta diferença se suprima em favor da intimidade, desta religião interiorizada[49].
Então:

4 — Eu = Eu ————> conceito de si mesmo
(desaparição dos momentos da objetividade)

[fl-65] A igualdade do eu = eu que deveria socializar-se pela linguagem, ou seja, o eu deveria ser no mesmo tempo o eu dos outros, o eu dos outros deveria ser o meu próprio eu: o eu deveria ultrapassar esta igualdade envolvendo os *"eus" em um de nós* (isto vai ser a dialética do mal e do perdão). Aqui ela permanece como o conceito de si mesmo, ou seja, desaparição dos momentos da objetividade[50].
Passamos ao quinto passa desta dialética.

5 — Objeto do Si ————> Saber do Si (EVANESCENTE)
↓ ↓
MOMENTOS DA CONSCIÊNCIA → Interiorização da consciência → mundo do
da consciência infeliz   discurso
→ Realidade efetiva abandonada

---

[49] *fl-64*
surge] TT: que surge
imediata] TT: emedida
moral] de moral
mediador que deve ser um] TT: medidor que deve ser em
vai] TT: que vai
esta universalidade que deve ser provada pela ação.] TT: mas que deve provar esta universalidade pela ação.
A oposição existe] TT: Existe com a] TT: como
[50] *fl-65*
eu: o eu deveria ultrapassar] TT: eu. Deveria ultrapassar

O objeto do Si, do sujeito, agora, é o próprio saber do Si, mas encenado dento de si mesmo. Os momentos da consciência que vêm determinando a dialética da bela alma, os momentos da consciência, isto é, os momentos dialéticos segundo os quais a consciência deveria encontrar o mundo objetivo se tornam o saber do Si como *evanescente*, como saber que desaparece, ou seja, como interiorização da consciência infeliz. A consciência infeliz do capítulo quatro da *Fenomenologia do Espírito* é aquela que se isolou, mas projetou o seu Deus no mundo transcendente[51].

A infelicidade da consciência isolada, da consciência infeliz está na *alienação no transcendente* estranho a ela, em um Deus estranho a ela. Aqui nós, diz Hegel, encontramos uma forma de consciência infeliz no mundo do Espírito, no qual já não existe um objeto transcendente e o Deus se interiorizou, mas se interiorizou no indivíduo isolado, fechado em si mesmo. Os momentos da consciência se tornaram agora os momentos da interiorização da consciência infeliz. *Saber de si* torna-se um saber evanescente. *Evanescente* significa um saber que desaparece ou se dissolve nesta infelicidade da consciência, porque o saber de si, para Hegel, para ser um saber autêntico, tem que ser também um saber do outro, saber histórico, *saber social*. Como a bela alma se interiorizou totalmente, o seu saber se torna evanescente, saber que desaparece. Ela se interioriza neste saber, e os momentos da consciência são para ela agora momentos de uma consciência infeliz. É uma consciência infeliz interiorizada. Não é aquela outra consciência infeliz em que o Deus está projetado no mundo transcendente. Aqui o Deus está interiorizado. É a religião do sentimento. É como se Hegel dissesse: a religião do sentimento, no fundo, só pode produzir esta infelicidade da consciência. O mundo do discurso da consciência infeliz (mundo da linguagem, da palavra) agora corresponde à realidade efetiva abandonada. A alma fala consigo mesma. A consciência fala consigo mesmo. Toda a literatura pietista ou da religião da consolação (que floresceu

---

[51] *fl-65*
O objeto do Si, do sujeito, agora, é o próprio saber do Si, mas encenado dento de si mesmo.] TT: O objeto do Si agora, isto é, o [EB] do sujeito é o próprio saber do si, mas, encenado dento de si mesmo.
vêm] TT: vem
alma, os] TT: alma. Os
do capítulo quatro da Fenomenologia do Espírito] TT: da 1ª parte

muito no tempo de Hegel) é aquela em que o indivíduo fala consigo mesmo e procura reconhecer em si mesmo a presença de Deus dentro de si mesmo. Ele vai se bitolando sem ter a possibilidade de sair e se comunicar com os entes objetivos, sobretudo com o mundo histórico. Portanto, o mundo do discurso — o discurso de uma inconsciência infeliz — está dentro da realidade efetiva abandonada. Assim como a prece da consciência infeliz no fim da seção *Consciência de si* se dirigia a um Deus estranho, assim também o discurso, a linguagem da bela alma se dirige a um Deus interiorizado que afirma a realidade efetiva. Chegamos de novo a uma espécie de dificuldade, de um impasse dialético no desenvolvimento da boa consciência, da certeza moral. Como vemos, a certeza moral imediata surgiu para superar o moralismo abstrato da moral kantiana[52].

Em resumo, nós tínhamos, primeiro, de um lado, a moral abstrata de Kant e Fichte. E, de outro lado, a moral concreta de Jacobi, etc., onde a moral está na certeza íntima do sujeito mesmo e não na obediência de si

---

[52] *fl-65*
isolada, da] TT: isolada da
estranho a ela, em um Deus] TT: entrando a ela; um Deus
Espírito, no qual já] TT: Espírito. Já
transcendente e o Deus se interiorizou, mas se interiorizou] TT: transcendente. O Deus se interiorizou. Mas se interiorizou
evanescente. *Evanescente* significa] TT: evanescente. EVANESCENTE SIGNIFICA significa
outro, saber histórico, *saber social*] TT: outro. Tem que ser um saber histórico. Saber social.
evanescente, saber] TT: evanescente. Saber
mesmo] TT: mesma
pietista] TT: pielista
é aquela em que] TT: É aquela que
mesmo. Ele vai] TT: mesmo. Vai
sair] TT: sir
entes objetivos] TT: objetivos
com o] TT: como
Portanto, o mundo do discurso — o discurso de uma inconsciência infeliz — está dentro da realidade efetiva abandonada.] TT: Mundo do discurso está dentro da realidade efetiva abandonada. É o discurso de uma inconsciência infeliz.
fim da seção *Consciência de si*] TT: fim da consciência de si
alma se dirige] TT: Alma. Se dirige
boa consciência] TT: da Gewissen, da boa consciência
para] TT: pra

mesma. Mas acontece que, pelo desenvolvimento dialético desta certeza, ela acabou, de certo modo, numa impossibilidade de fazer da vida moral um princípio de vida efetiva, quer dizer, de vida por meio dos outros, isto é, de vida histórica, de vida social[53].

[fl-66] A vida moral se recolheu à sua interioridade, assim como, no caso anterior da visão moral do mundo, a vida moral se tinha recolhido ao abstrato da lei. Todas as duas são soluções que aparecem como soluções que tornam a vida moral impossível por causa da necessidade de se adequar a universalidade da lei com a infinidade de casos concretos ou, então, pela impossibilidade do sujeito de convencer os outros da certeza da sua boa consciência, ou seja, da sua certeza moral. E se ele não pode convencer os outros, para que serve a vida moral? A vida moral tem que ter uma dimensão social, histórica. Ninguém é bom para si mesmo e não teria sentido a moralidade fechada dentro de si mesma, pois a moral só tem sentido se é para os outros. Mas, aqui, a consciência chegou a este impasse. Ela tornou-se a bela alma. Ela tornou-se uma certeza moral fechada numa *religião interior*, religião da boa consciência interiorizada, num mundo do discurso da consolação, na impossibilidade de alcançar a realidade efetiva. A realidade efetiva é abandonada em favor deste mundo do discurso da consolação. É a solução deste problema que Hegel vai apresentar no terceiro momento da dialética que se chama *o mal e o seu perdão*[54].

---

53 *fl-65*
Em resumo] TT: Resumo: Total
vida por meio] TT: vida meio
54 *fl-66*
infinidade] TT: infindade
então, pela impossibilidade] TT: então, impossibilidade
sujeito de convencer] TT: sujeito convencer
moral?] TT: moral
social] TT: do social
mesmo e não teria] TT: mesmo. Não tem, digo não teria
mesma, pois a moral] TT: mesmo. A moral
religião interior, religião] TT: religião interior. Numa religião
interiorizada, num] TT: interiorizada. Num
que se chama] TT: que chama

III – O mal e seu perdão

Esta dialética do mal e *seu* perdão é, segundo a unanimidade dos comentadores, uma das partes mais difíceis da *Fenomenologia do Espírito*, porque Hegel, de modo surpreendente, joga com três registros dialéticos. Ele faz apelo (1) a uma experiência religiosa, uma experiência tirada do cristianismo, faz apelo (2) a uma dialética externamente abstrata, ele faz apelo também (3) a uma experiência histórica concreta que é a experiência das individualidades geniais dos grandes homens. Ele joga com estas três dialéticas. Não é fácil no texto distinguir o momento que ele passa de uma para outra, isto porque ela é a convergência de uma série de escritos anteriores de Hegel. Hegel refletia, desde os primeiros escritos de juventude, como estudante de teologia no seminário de Tübingen, sobre o problema do perdão dos pecados no cristianismo: o que significa perdão e confissão dos pecados? Depois, reflete profundamente sobre este problema durante sua estadia em *Berna*, quando escreveu A *vida de Jesus*, meditou sobre a significação do pecado nos evangelhos e meditou sobre a parábola: "os teus pecados te são perdoados". Depois, quando foi para Jena, Hegel tentou estabelecer uma ligação entre esta dialética do perdão dos pecados no cristianismo com o problema filosófico que é o problema da moralidade, da possibilidade de ser o indivíduo reconhecido como bom pelos outros, pela comunidade: como os membros da comunidade humana podem, de fato, se reconhecer como bons moralmente? Como a moralidade pode exteriorizar-se e tornar-se uma espécie de prova diante dos outros? Como posso saber que o outro é bom? Eu posso duvidar das intenções dele, posso pensar que ele está agindo por interesse, que está agindo forçado: como posso conhecer que o outro é bom? Hegel faz uma junção entre esta dialética cristã do perdão dos pecados e este problema filosófico da moralidade concreta, da moralidade como forma da comunidade humana. E aí se apresenta o terceiro dado que era a experiência histórica do tempo de Hegel, como nós vimos, foi no tempo de grandes personalidades históricas excepcionais. Como o homem excepcional, por exemplo, Napoleão, como ele pode justificar-se diante da história e dos seus contemporâneos? Como nós podemos justificar a personalidade histórica excepcional, um agente genial que muda o curso da história? Ele se justifica a si mesmo ou é Deus que o justifica, o Deus na história que se manifesta através dos grandes homens? Quem o justifica? Toda esta problemática conflui nesta parte da *Fenomenologia do Espírito*. Por isto, ela é tão difícil, densa. Hegel manterá ao longo de toda a sua obra, colocará ao longo da filosofia da religião este problema, esta dialética do mal e do perdão, assim como o problema da encarnação, da presença do Absoluto na história. Serão dois temas fundamentais que Hegel nunca abandonará e aplicará de diversas maneiras. Eles serão pilares de sua reflexão. Estamos diante de um tema fundamental. *Vamos ver como Hegel o aborda*. Nós vamos ver que as *colocações* de Jena aqui não têm nada a ver com uma interpretação vulgarmente moralista. Não se trata do problema do perdão do mal no sentido moralista vulgar. Nem é também uma interpretação dogmática cristã, pois Hegel não está fazendo teologia. *Ele está formulando esta doutrina cristã do perdão dos pecados* não só como expressão da experiência humana fundamental, mas como uma dialética histórica que se situou num determinado momento. No momento pós-revolucionário em que, depois daquela experiência conduzida a um termo infeliz, que foi a experiência do Terror, da liberdade absoluta da[fl-67] Revolução Francesa, os homens têm necessidade de reconstruir a comunidade. Assim como toda época revolucionária é uma época que destrói, que revoluciona, que reverte, que subverte, *toda época pós-revolucionária é construir*. O problema para Hegel é a significação que tem a dialética do mal e do perdão numa época pós-revolucionária, isto é, numa época em que os homens devem se reconciliar. Como se faz esta reconciliação? Como ela se desenvolve? Temos[1]:

---

1 fl-66 > fl-67
    perdão é, segundo a unanimidade dos comentadores, uma] TT: Perdão: é segundo a unanimidade dos comentadores é uma

Fenomenologia do Espírito] TT: fenomenologia espiritual
apelo (1) a] TT: apelo a
apelo (2) a] TT: apelo a
apelo também (3) a] TT: apelo também a
experiência das] TT: esperiência das
porque, ela é a convergência] TT: pporque ela é a conferência
Hegel refletia, desde os primeiros escritos de juventude, como estudante de teologia no seminário de Tübingen, sobre o problema do perdão dos pecados no cristianismo: o que significa perdão e confissão dos pecados? Depois, reflete profundamente sobre este problema durante sua estadia em Berna] TT: Hegel se preocupava dos primeiros escritos, desde que, a sua juventude, em que como estudante de teologia no seminário de Tübingen, ele refletia profundamente sobre o problema do perdão dos pecados no cristianismo. O que significa perdão e confissão dos pecados. Depois refletem profundamente este problema durante Berne
pecado] TT: ??CTT(1)
parábola: "os teus pecados te são perdoados"] TT: parábola "seus pecados te são perdoados"
Vide Evangelho de Mateus 9,5: τί γάρ ἐστιν εὐκοπώτερον, εἰπεῖν· 'Ἀφίενταί σου αἱ ἁμαρτίαι, ἢ εἰπεῖν· "Ἔγειρε καὶ περιπάτει;
com o] TT: como
comunidade: como] TT: comunidade. Como
se reconhecer] TT: se reconhecerem
moralmente? Como] TT: moralmente. Como
pode exteriorizar-se] TT: pode se exteriorizar-se
outros? Como] TT: outros. Como
bom? Eu posso duvidar das intenções] TT: bom. Eu posso duvidar intenções
forçado: como] TT: forçado, como
concreta, da] TT: concreta. Da
justificar-se] TT: justificar
história e dos seus] TT: história dos seus
excepcional, um] TT: excepcional. Um
justifica, o Deus] TT: justifica? Deus
homens?] TT: homens.
conflui] TT: conflue
Fenomenologia do Espírito] TT: fenomenologia
perdão, assim como] TT: Perdão. Como
abandonará e aplicará] TT: abandonará. Aplicará
tema] TT: tem
têm] TT: tem
formulando] TT: formando
não só como expressão da experiência] TT: como expressão não só como experiência
têm] TT: tem
subverte, toda] TT: subverte. Toda

a) O conflito da moralidade conscienciosa e da hipocrisia[2]

1 — BOA CONSCIÊNCIA (GEWISSEN) → AÇÃO

A boa consciência, por um lado, experimentou uma direção da sua dialética, do seu desenvolvimento interno, a qual acabou na bela alma (moralismo interior), na recusa do agir[3].

CONSCIÊNCIA → MOMENTO OBJETIVO → CONSCIÊNCIA Universal

Ser para Si singular
⟶ DESIGUALDADE ← LINGUAGEM
Ser para Si Universal

Por outro lado, a boa consciência tenta o caminho da ação. A ação será o seu momento objetivo. E este momento objetivo se universalizará na linguagem. Mas não basta a linguagem, porque continuaríamos na bela alma. A *linguagem não dá a universalidade efetiva*. Quando ela passa da linguagem para a ação, acontece uma desigualdade entre, de um lado, o ser para Si singular da consciência e o ser para Si universal, de outro. Esta oposição aparece, porque a linguagem universalizou a consciência, uma vez que nós não podemos comunicar uns aos outros as nossas próprias convicções. Então, podemos aceitar a expressão verbal ou um termo da linguagem da convicção do outro. No entanto, no momento que o outro age segunda sua própria convicção, ele determina a realidade segundo o seu ponto de vista estritamente singular, segundo a sua consciência do seu ser para Si singular. No momento em que há esta concretização na singularidade, eu não tenho mais meio de universalizar esta ação. Enquanto estou falando: "as minhas intenções são as melhores possíveis. Eu quero fazer" — quando falo isto — ninguém pode objetar. No momento em que

---

é a significação que tem] TT: é que significação tem
reconciliação?] TT: reconciliação.
desenvolve?] TT: desenvolve
2 *fl-67*
Conflito da moralidade conscienciosa e da hipocrisia] TT: a — Conflito da moralidade e da hipocrisia
3 *fl-67*
consciência, por um lado, experimentou] TT: consciência experimentou
interno, a qual acabou] TT: interno. Direção que acabou

começo a agir em função da minha intenção, eu coloco uma determinada ação. Esta ação já se concretizou, voltada exclusivamente para mim. Não posso provar que a ação como ação é também do interesse de todos os outros. Com isso, então, ela já não se universaliza mais. A linguagem, por um lado, pode se universalizar, porque é um meio fluido de comunicação entre os homens. A ação, por outro lado, não é universal, é de cada um. O outro não pode agir por mim, como eu não posso agir pelo outro. De modo que, no momento em que posso agir, se estabelece esta separação, ou seja, a desigualdade entre o eu singular e o eu universal, ou seja[4]:

2 — DEVER → LINGUAGEM → EXTERIORIZAÇÃO → DEVER DE PALAVRAS

O dever, que é a forma da moralidade, exprime-se na linguagem da convicção, não na abstrata. Esta linguagem é a exteriorização do *dever*. Mas este dever exteriorizado na linguagem fica nas palavras: é um dever de palavras. Não tenho meios de provar concretamente minha convicção a não ser que eu volte para uma lei universal. Mas, aí, eu recaio no problema da visão moral do mundo. Não tenho meios de, partindo da minha convicção pessoal, provar que aquilo que eu faço ou de provar que como entendo ser o meu dever seja o dever para os outros também. Portanto, o dever fica só nas palavras[5].

---

[4] *fl*-67
o ser para] TT: o seu para
o ser para] TT: o seu para
outro. No entanto, no momento] TT: outro. No momento
estritamente singular, segundo] TT: estritamente singular. Segundo
singular] TT: singualar
fazer" — quando falo isto — ninguém] TT: fazer". Quando falo isto, ninguém
No momento em que] TT: No momento que
voltada exclusivamente] TT: volta da exclusivamente
a ação como ação] TT: a ção como ação
outros. Com isso, então, ela] TT: outros. Ela
linguagem, por um lado, pode] TT: linguagem pode
fluído] TT: fruído
ação, por outro lado, não é universal, é] TT: ação não é. É
momento em que] TT: momento que
[5] *fl*-67
na abstrata] TT: a abstrata
palavras: é] TT: palavras. É

Hegel diz que no fim da ação temos o que ele vai chamar hipocrisia ou, em linguagem religiosa, o mal, o pecado de toda a ação. Não se trata aqui de pecado no sentido teológico da palavra. Hegel não quer dizer aqui que todo o indivíduo que age peca agindo. Mas, no sentido (pecado) de que todo indivíduo[fl-68] que age, no momento que age, ele penetra no domínio da ambiguidade. Ele não tem mais condições de provar que a sua ação é realmente uma boa ação, não tem condições de fazer com que a forma abstrata, a forma universal do dever seja a forma de sua ação. A sua ação é boa sob um determinado aspecto, mas pode ser má sob outro aspecto, aliás, é má sob determinado aspecto, diante dos outros. Nenhum indivíduo pode se assegurar de que a ação que ele realizou é sob todos os aspectos, tanto para ele como para os outros, uma boa ação, ou seja, quando nós chegamos à individualidade, temos[6]:

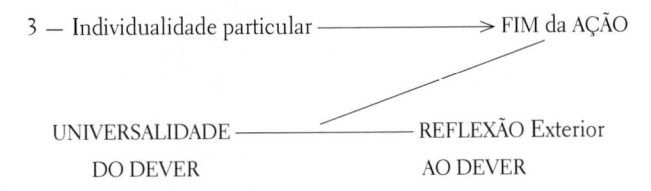

3 — Individualidade particular ─────────⟶ FIM da AÇÃO

UNIVERSALIDADE ─────────── REFLEXÃO Exterior
DO DEVER   AO DEVER

A individualidade particular é a que estabelece o fim da ação, porque é ela que *age*. O fim da ação está no agente. De um lado, a universalidade

---

concretamente minha convicção a não ser que eu] TT: concretamente, a não ser que eu,
pessoal, provar que] TT: pessoal de provar que,
provar que como] TT: provar como
faço ou de provar como entendo ser o meu dever seja o dever para os outros também. Portanto, o dever] TT: faço como entendo ser o meio dever, é dever para os outros também. O dever

6 *fl-67 > fl-68*
Hegel diz que no fim da ação temos o] TT: Hegel diz que, o fim da ação temos: é o
indivíduo] TT: indivídu[fl-68]indivíduo
ação, não tem] TT: ação. Não tem
a ação] TT: a ção
assegurar de que] TT: assegurar que
chegamos à individualidade, temos] TT: chegamos: a individualidade temos

do dever e, do outro lado, o que Hegel chama a reflexão da ação sobre si mesma, volta da ação ao agente[7].

Isto é que Hegel chama hipocrisia, o mal. Quer dizer que todo indivíduo que age é necessariamente *hipócrita* (não no sentido moral), mas no sentido daquele que manifesta um julgamento escondendo outro julgamento, faz tudo isto e oculta outra coisa. Todo indivíduo que age, a sua ação será um juízo que oculta outro juízo, porque ele se encontra na impossibilidade de traduzir na sua ação a sua intenção de maneira perfeita. A sua intenção é a intenção do indivíduo que ele pretenderia que fosse a intenção do dever, que tivesse o valor universal, fosse um bem reconhecido por todos. Pois, se não fosse reconhecido por todos, não é bem, não é moral. Mas como é impossível que sua ação seja reconhecida por todos, não existe meios para obter a universalidade do dever. Hegel diz que existe esta desigualdade conflitiva entre boa consciência e hipocrisia. Ou seja, Hegel diz[8]:

4 — Momentos constitutivos da boa consciência AGENTE ⟨ Em-si (Objetivo) / Para-si (Subjetivo) ⟩ DESIGUALDADE

Os momentos que constituem a boa consciência que age, o agente, são o em-si que é o aspecto objetivo e o para-si que é o aspecto subjetivo (a interioridade) numa desigualdade inconciliável. Portanto, o indivíduo mesmo não pode estabelecer a igualdade. Assim como a bela alma abandonava o mundo objetivo-em-si para ficar só dentro de si mesmo, assim

---

[7] *fl-68*
agente. De um lado, a universalidade] TT: agente. Ela é que estabelece o fim da ação, e o fim da ação fica: de um lado a universalidade
mesma, volta] TT: mesma ao dever, volta

[8] *fl-68*
todo indivíduo] TT: todo o indivíduo
julgamento, faz] TT: julgamento. Faz
universal, fosse] TT: universal. Fosse
meios para obter a universalidade do dever.] TT: meios.
Hegel diz] TT: Diz conflitiva entre boa consciência e hipocrisia] TT:, conflita da boa consciência e da Hipocrisia

também a boa consciência que se decide agir nesta desigualdade irrecuperável entre o mundo objetivo e a sua intenção subjetiva, o seu para-si[9].

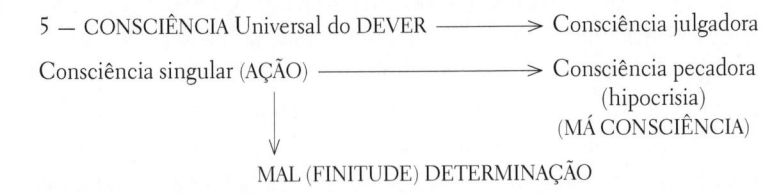

5 — CONSCIÊNCIA Universal do DEVER ⟶ Consciência julgadora
Consciência singular (AÇÃO) ⟶ Consciência pecadora
    ↓   (hipocrisia)
              (MÁ CONSCIÊNCIA)
MAL (FINITUDE) DETERMINAÇÃO

[fl-69] Diante da consciência universal do dever, que é uma consciência julgadora, a consciência singular está dentro dela. Ela está representada pela bela alma, pois a bela alma é aquela que resolveu ficar só com o dever puro e não agir para não se contaminar. Esta outra consciência, por sua vez, resolveu agir. Diante dela mesma, ela tem a consciência do dever e, sobretudo, diante da outra que se torna consciência julgadora, ela é a *consciência pecadora*. Mas a consciência singular que age é pecadora também aos seus próprios olhos e é pecadora aos olhos da que recusou a ação. Pecadora aqui é a que tem a hipocrisia. Uma hipocrisia dialética, não moral, pois ela tem dois juízos: o juízo universal do dever e o juízo que pronuncia sobre as coisas quando ela age. Agindo em concreto, ela se separa do dever universal, porque, para que não se separasse, seria necessário que a sua ação fosse de todos os outros. Isto é impossível, pois não posso agir em função dos outros. Cada um tem o seu mundo da ação e todos têm o seu mundo do dever. O mundo do dever é comum a todos, contudo, o mundo da ação é próprio a cada um. Cada um é julgado pelo dever, e cada consciência que não age se apresenta diante da consciência que age como um juiz diante do réu ou diante do pecador, ou seja, esta consciência aparece como um *mal*. A ação aparece como mal. O *mal* aqui é o mal da finitude, da determinação e não no sentido moral. Hegel partilha do pressuposto de que no momento que agimos, isto é, no momento que colocamos a nossa marca no cerco é como se nós conquistássemos para nós o cerco[10].

---

 9 *fl-68*
  inconciliável. Portanto, o indivíduo] TT: inconciliável. O indivíduo
  assim também a boa] TT: assim a boa
 10 *fl-69*
  julgadora, a consciência singular, está] TT: julgadora, está

É como se nós saíssemos do universal, daquilo que seria a bondade universal do ser para marcá-lo com a nossa marca pessoal. Assim, nós nos separamos do todo e, para Hegel, o todo é que é a verdade: o verdadeiro é o todo, o verdadeiro é o bem. Tudo o que se particulariza se afasta do bem e torna-se o mal e a ação, neste sentido, é uma certeza interior do indivíduo em face da universalidade do dever. Esta hipocrisia toma a forma de uma má consciência e não é uma hipocrisia totalmente inconsciente, porque o indivíduo sabe disto. É o tema que o existencialismo desenvolveu depois, sobretudo, Sartre: *la mauvaise conscience*, pois o indivíduo que age, age sempre em má fé. É uma má fé ontológica, pois é impossível estabelecer uma igualdade entre a universalidade do bem e a minha ação particular. Haverá sempre um aspecto em que a minha ação particular vai se servir do interesse do outro, vai ocupar o lugar do outro, vai substituir o outro, vai fazer uma série de efeitos contrários a um determinado bem, de modo que aquela ação é a má consciência[11].

---

dela. Ela está] TT: dela. Está
consciência, por sua vez, resolveu] TT: consciência que resolveu
Diante dela mesma, ela tem] TT: Diante dela mesma, pois tem
Mas a consciência] TT: A consciência
também aos seus] TT: aos seus
juízos: o] TT: juízos (o
sobre as coisas] T: sob as coisas
age.] TT: age).
separasse, seria] TT: separasse, é
impossível, pois não] TT: impossível. Não
têm] TT: tem
todos, contudo, o mundo] TT: todos. O mundo
determinação e não] TT: determinação. Não é
como se nós] TT: como nós
[AE: cerco significa o território circunscrito pelas ações da consciência agente, o espaço delimitado por sua singularidade e finitude diante do espaço não delimitado e, portanto, infinito da consciência que é universalmente inativa e apenas julga. Como complementado no parágrafo imediatamente subsequente, o cerco é a marca pessoal construída pelas circunstâncias nas quais têm lugar as ações da consciência singular e finita.]
11 *fl-69*
se nós] TT: nós
separamos do todo] TT: separamos do Tdo
a verdade: o verdadeiro é o todo, o verdadeiro] TT: a verdade. O verdadeiro é o Todo, O verdadeiro
mal e a ação, neste sentido, é] TT: mal. A ação neste sentido enquanto é

Vem a dialética da superação desta hipocrisia que é a dialética do mal e do seu perdão.

b) *Dialética da superação da hipocrisia*: o que é a dialética do mal e do seu perdão

Estamos diante deste problema: parece que a possibilidade de construir uma comunidade humana moral, isto é, fundada sobre a moralidade, esta possibilidade desvaneceu, parece, porque a moralidade abstrata não consegue isto, pois nenhum indivíduo pode aplicar a sua ação à lei abstrata universal. A certeza íntima da boa consciência também parece que não consegue, porque ela é uma certeza íntima que não sai de si mesma e caímos na bela alma: sua moralidade fica puramente *verbal*. Ela é boa, mas somente em palavras. Tem as mais puras intenções, mas não age. Se quiser agir, acaba na má consciência, na hipocrisia. De modo que a comunidade histórica, onde todas aquelas experiências que acompanhamos desde o mundo ético até a Revolução Francesa (aventura do mundo ocidental), parece condenada a uma espécie de desenlace negativo histórico[12].

É impossível construir uma comunidade dos homens que seja moral. Uma comunidade em que o pensamento, o pensar seja a forma da convivência humana. E o bem segue ao pensamento: o bem pensado. A comunidade humana teria que ser instintual, mas não algo que proceda do

---

toma a forma] TT: se entende a forma
consciência e não] TT: consciência. Não
inconsciente, porque o indivíduo] TT: inconsciente. O indivíduo
Sartre: la mauvaise conscience, pois o indivíduo que age, age sempre em má fé.] TT: Sartre: "le mauvais conscience" → o indivíduo que age age sempre em má fé.
[AE: sobre Sartre e má consciência, vide notas relativas as *folhas 17, 21* e *38*.]
É uma] TT: Não é uma
vai se servir do] TT: vai servir de
bem, de modo que aquela ação é a má] TT: bem. De modo que é a Má

12 *fl*-69
parece, porque] TT: parece. Porque
mesma] TT: mesmo
alma: sua moralidade] TT: alma. Sua moralidade
puras intenções,] TT: puras,
quiser] TT: quizer

pensamento. Hegel vai tentar esta dialética da superação, vai confrontar as duas formas da boa consciência: a bela alma e a consciência hipócrita. As duas são opostas, mas ele vai tentar uma síntese das duas[13].

BELA ALMA ⎤
            ⎬ JUÍZO MORAL
HIPOCRISIA ⎦

Houve uma série de tentativas de superação. A[fl-70] superação só se dá quando surge um juízo moral sobre a situação das duas consciências. De um lado[14]:

Consciência Hipócrita ⟶ Efetivamente
                        ativa
Consciência Universal (BELA ALMA) ⟶ JUÍZO ⟶ AÇÃO ⎡Hipocrisia das disposições⎤
       ↓   ⎣   ⎦
Ausência de AÇÃO ⟶ Consciência hipócrita (EGOÍSMO)[15]

A consciência hipócrita é efetivamente ativa, ela age e tem esta vantagem[16].

Mas, a consciência universal, a bela alma judicante, pronuncia o juízo, porque o juízo dela é sobre a hipocrisia, já que ela não age para não se contaminar. Diante da que age, ela a julga consciência hipócrita. Acontece que Hegel vai usar a inversão da dialética que já conhecemos na experiência do senhor e do escravo e na consciência vil e na consciência nobre. No fim, a consciência nobre se tornou consciência vil, o senhor

---

13 *fl-69*
pensamento: o] TT: pensamento. O
superação, vai confrontar as duas formas da boa consciência: a bela alma e a consciência hipócrita.] TT: superação. Vai confrontar as duas formas de Gewissen: A Bela Alma e a Consciência Hipócrita.
opostas, mas ele] TT: opostas. Ele
14 *fl-69*
Houve uma série de tentativas de superação.] TT: A síntese das duas: Houve
15 *fl-70*
AÇÃO] TT: a AÇÃO
16 *fl-70*
A consciência hipócrita é efetivamente ativa, ela age e tem esta vantagem.] TT: a consciência hipócrita é efetivamente ativa. Ela age. Tem esta vantagem.

acabou adotando a consciência do escravo. Algo semelhante acontece aqui com a consciência universal, a bela alma, pois não querendo agir, de fato, vai agir, porque o seu juízo é uma forma de ação. É uma ação que se exprime no que Hegel chama a hipocrisia das disposições. Ele quer dizer que é impossível o sujeito não agir, pois quem não age está fazendo a forma de ação que é manifestar as suas boas disposições, mas disposições que nunca produzem um resultado concreto. São disposições hipócritas, pois o indivíduo que julga o que age, como hipócrita, ele também comete uma hipocrisia[17].

Então, a consciência universal na sua ausência de ação se torna também uma consciência hipócrita ou a hipocrisia do egoísmo. Na má consciência é uma hipocrisia que se manifesta na ação. É uma hipocrisia porque a ação não corresponde ao que ela declara. Aqui, ao contrário, a hipocrisia se manifesta na ausência de ação. É uma hipocrisia das boas disposições que se mantém fechada no indivíduo. É a hipocrisia do egoísmo[18].

Chegamos às duas consciências que estão em situações semelhantes. Aquela consciência que era julgadora é também uma consciência pecadora. Ela não pode ser julgada, porque a outra também é pecadora. Assim sendo, nos encontramos nesta espécie de encruzilhada dialética e vamos ver como aqui Hegel aplica a ideia cristã da confissão e do perdão[19].

---

17 *fl-70*
Mas, a consciência] TT: A consciência
na experiência do senhor e do escravo e na consciência vil e na consciência nobre.] TT: no Senhor e no Escravo; na consciência Vil Nobre.
Algo semelhante acontece aqui com a consciência] TT: A mesma coisa aqui a consciência
alma, pois não] TT: Alma, não
agir, pois quem] TT: agir. Quem

18 *fl-70*
ação se torna] TT: ação, ela se torna
ela] TT: ele
Aqui, ao contrário, a hipocrisia] TT: Aqui a hipocrisia

19 *fl-70*
Chegamos às duas consciências] TT: Chegamos em que duas consciências
pecadora. Assim sendo, nos encontramos] TT: pecadora. Nos encontramos
Hegel] TT: que Hegel
da confissão] TT: sa confissão

A única maneira destas consciências se reconciliarem será que elas reconheçam a sua imperfeição, a sua finitude. Então, a universalidade que surge agora não será uma universalidade que vá sintetizar as duas consciências tomadas separadamente, mas uma universalidade que se encontra na reconciliação das duas. É o que Hegel chama a dialética do perdão ou da reconciliação: para ele, já é a manifestação do espírito absoluto na história. É a preparação do capítulo sobre a comunidade religiosa, a religião (a última parte da *Fenomenologia do Espírito*)[20].
Como se faz a dialética?
Estamos já diante de duas consciências *utópicas*[21].

c) O julgamento moral[22]

CONSCIÊNCIA JULGADORA → CONSCIÊNCIA HIPÓCRITA → CONSCIÊNCIA VIL
→ Exclusão da AÇÃO ATIVA   RECUSA DA AÇÃO

CONSCIÊNCIA ATIVA → CONSCIÊNCIA DA HIPOCRISIA
↓
CONFISSÃO → OUTRO   Recusa do mundo ← Particularidade
↓
UNIVERSAL   (isolamento)

---

20 *fl-70*
consciências se reconciliarem] TT: consciências reconciliarem
Então, a universalidade] TT: Então, que a universalidade
reconciliação: para ele, já é a manifestação do] TT: reconciliação. Para isto, para ele, é a manifestação já do
Fenomenologia do Espírito] TT: fenomenologia espiritual
21 *fl-70*
utópicas] TT: utúpicas
22 *fl-70*
[AE: o CNMB traz um esquema dos dois últimos subcapítulos registrados no índice do TT, mas não contemplado em seu corpo. Tendo em vista obter um vislumbre do que poderia ser a continuação do TT após o esquema sobre o julgamento moral, serão reproduzidas abaixo as notas do CNMB sobre eles. "A consciência ativa não é só hipocrisia, mas ela sabe que é hipocrisia, enquanto que a consciência julgadora é pecadora sem saber que é hipócrita. A consciência ativa confessa logo, é dirigida aos outros e assim reencontra o outro e pelo reencontro se torna universal".

Diante da consciência que confessa, a consciência julgadora tem duas alternativas: ou se isola, torna-se hipócrita sem consciência do pecado, logo, torna-se louca (dialeticamente), instala-se num não-senso, ou opera a reversão que é o reconhecimento ou o perdão (sentido dialético). A bela alma reconhece a inevitabilidade da ação e nessa reconhece a falta.

8) <u>Perdão</u> como reconhecimento
Perdão só foi possível porque se revelou a hipocrisia tanto da consciência que age quanto da consciência julgadora. Só é possível o Bem numa sociedade que se realiza num confronto constante entre as consciências finitas.

$$\text{Eu=Eu} \begin{array}{c} \nearrow \text{Unidade} \searrow \\ \searrow \text{Dualidade} \nearrow \end{array} \text{Infinitude concreta (História)}$$

$$\downarrow$$
Espírito Absoluto

Reconciliação é um <u>sim</u> dado ao Espírito (história), ou seja, o puro saber de si mesmo no <u>outro</u> e não em si mesmo. Temos nesse puro saber no outro a essência universal que é ao mesmo tempo singularidade. Esta comunidade histórica é a manifestação de Deus na história.

Reconciliação → Espírito → Puro Saber de Si Mesmo no Outro
(Sim) $\downarrow$
Singularidade → Essência Universal
└─────────┬─────────┘
Comunidade histórica
(Deus na história).]

Bibliografia
(apenas textos referidos no TTE)

Aristóteles. *Metafísica*. Ed. Giovanni Reale. São Paulo: Loyola, 2001. (Volume II, texto grego e tradução).

Aristotelis. *Ethica Nicomachea*. Ed. Franciscus Susemihl. Leipzig: Teubner, 1880.

Camus, Albert. *Le mythe de Sisyphe: essai sur l'absurde*. Paris: Gallimard, 1942.

Feuerbach, Ludwig. *Das Wesen des Christenthums*. Leipzig: Otto Wigand, 1841.

Fichte, Johann Gottlieb. Grundlage der gesamten Wissenschatslehre als Handschrift für seine Zuhörer, in: *Fichtes Werke*. Hrsg. von Hermann Fichte. Berlin: Walter de Gruyter & Co., 1971. (Band I, Zur theoretischen Philosophie I).

Goethe, J. W. Wilhelm Meisters Lehrmeisterjahre, in: *Goethe, J. W. Dichtung, Dramen, Romane, Novellen, Briefe*, Aufsätze und mehr. [S. I.]. OK Publishing, 2017.

Heidegger, Martin. *Sein und Zeit*. 11. Auflage. Tübingen: Max Niemeyer, 1967.

Hyppolite, Jean. G. W. F. *La Phénoménologie de l'Esprit*. Aubier, Paris, 1941, (T. I et II).

Hyppolite, Jean. *Genèse et structure de la Phénoménologie de l'Esprit de Hegel*. Paris: Aubier, 1946.

Hyppolite, J. *Gênese e estrutura da fenomenologia do espírito de Hegel*. Tradução Sílvio Rosa Filho; prefácio Bento Prado Júnior. 2a. ed. São Paulo: Discurso Editorial, 2003.

Jacobi, Friedrich Jacobi. *Woldemar. Erster Theil.* Königsberg: Friedrich Nicolovius, 1796.

Kant, I. *Kritik der praktischen Vernunft.* Darmstadt: Wissenschaftliche Buchgesellschaft, 1983. (Werke in zehn Bänden/Immanuel Kant, Bd. 6). (= KpV).

Kant, I. *Crítica da Razão Prática.* Tradução, introdução e notas de Valério Rohden. São Paulo: Martins Fontes, 2003. (Edição bilíngue).

Hegel, Georg Wilhelm Friedrich. *Phänomenologie des Geistes.* Neu hrsg. von Hans-Friedrich Wessels u. Heirinch Clairmont. Hamburg: Meiner, 1988. (= PhG).

Hegel, Georg Wilhelm Friedrich. *Fenomenologia do Espírito.* Tradução de Paulo Menezes com a colaboração de Karl-Heinz Efken e José Nogueira Machado. 2a. ed. Petrópolis: Vozes, Bragança Paulista, Universidade São Francisco, 2003. (Volume único). (= FE).

Hegel, Georg Wilhelm Friedrich. *Jenaer Schriften (1801-1807).* Frankfurt: Suhrkamp, 1970. v. 2. (Werke, 2; Theorie-Werkausgabe).

Hegel, Georg Wilhelm Friedrich. *Grundlinien der Philosophie des Rechts oder Naturrecht und Staatswissenschaft im Grundrisse.* Frankfurt: Suhrkamp, 1973. v. 7, p. 24. (Werke, 7; Theorie-Werkausgabe).

Hoffmeister, J. (Hrsg.). *Briefe von und an Hegel.* 3. durchgesehene Auflage. Hamburg: Felix Meiner, 1969, S. 119-120. (Bd. 1: 1785-1812).

Nietzsche, Friedrich. *Zur Genealogie der Moral. Eine Streitschrift.* 2. Auflage. Leipzig: C. G. Naumann, 1892.

Novum Testamentum Graece. Ed. por E. Nestle e com a colaboração de E. Nestle e K. Aland. 25a. ed. Stutgart: Württembergische Bibleanstalt, Gesamherstellung Biblia Druck, 1972.

Platon. *Werke in 8 Bänden; griechisch und deutsch.* Hrsg. Von G. Eigler. Darmstadt: Wissenschaftliche Buchgesellschaft, 1990.

Platon. *Politeia. Der Staat. Griechisch-Deutsch.* Übers. Von Rudolph Rufener. Hrsg. Von Thomas Sslezák. Düsseldorf/Zürich: Artemis und Winkler, 2000.

São Tomás de Aquino. *Scriptum super Sententiis.* Textum Parmae 1856 editum et automato translatum a Roberto Busa, SJ in taenias magneticas denuo recognovit Enrique Alarcón atque instruxit. <http://www.corpusthomisticum.org>.

Sartre, Jean-Paul. *L'être et le néant: essai d'ontologie phénoménologique.* Paris: Gallimard, 1943.

Edições Loyola

editoração impressão acabamento

Rua 1822 n° 341 – Ipiranga
04216-000 São Paulo, SP
T 55 11 3385 8500/8501, 2063 4275
www.loyola.com.br

Sartre, Jean-Paul. *L'existentialisme est un humanisme.* Paris: Nagel, 1966.
Schelling, Friedrich Wilhelm Joseph. *System des transzendentalen Idealismus.* Darmstadt: Wissenschaftliche Buchgesellschaft, 1990. (Schriften von 1799-1801).
Schiller, Friedrich. *Die Räuber.* Basel: Birkhäuser, 1945. (Schillers Werke, 2).
Schleiermacher, Friedrich Daniel Ernst. Über die Religion. Reden an die Gebildeten unter ihren Verächtern (1799), in: *Friedrich Daniel Ernst Schleiermacher. Kritische Gesamtausgabe.* Hg. v. Günter Meckenstock. Berlin/New York: Walter de Gruyter, S. 211. (Bd. I/2: Schriften aus der Berliner Zeit 1769-1799).
Sciacca, Michele Federico. *História da filosofia: antiguidade e Idade Média.* 2a. ed. São Paulo: Mestre Jou, 1966. v. 1.
Stendhal. *Le rouge et le noir: chronique du XIX siècle.* Paris: Charles, 1951.